京華通覽

历史文化名城

主编/段柄仁

天桥

刘仲孝/编著

北京出版集团公司
北京出版社

图书在版编目（CIP）数据

天桥 / 刘仲孝编著. — 北京 ：北京出版社，2018.3
（京华通览）
ISBN 978-7-200-13443-8

Ⅰ. ①天… Ⅱ. ①刘… Ⅲ. ①商业区—介绍—西城区 Ⅳ. ①F727.1

中国版本图书馆CIP数据核字（2017）第267100号

出版人 曲 仲
策 划 安 东 于 虹
项目统筹 董拯民 孙 菁
责任编辑 董拯民 周 亮 郭 鑫
封面设计 田 晗
版式设计 云伊若水
责任印制 燕雨萌

天桥
TIANQIAO
刘仲孝 编著
*
北京出版集团公司
北京出版社 出版
（北京北三环中路6号）
邮政编码：100120
网 址：www.bph.com.cn
北京出版集团公司总发行
新华书店经销
天津画中画印刷有限公司印刷
*
880毫米×1230毫米 32开本 9.875印张 202千字
2018年3月第1版 2022年11月第3次印刷
ISBN 978-7-200-13443-8
定价：45.00元

如有印装质量问题，由本社负责调换

质量监督电话：010-58572393

序

PREFACE

擦亮北京“金名片”

段柄仁

北京是中华民族的一张“金名片”。“金”在何处？可以用四句话描述：历史悠久、山河壮美、文化璀璨、地位独特。

展开一点说，这个区域在70万年前就有远古人类生存聚集，是一处人类发祥之地。据考古发掘，在房山区周口店一带，出土远古居民的头盖骨，被定名为“北京人”。这个区域也是人类都市文明发育较早，影响广泛深远之地。据历史记载，早在3000年前，就形成了燕、蓟两个方国之都，之后又多次作为诸侯国都、割据势力之都；元代作为全国政治中心，修筑了雄伟壮丽、举世瞩目的元大都；明代以此为基础进行了改造重建，形成了今天北京城的大格局；清代仍以此为首都。北京作为大都会，其文明引领全国，影响世界，被国外专家称为“世界奇观”“在地球表面上，人类最伟大的个体工程”。

北京人文的久远历史，生生不息的发展，与其山河壮美、宜生宜长的自然环境紧密相连。她坐落在华北大平原北缘，“左环沧海，右拥太行，南襟河济，北枕居庸”“龙蟠虎踞，形势雄伟，南控江淮，北连朔漠”。是我国三大地理单元——华北大平原、东北大平原、蒙古高原的交汇之处，是南北通衢的纽带，东西连接的龙头，东北亚环渤海地区的中心。这块得天独厚的地域，不仅极具区位优势，而且环境宜人，气候温和，四季分明。在高山峻岭之下，有广阔的丘陵、缓坡和平川沃土，永定河、潮白河、拒马河、温榆河和蓟运河五大水系纵横交错，如血脉遍布大地，使其顺理成章地成为人类祖居、中华帝都、中华人民共和国首都。

这块风水宝地和久远的人文历史，催生并积聚了令人垂羡的灿烂文化。文物古迹星罗棋布，不少是人类文明的顶尖之作，已有 1000 余项被确定为文物保护单位。周口店遗址、明清皇宫、八达岭长城、天坛、颐和园、明清帝王陵和大运河被列入世界文化遗产名录，60 余项被列为全国重点文物保护单位，220 余项被列为市级文物保护单位，40 片历史文化街区，加上环绕城市核心区的大运河文化带、长城文化带、西山永定河文化带和诸多的历史建筑、名镇名村、非物质文化遗产，以及数万种留存至今的历史典籍、志鉴档册、文物文化资料，《红楼梦》、“京剧”等文学艺术明珠，早已成为传承历史文明、启迪人们智慧、滋养人们心灵的瑰宝。

中华人民共和国成立后，北京发生了深刻的变化。作为国家首都的独特地位，使这座古老的城市，成为全国现代化建设的领头雁。新的《北京城市总体规划（2016年—2035年）》的制定和中共中央、国务院的批复，确定了北京是全国政治中心、文化中心、国际交往中心、科技创新中心的性质和建设国际一流的和谐宜居之都的目标，大大增加了这块“金名片”的含金量。

伴随国际局势的深刻变化，世界经济重心已逐步向亚太地区转移，而亚太地区发展最快的是东北亚的环渤海地区、这块地区的京津冀地区，而北京正是这个地区的核心，建设以北京为核心的世界级城市群，已被列入实现“两个一百年”奋斗目标、中国梦的国家战略。这就又把北京推向了中国特色社会主义新时代谱写现代化新征程壮丽篇章的引领示范地位，也预示了这块热土必将更加辉煌的前景。

北京这张“金名片”，如何精心保护，细心擦拭，全面展示其风貌，尽力挖掘其能量，使之永续发展，永放光彩并更加明亮？这是摆在北京人面前的一项历史性使命，一项应自觉承担且不可替代的职责，需要做整体性、多方面的努力。但保护、擦拭、展示、挖掘的前提是对它的全面认识，只有认识，才会珍惜，才能热爱，才可能尽心尽力、尽职尽责，创造性完成这项释能放光的事业。而解决认识问题，必须做大量的基础文化建设和知识普及工作。近些年北京市有关部门在这方面做了大量工作，先后出版了《北京通史》（10卷本）、《北京百科全书》（20卷本），各类志书近900种，以及多种年鉴、专著和资料汇编，等等，为擦亮北京这张“金名片”做了可贵的基础性贡献。但是这些著述，大多是服务于专业单位、党政领导部门和教学科研人员。如何使其承载的知识进一步普及化、大众化，出版面向更大范围的群众的读物，是当前急需弥补的弱项。为此我们启动了《京华通览》系列丛书的编写，采取简约、通俗、方便阅读的方法，从有关北京历史文化的大量书籍资料中，特别是卷帙浩繁的地方志书中，精选当前广大群众需要的知识，尽可能满足北京人以及关注北京的国内外朋友进一步了解北京的历史与现状、性质与功能、特点与亮点的需求，以达到“知北京、爱北京，合力共建美好北京”的目的。

这套丛书的内容紧紧围绕北京是全国的政治、文化、国际交往和科技创新四个中心，涵盖北京的自然环境、经济、政治、文化、社会等各方面的知识，但重点是北京的深厚灿烂的文化。突出安排了“历史文化名城”“西山永定河文化带”“大运河文化带”“长城文化带”四个系列内容。资料大部分是取自新编北京志并进行压缩、修订、补充、改编。也有从已出版的北京历史文化读物中优选改编和针对一些重要内容弥补缺失而专门组织的创作。作品的作者大多是在北京志书编纂中捉刀实干的骨干人物和在北京史志领域著述颇丰的知名专家。尹钧科、谭烈飞、吴文涛、张宝章、郗志群、姚安、马建农、王之鸿等，都有作品奉献。从这个意义上说，这套丛书中，不少作品也可称“大家小书”。

总之，擦亮北京“金名片”，就是使蕴藏于文明古都丰富多彩的优秀历史文化活起来，充满时代精神和首都特色的社会主义创新文化强起来，进一步展现其真善美，释放其精气神，提高其含金量。

2017 年 11 月

目录

CONTENTS

作家、画家笔下的天桥

天橋地圖

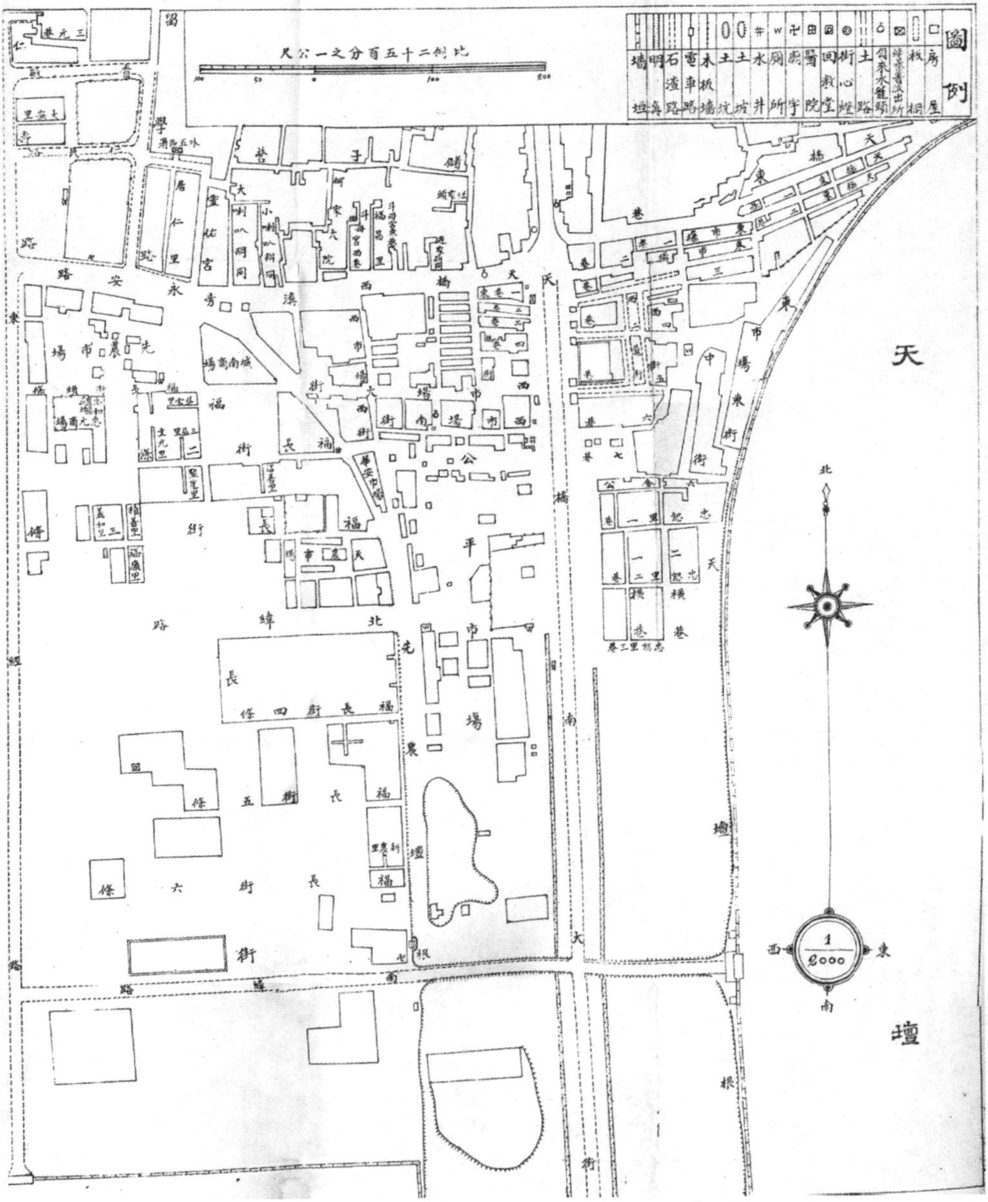

圖例
比例二千五百分之一公尺
永安路
先農市場
城南商場
公平市場
福長街
天橋市場
東市場
先農壇
西市場
天
壇
北
南
東
西
1
2000

天桥探源

天桥地区的出现应该远溯到七百年前的元代。元至元八年（1271 年）十一月，忽必烈正式将国号改为“大元”，至元九年（1272 年）正式将都城命名为“大都”。大都城建设至元四年(1267 年)正月开始破土动工。“岁在丁卯，以正月丁未之吉，始城大都。”大都城的设计是按照我国春秋时期编写成书的《周礼·考工记》中所记“左祖右社，面朝后市”的原则设计的……

天桥地区的出现应该远溯到七百年前的元代。

元至元八年（1271年）十一月，忽必烈正式将国号改为“大元”，至元九年（1272年）正式将都城命名为“大都”。

大都城建设至元四年（1267年）正月开始破土动工。“岁在丁卯，以正月丁未之吉，始城大都。”大都城的设计是按照我国春秋时期编写成书的《周礼·考工记》中所记“左祖右社，面朝后市”的原则设计的。《元史·地理志》载：大都“城方六十里，十一门”。城为南北长的矩形，它的南墙在今东西长安街偏南，北墙在今安定门和德胜门外土城遗址一线。现在的小月河就是在元大都北护城河旧迹的河道上疏通修成的。城周实测长二万八千六百米。按照中国古代建设都城的规则，除左祖右社外，都城的四郊还要建立祭天、地、日、月的四个坛。天坛在南郊，地坛在北郊，日坛在东郊，月坛在西郊。“古者祈天于圜丘，祭地于方丘。圜丘者，南郊地上之丘，丘圜而高，以象天地；方丘者，北郊泽中之丘，丘方而下，以象地也……此古之制也。”（《日下旧闻》卷十六，“城市”七，南城上）世祖至元十二年十二月，以受尊号，于丽正门东南七里建祭台，设昊天上帝、皇地祇位二，行一献礼。自是国有大典礼，皆即南郊告谢焉。“成宗即位……始为坛于都城南七里。”“自世祖混一六合，至文宗，凡七世，而南郊亲祀之礼始克举焉。”（《元史·祭祀一》）按元史记载，元之郊坛在丽正门东南七里，其地当在今永定门外。也就是说，元帝建坛郊祀之处，当在今天的天桥地区之南。

今天的天桥正是元代帝王郊祭必然经过的地方。“至元

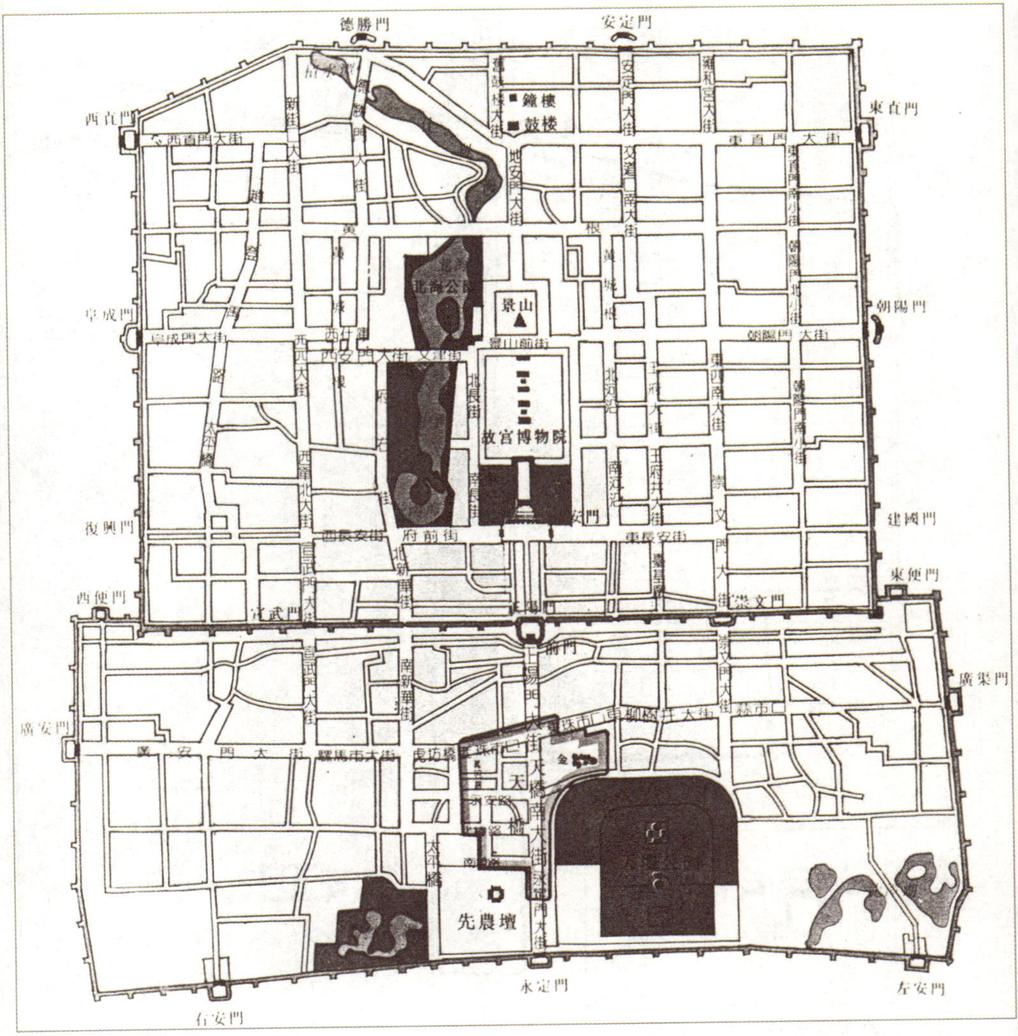
德勝門
安定門
西直門
東直門
鐘樓
鼓楼
西直門大街
東直門大街
阜成門
朝陽門
阜成門大街
朝陽門大街
北海公園
景山
景山前街
故宮博物院
復興門
建國門
西長安街
府前街
東長安街
西便門
東便門
宣武門
崇文門
前門
廣渠門
廣安門
廣安門大街
騾馬市大街
天橋
先農壇
永定門
左安門
右安門

北京老天桥地区示意图

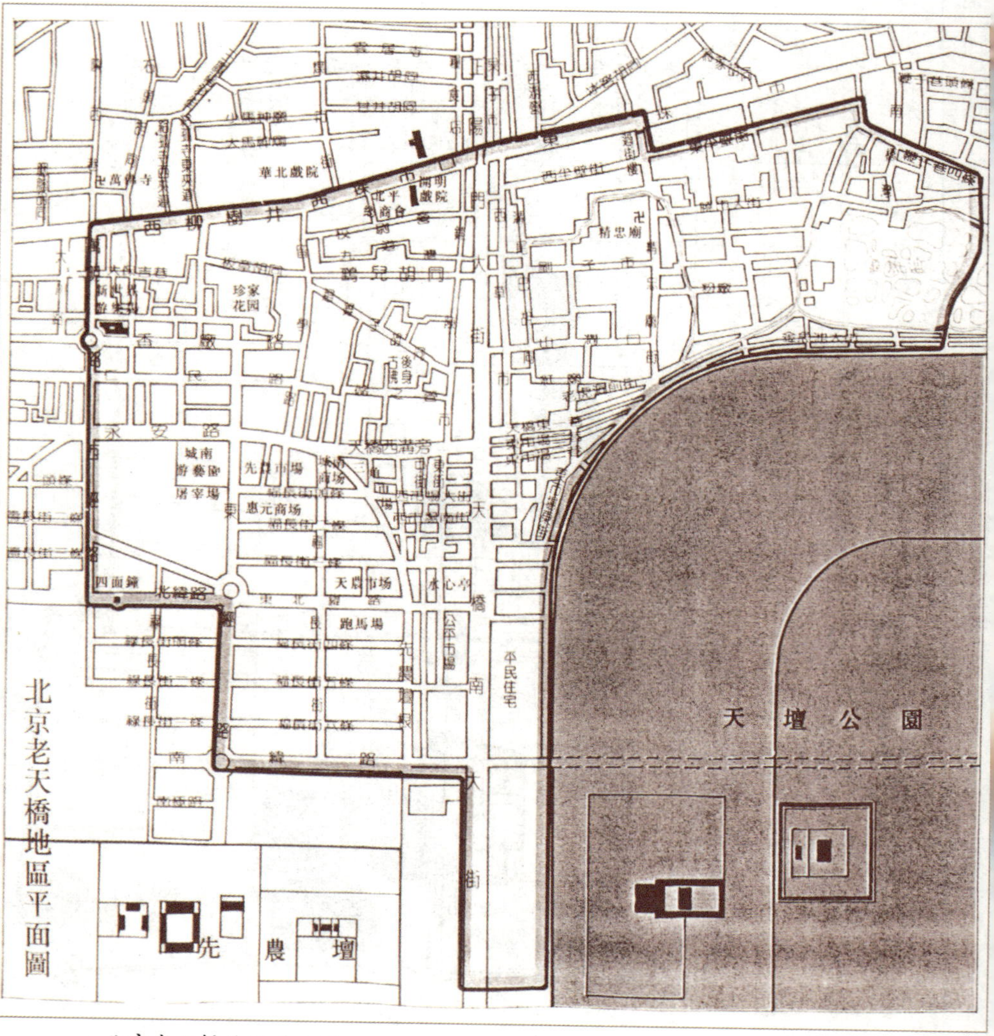
北京老天橋地區平面圖
天壇公園
先農壇
華北戲院
珍家花园
永安路
城南游藝園
屠宰場
惠元商场
天農市场
水心亭
跑馬場
公平市場
平民住宅
鷂兒胡同
精忠廟
四面鐘
天橋南大街

北京老天桥地区平面图

三十一年（1294年），成宗即位。夏四月壬寅，始为坛于城南七里。甲辰，遣司徒兀都带率百官为大行皇帝请谥南郊，为告天请谥之始。大德六年春三月庚戌，合祭昊天上帝、皇地祇，五方帝于南郊，遣左丞相哈喇孙摄事，为摄祀天地之始。”（《元史·祭祀一》）

据史料记载，天桥地区在元、明及清前期是一片水域沼泽地带。清人震钧在其著作《天咫偶闻》中说：“先农坛之西，野水弥漫，荻花萧瑟。四时一致，如在江湖，过之者辄生遐思。”“野凫潭，在先农坛西。积水弥然，与东城鱼藻池等。其北为龙泉寺，又称龙树院。有龙爪槐一株，院以此名，久枯，僧人补种一小株。”吴长元《宸垣识略》：“正阳门外东偏有古三里河一道，东有南泉寺，西有玉泉庵，至今基下俱有泉脉。由三里河绕出慈源寺、八里庄、五箕花园一带，直抵张家湾、烟墩港，地势低下，故道俱存，冬夏水脉不竭。现今天坛北芦苇园、草场九条巷，其地下者俱河身也。”“野凫潭在祈谷潭西北，积水十余顷，四时不竭，每旦有野凫游泳其间，因名之。查慎行诗：潭潭积潦浸城隈，不长菰蒲长

天桥之桥（清末民初）

水落。我梦江湖归未得，野凫何事却飞来？”

震钧、吴长元所记的天桥一带野水沼泽虽是清代的情形，但可以想见在元、明时期，此地的水势更是有过之而无不及。由于东西相连的茫茫水势，恰恰横穿了帝都的中轴线，不仅妨碍了庶民的南北通行，而且阻隔了封建帝王赴南郊祭天坛的道路，故此修建一座石桥，为天子祭天必过之桥，故名之曰“天桥”。

1368 年 9 月 12 日，明军攻入元大都，元顺帝北逃，元朝灭亡。明军攻占元大都后，将城垣和大多数宫殿拆毁。明迁都北京后，又在元大都的废墟上，重新营建北京城。为了防御北逃的元蒙势力的南侵，遂拆掉北城垣，向南移五里，另筑新的北城垣。新北城垣西段从新开道街北端起，穿过昔日积水潭最狭窄的地方，转向西南，到安民厂西北角止，成一斜角，把积水潭的西端一部分隔在城外。北城墙东西长一千八百九十丈，高三丈五尺五寸，宽五丈，是明代北京城的北界。北城墙仍然只设两门，重新命名，东为安定门，西为德胜门。

东、西城垣是在元代土墙的基础上用砖包砌。东城垣长一千七百八十六丈九尺三寸，西城垣长一千五百六十四丈五尺二寸，高均为三丈五尺五寸，城墙基部厚六丈三尺，顶部五丈。南城垣是将元大都土垣向南移二华里多（一说向南移一华里许），长一千二百九十五丈九尺三寸，高三丈五尺，顶部宽二丈，也用砖包砌。城周长四十华里，四面共设九门。南面三门：正南为正阳门（元丽正门以南），东为崇文门（元文明门以南），西为宣武门（元顺城门以南）。东面二门：由北往南依次是东直门（即元代崇仁门）、朝阳门（即元代齐化门）。西面二门：由北向南依次为西直门（即元代和义门）、阜成门（即元代平则门）。

明嘉靖年间，又增修了环抱南郊的外城，后人将早先修筑的城称为内城。自修筑外城之后，原来处于元大都的天桥地区就被包在城里了。

原计划外城要包围内城四周，周长一百二十多里。因政府当时财力不支，人力不足而减修，只修了环抱南郊、包括东南角和西南角的外城，全长二十八里。外城南墙长二千四百五十四丈四尺四寸，东墙长一千零八十五丈一尺，西墙长一千零九十三丈二尺。城墙高二丈，垛口四尺，基厚二丈，顶收一丈四尺。外城共八门：南面三门：正中为永定门，东为左安门，西为右安门。东面一门为广渠门。东北隅一门为东便门。西面一门为广安门。西北隅一门为西便门。整个城市呈现出一个“凸”字形的轮廓。

远眺永定门（画）

明代的北京城是四重城，由内到外为紫禁城、皇城、内城、外城。自明永乐四年（1406 年）闰七月，下诏营建北京宫殿城池，到永乐十八年（1420 年）宫阙告成，前后延续达十五年之久。

在修建北京城的同时，还在南郊兴建了天坛和山川坛（先农坛）。天坛和山川坛的建成，使得从正阳门向南有一条笔直大道穿过东西并列的天坛和山川坛之间，天桥即成为南北交通要道。

早在元代，天桥一带就已成为文人雅士、迁客骚人游玩赏观的地方。这里是大都城南郊外，地僻人稀，但处处野水汪然碧绿，垂柳丝丝摇曳，宛如江南水乡。夏秋之时，每有画舫游人或饮酒赋诗，或品茗赏荷，站立船头四处观望，临风而立，其意气洋洋，足见各尽其乐。元人所写的《天桥词》中，描绘了当时的天桥景象。

可以肯定，天桥历元、明、清，直至民国年间，数百年来，经过无数次修葺加固，已不是当初的风貌。天桥一带各朝代也是有变化的。明代，南城因地势洼下而多处积水成塘，水塘的水多了就顺明沟流入护城河。虎坊桥南部清代叫下洼子的水塘就是这样一个水塘。水塘的水从先农坛北墙外明沟向东流，在天坛北墙外汇入金鱼池，再由金鱼池向东流，在天坛东北角折向南，注入南护城河，龙须沟就是这条排水沟。下洼子的西南方尚有大、小川淀，所以说天桥地区当时是一个名副其实的水乡泽国。

那么，天桥的具体位置在哪里呢？

我们知道，正阳门外是条通天大道，为通行方便，在大道与排水沟交叉处修建了一座石桥。有皇上的时候，每年冬至、正月上辛日及孟夏，皇帝和大臣们要到天坛祭天、祈谷、祈雨，大队人马从此经过，因是天子祭天必经之桥，故名之曰天桥。

天桥的准确位置，在今天的天坛路西口、天桥南大街北口、前门大街南口、永安路东口的四条交通要道的汇合处。天桥南大街即天桥大街，因在当年的石桥之南，所以叫天桥南大街。

据有关方面的资料记载，桥长约 8 米，宽约 5 米，石桥有三梁四栏，汉白玉雕成，东西两侧各 5 根栏柱，柱顶雕成莲花骨朵儿形，桥孔券洞上中心部位各雕有螭头（古代传说中没有角的龙）以镇水。桥面用石板铺就，石板纵横相接处嵌有“⋈”形铁锭以连接石板，起加固作用。石桥两边各搭一木板平桥，中间的石桥只有皇帝可以走，其他人走木桥。中间的石桥平时用木栏封挡着，不许闲杂人等靠近。

据崔金生《“天桥”的桥》文中说：“因为石桥位于前门与永定门之间，是明、清两朝的皇帝去天坛祭天途经的御道。御道上的这座桥，供皇上使用，皇帝又称天子，因此人们称作天桥，也俗称龙鼻子，因称前门为龙头，桥两边的河沟为龙须沟。

据老人讲，当年站在桥北往南看，看不见永定门，在桥南望北，看不见前门，前门楼子九丈九，是当时最高的建筑，桥可以挡住人们的视线，可见石桥的高大雄伟。

据记载，远在元朝后期，桥附近就出现了饮食业和经营旧货的市场，明朝后期逐渐成为热闹的场所。清王朝和民国初年，每逢杀了犯人后，将人头挂在桥头的杆子上示众。据老人讲，被杀的犯人中，如有阔人，镶有金牙，晚间就有穷汉爬在杆上，用手伸进人口中，掰去金牙，以取黄金。”

天桥又是如何消失的呢？

天桥的消失已有些年头儿了。《北京市宣武区地名志》中说：“清光绪三十二年（1906年）整修正阳门至永定门的马路，将这条路上原来铺的石条一律拆去，改建成碎石子的马路，天桥也改建成矮矮的石桥。1929年，因有轨电车行驶不便，就将天桥的桥身修平，但两旁仍有石栏杆。1934年展宽正阳门至永定门的马路，就将天桥两旁的石栏杆全部拆除。天桥的桥址不复存在，而天桥作为一个地名，一直保留下来。”（见《北京市宣武区地名志》第283页）

在这里需要说明的是，本书中的内容并没有局限于天桥南大街的一条街道。因为老北京天桥地区并不限于此，它应该向街道两侧再延伸一部分。西边延伸到南北纬路、香厂路、北京友谊医院、永安路、先农坛东坛根儿、北坛根儿一带。今天的永安路东段过去是天桥的西龙须沟所在地，清末民初时称“西沟旁”，后来西龙须沟改为暗沟，上面形成大街。旧时天桥的鸟市、茶馆、小饭铺分布南北两侧。东边延伸到今崇文区的山涧口、金鱼池、精忠庙、东晓市、红桥往南的龙须沟、药王庙也应是老天桥的范围。天桥地区的北界是以珠市口东西大街为界线的，南界到外城的护城河。

明清遗韵

在明代，天桥地区日趋繁华与它的位置和交通运输的客观环境有直接的关系。

天桥不仅是皇帝祭天必过之路，也是皇帝去南海子巡幸游猎的必经之地。

在明代，天桥地区日趋繁华与它的位置和交通运输的客观环境有直接的关系。

天桥不仅是皇帝祭天必过之路，也是皇帝去南海子巡幸游猎的必经之地。

《明一统志》记载：“南海子在京城南二十里，旧为下马飞放泊，内有按鹰台。永乐十二年增广其地，周围凡一万八千六百六十丈，乃域养禽兽种植蔬果之所，中有海子大小凡三，其水四时不竭汪洋若海，以禁城北有海子，故别名南海子。”

明成祖永乐十二年（1414 年）增广南海子，其面积为“周垣百二十里”。明廷在南海子内修治桥道，筑起围墙，辟成四门，即北红门、东红门、南红门、西红门。不仅如此，明廷在南海子内还建有庑殿行宫及旧衙门、新衙门两座提督衙署。吴伟业在《海户曲》中提到了南海子在明朝时置二十四园的事：“七十二泉长不竭，御沟春暖自涓涓。平畴如掌催东作，水田漠漠江南乐……芳林别馆百花残，廿四园中烂漫看……”不过到了清朝时二十四园已无处可寻，庑殿行宫也已坍塌。乾隆皇帝在他的《海子行》中写有“胜朝庑殿但存名，颓垣落椀埋榛荆”和“二十四园泯遗迹，耕地牧场较若画”的诗句，诗中证明二十四园等已无踪迹了。

李东阳像

明大学士李东阳写有《十景诗》，其中《南囿秋风》写的就是南海子。

《南囿秋风》诗写道："别苑临城辇路开，天风昨夜起宫槐。秋随万马嘶空至，晓送千口拂地来。落雁远惊云外浦，飞鹰欲下水边台。宸游睿藻年年事，况有长扬侍从来。"明朝时，南海子隶属上林苑，设海户千余人把守，内养"鹿、獐、雉、兔"等，以供皇帝狩猎之需。明人刘侗、于奕正的《帝京景物略》中记载说："永乐中，岁猎以时，讲武也。天顺二年，上出猎，亲御弓矢，勋臣、戚臣、武臣，应诏驰射、献禽，赐酒馔，颁禽从官，罢还。正德十二年，上出猎。隆庆二年三月，上幸南海子。先是，左右盛称海子，大学士徐阶等奏止，不听。驾至，榛莽沮洳，宫幄不治，上悔之，遽命还跸矣。"可见，明代各朝的皇帝是去过南海子游猎的。

由于京城的南面有方圆一百二十里的南海子，所以进出北京的人都不从南边走，而是西出卢沟桥至涿州再向东、南、西各方。走水路出崇文门到东南的张家湾再乘船南下。明朝时出右安门经玉泉营、草桥、赵村店向南行有一条干道，顺道向南经西红门、黄村向南可到河北固安、霸州、河间等地。这条路的基本走向就是今天的京开高速公路，那时是从南海子的西墙外经过的。

明永乐年间，朝廷在大修宫殿的同时，也在天桥东南修建了天地坛，合祀皇天后土，在天桥西南修建了川坛（先农坛）用以祭农神。自天地坛、先农坛落成之后，天桥也就成了交通的要道。天桥北面东西两侧商旅云集，出现了蒸饼市（饮食小吃）、日昃市和穷汉市（出卖劳动力的场所）。穷汉市又叫铺衬市，是出售旧衣物的。"日昃"，其义为太阳偏西，约下午二时左右。日昃市为"贩夫贩妇"之夕市，出售估衣杂品，也是广大贫苦市民和小商贩进行交易的场所。天桥后来的市面就是由穷汉市和日昃市演变而成的。到了明朝后期，每逢端午节日，很多达官贵人在天坛北墙外夹道和金鱼池骑射为乐，富家子弟则跑马赛车，天桥仍是个热闹的地方。由于金鱼池风景秀丽，明代的武清侯李伟家族便在此修建了别墅“李园”。明人刘同升“李园小集”诗云：“小桥行过柳溪湾，为访园亭竟日闲。出郭已知依绿水，登楼更喜见青山。寒泉落木疑丘壑，瘦马深衣自往还。剩采东篱寻旧约，君应无梦到尘寰。”足见当时李园风景之胜。这些情形在明朝人刘侗、于奕正所著的《帝京景物略》一书中均有记载。《帝京景物略》在卷二“春场”中还记载了京都妇女在正月举行“走桥”的风俗活动：“……（正月）八日至十八日，集东华门外，曰灯市。贵贱相遝，贫富相易贸，人物齐矣。妇女着白绫衫，队而宵行，谓无腰腿诸疾，曰走桥。”“走桥”又曰“走百病”，凡有桥之处，妇女相率以过，谓之度厄，俗传曰走桥。可以想见，当时成群结队的妇女在上元花炮的映照下纷纷踏过天桥的热闹景象。

《帝京景物略》书中还记载了初夏时节，京都男女老少穿越天桥到天坛游玩的情形：“五月一日至五日，家家妍饰小闺女，簪以榴花，曰女儿节。五日之午前，群入天坛，曰避毒也。过午出，走马坛之墙下。无江城系丝投角黍俗，而亦为角黍，无竞渡游耍。南则耍金鱼池，西耍高梁桥，东松林，北满井，为地不同，饮醵熙游也同。”

天坛内有神乐观，明代人称道院。明人田艺蘅所著《留青日札》中载道：“国朝郊祀，奏乐者为神乐观道士。”祭祀前，召集道士在观内演习乐舞，故合称其为乐舞生。明制初皆选道童充任，嗣后舞生改用军民俊秀子弟，乐生仍由道童充任。到了清代便改为从儒童和生员中挑选。这些乐舞生终年住在观中，清闲自在，平日便以栽花种草为消遣，还在坛内采集益母草，制成妇科良药益母草膏出售。天坛神乐观的井泉水很甘洌，清人王士祯有诗赞道："京师土脉少甘泉，顾渚春芽枉费煎。只有天坛石甃好，清波一勺卖千钱。"明时，天坛益母草所制的益母膏是大家所公认的特产药。天坛神乐观也逐渐成为京师人燕集之地，或赏花，或以甘泉水烹茶，或购益母膏以治妇科疾病。

曾闻名于天桥地区的龙须沟是在明代形成的。明朝嘉靖年间修建北京外罗城时，包砌城墙的城砖是就地取材烧制的。修筑外罗城墙需要大量的城砖，因此出现了数十座烧砖的砖窑，至今还留有潘家窑、刘家窑、窑台等地名。外城修好后，留下了大小窑坑数十处，除低洼外还积存大量的水。久而久之，这些洼地也就形成了汇集污水和雨水的大池塘。比如宣武区域内的砖儿胡同和干儿胡同南边的大池塘就是如此形成的。而龙须沟就是从该大池塘的东口流出，向东绕过山川坛和天坛北墙北侧，到苜蓿园折向东南，入龙潭再入外城护城河。

龙须沟在流入东部即今东城区域内时也是明代三里河的一段。孙承泽所著《天府广记》中记载："正统时因修城壕，作坝蓄水，虑恐雨多水溢，故于正阳桥东南低洼处开通壕口，以泄其水，始有三里河名。"这条三里河从正阳桥东南低处流出，经打磨厂、长巷头条西、小桥、穿过芦草园，又过三里河桥，经金鱼池东流，沿天坛北坛墙，过红桥往东南，流入左安门外迤西的护城河中。三里河的上游在清乾隆年间即开始干涸，河床变成陆地，逐渐形成了胡同街巷。金鱼池以东的旧河道依然有水，与龙须沟汇合，成为流泻雨水和沿岸居民倾倒秽水之处。每当大雨之后，浊水淹没沿途低矮的土坯房屋，贫穷的市民苦不堪言。

明时，天桥地区有几处古庙从事佛教与道教活动，这些古庙活跃了天桥的经济，天桥的日益繁盛与它们不无关系。金鱼池附近的药王庙是北京最大的药王庙，享誉北京城。天桥西侧的灵佑宫旧时为十方道场，明万历年间辟地十亩，修建成“护国灵佑宫”。今陶然亭北部的龙泉寺是元代的庙宇，明成化四年（1473 年）改建成龙泉寺。寺内有龙泉井，水味甘美，远近闻名。此外尚有天仙庙、斗姥宫、万明寺、仁寿寺等不下十几处。这些庙宇当时香火极盛，庙会期间，善男信女成群结队往来于天桥东、南、西、北各处。有些城郊的农民在庙会间也骑着牲口，推着小车来天桥各庙会赶会，他们往往将家乡的土特产品在天桥的各处高声叫卖，再将所获之钱换回所需的家常日用品。所以说当时的各庙庙会也是热闹的集市场。

皇帝祭天的地方

天坛坐落在永定门内路东，是我国现存的一处坛庙建筑，原为明、清两朝皇帝祭天的地方，一般人不许随便进入。

天坛

天坛始建于明永乐四年（1406 年），永乐十八年建成，历时 14 年。清朝又进行了扩建。天坛占地面积 273 公顷，壝墙两重，呈回字形，北沿为弧圆形，南沿与东西壝墙相交成直角，呈方形。这种北圆南方的形式象征古代的“天圆地方”之说，通称“天地墙”。外墙原来只有一座西门，为正门。而内墙则有四门，称“东、西、南、北四天门”。中华人民共和国成立后天坛辟为公园，外墙又先后开通了东、南、北三道门，主要是为游人出入方便。天坛的内外两道坛墙把整个坛域分为内坛和外坛。内坛建有祭坛和斋宫等。内坛中东西有横墙一道，南为圜丘坛，北为祈谷坛。天坛就是这两坛的总称。

进入天坛西门的第一道门，有一条直向东去的路，路两旁有苍松翠柏，槐榆杨柳，还栽着各种花草。由第二道门再往东走，走上约有二十五度的坡形砖级，便到了一条横贯南北的高平石路，往南走是“皇穹宇”“回音壁”和“圜丘”，往北便是“祈年殿”。

经过成贞门，进祈年门后，祈年殿就在眼前。祈年殿是一座三重檐的圆形大殿，每层覆盖深蓝色的琉璃瓦，象征蓝天。每圈

祈年殿

瓦层层缩小，呈放射形，上冠铜制镏金大圆宝瓶，外形壮观，色彩绚丽。蓝色的檐饰，再配上朱红色的门窗，显得庄严雅静。殿下石基三层，白石栏杆围绕。十几层的石级中间是刻着云龙浮雕的长方形石板。登上石级，便可进入殿内。大殿全部采用木结构，二十八根大柱支承着整个殿顶的重量。中间的四根大柱，叫通天柱，也叫“龙井柱”，高 18.6 米，大头直径 1.2 米，古镜式的柱础，海水宝相花的柱身，沥粉堆金，分外壮观。三层殿脊以镏金斗拱支撑，卯榫交叉，独具匠心。殿内梁枋大木和天花，均为龙凤合玺彩画，装饰精美，金碧辉煌。藻井内有木雕龙凤图案，相对地面中心，有一块平面大理石，上面有自然形成的龙凤花纹，上下映衬，别具情趣。殿内正面艾叶青石须弥座上，是漆金浮雕云龙的屏风，顶部透雕腾龙。屏前放着祭祀皇天上帝用的宝座。

柱子的数目，据说是按照天象而建的。中间四根通天柱，象征春、夏、秋、冬四季。中层的十二根金柱，象征一年的十二个月。外层的十二根檐柱，象征一天的子、丑、寅、卯等十二个时辰。中、外层相加二十四根象征二十四个节令。三层相加共二十八根，象征周天二十八星宿，再加上八根童柱，象征三十六天罡。宝顶下的雷公柱，象征着皇帝的“一统天下”。

大殿原名“祈谷殿”，明嘉靖九年（1530 年）重修时改名“大享殿”，清乾隆年间大修后改为祈年殿。清光绪十五年（1889 年）曾被雷击烧毁，光绪二十二年（1896 年）照原样重修。

皇穹宇殿的样式和祈年殿相同，但规模小，而且是单檐的殿。远望过去，单檐像张开的一把伞，配上圆形金顶、蓝瓦红墙和殿前玲珑剔透的琉璃门，显得非常别致美丽。殿的高度是五丈八尺，殿座的直径是四丈七尺，内部完全用木材建造，斗拱支架，母子交叉，结构精巧。这座殿是明嘉靖九年（1530 年）建造的，清

皇穹宇

朝乾隆十七年（1752 年）重修过一次。

皇穹宇殿外有一道圆形的水磨砖围墙，叫作回音壁。它高一丈八尺，圆半径约九丈七尺五寸，壁面砌得整齐光滑，是一个很好的声音反射体。如果你对着墙说话，在墙内任何地方都可听得清清楚楚，好像声音是从墙中发出来的一样。所以人们来到这里，都要对着墙说上两句。

由皇穹宇殿前到围墙的大门，铺着一条石板路。由此往南数，第三块石板是围墙的中心。传说站在这里喊一声或鼓一下掌，可以听到三声回音，所以叫它“三音石”。站在第二块石板上喊一声或鼓一下掌，可以听到两声回音。在第一块石板上只能听到一声回音。事实上不一定如此。如果在“三音石”上的喊声、掌声大一点儿，可以听到五六声回音，只是声音较模糊些。其原因是：从围墙中心发出的声音，向周围传播，走同样的距离碰到墙上，反射回来又集中在中心，因声波的反射作用而形成的。至于声音为什么只向北传播，则是由于北面没有门，南面有门阻断的缘故。

皇穹宇南边，是一座极大的圆形石台，叫作圜丘，即我们所说的“天坛”。这坛全由白石砌成，共分三层，最高一层，直径九丈，高五尺七寸。中层直径十五丈，高五尺三寸。底层直径二十一丈，高五尺。自下到上的高度，总计为一丈六尺。坛面的石板，全按九重递加环砌的，最高层自十九起，递加到九九。中层自九十起，递加到一百六十二。底层自一百七十起，递加到三百四十三，合一、三、五、七、九的“阳数”（天数）。东、西、南、北四方各有石阶，全是九级。除四个出口外，周围全有石栏杆。这栏杆最高一层

丹陛桥

七十二根，中层一百零八根，底层是一百八十根，总数三百六十根，象征“周天三百六十度”。

连接祈年殿和皇穹宇这两座建筑的一条南北大道，叫“丹陛桥”。“丹”者，红也，“陛”，原指宫殿前的台阶。古代宫殿前的台阶多以红色涂饰，故称“丹陛”。一条大道为什么以桥称之？原来是道下有一条隧洞，与上面的大道形成立体交叉，故称桥。桥全长360米，桥面宽29.4米，中为“神道”，左为“御道”，右为“王道”。皇帝走御道，王公大臣走王道。整个桥体由南向北逐渐升高，南端约为一米多，而北端却达3米左右。这样安排是象征皇帝步步升高，寓升天之意。桥下面的隧道走牲道，是赶运牲畜的通道，故又称进牲门。古代皇帝祭天的前一日，外坛西南隅牺牲所的所牧（即所长），率领“所军”赶运牛、羊、豕、鹿、兔等，穿过此门送至宰牲亭屠宰。这种活动叫“进牲”。进牲时，前面龙旗鼓乐开道，牲只用黄绳牵引，至宰牲亭，不出半日便全部被宰杀。

如今丹陛桥经过整修，平坦宽敞。登桥四望，北面祈年殿壮丽辉煌，南面圜丘巍峨奇特，东、西天门遥遥相对，森严的斋宫在古柏中若隐若现，给人一种天高地阔、心旷神怡之感。

斋宫在进西门的不远处。它是皇帝来天坛祈谷、祭天前进行斋戒、沐浴的地方，占地约四万平方米。

走进斋宫正门，便是气势雄伟的正殿。红墙绿瓦，分外壮观。据说这种绿瓦表示皇帝在这里不敢妄自尊大，而只能“对天称臣”。殿为五间，面阔 46.85 米，进深 17.6 米，成拱券形，为砖石结构，整个建筑无梁枋大木，因此被称之为“无梁殿”。殿前丹墀上，有两座石亭，右边的一座较小，是放时辰牌用的，左边的一座呈正方形，高 5.5 米，宽约 2.15 米，叫“斋戒铜人石亭”。史料中记载，皇帝在斋戒期间，亭内设方几一张，罩黄云缎桌衣，上设一尺五寸的铜人像一尊，铜人双手恭奉简牌一枚，书“斋戒”二字，以使皇帝“触目惊心，恪恭罔懈”。意思是提醒皇帝有所警惕，不忘用心斋戒。

按古礼规定，皇帝须在祭天前三天来斋宫进行斋戒。这几天，皇帝不茹荤，不饮酒，不食葱蒜，不听音乐，不吊丧，不理刑事等。祀日，皇帝从斋宫起驾时，鸣钟为号，至登坛为止。礼成后再鸣钟，直到皇帝还宫。祭祀时，皇帝登象辇出斋宫正门向东，在丹陛桥西侧降辇，然后升阶行礼。

祈年殿之侧还有一呈“W”形的附属建筑物，共七十二间，名之曰“长廊”。古时每逢祭祀，要用大量的祭品供奉“天神”，这条长廊就是专为运送祭品所设的通道，过去叫“供菜廊子”，原建筑通脊连檐，前窗后墙，故又称“七十二连房”。

明、清时期，祭天活动是在日出前进行，因此祭品要在夜间运送。廊内设戳灯照明（一种古式木座落地灯，高约 1.5 米，安六角莲花木盘，盘中插红色蜡烛，罩黄棉纸灯罩），灯光烛影，一片灰暗景象，所以又有“七十二煞”之说法。

天坛自 1915 年辟为公园后，几经翻修，长廊前面的窗槅早已无存，后面的墙壁也大部分拆除，余下部分增修了“什锦窗”。廊前增添花草树木，变成为一条美丽的游廊。

在长廊的东端南侧草地上，有八块巨石，名七星石。为什么八块石头却叫“七星石”呢？

关于七星石的来历有许多传说：明永乐皇帝朱棣迁都北京后，想修一座祭天的祭坛，但选不准坛位。一天夜里，天上北斗七星

七星石

远望天坛（画）

落地，谓之天遂人愿，为皇帝解了难，遂筑坛于此。据说那块大的是北斗七星，那块小的为北斗主星。这种说法显然不可信。据《天坛公园志略》记载：经许多有识之士研究，不仅石质不像陨石，连石形石纹均为人工削刻而成。可是那种传说过去也骗过不少迷信的人，有的曾凿下小块碎石拿回去“避邪”。有资料记载，七星石为明嘉靖九年增置的。原来嘉靖皇帝听信道士的话，说祈年殿东南方太空虚，与他的皇位、寿限不利，故建七星石于此，以镇风水。而东北隅一块小的，则是清朝统治者为纪念他们的祖先而增设的，设在东北方向，以表示大清朝发源于东北，不忘本源之意。

天坛几百年前的古物还有祈年殿前的八卦铜炉、铜鼎和皇乾殿、神厨等古建筑，九龙柏、槐柏合抱也是难得的名胜古迹。1980 年又把修建在中南海内的双环万寿亭，移到公园的“百花园”北侧。这组亭阁的造型新颖、结构巧妙、色彩明快，在全国也是独一无二的。主要建筑万寿亭，截面好似套环，亭体由两个重檐圆亭相互衔接构成，屋顶覆盖孔雀蓝色的琉璃瓦，艳丽夺目。旁边有方胜亭和扇面亭陪衬，亭子之间用游廊连接起来，成为一处别具风格的庭园。

先农坛

先农坛在永定门内大街路西，与天坛隔路相对，面积约三平方公里。先农坛亦名山川坛，是皇帝祭祀农神的地方。

《明一统志》载：“山川坛在天地坛之西，缭以垣墙，周回六里。中为殿宇，以祀太岁、风、云、雷、雨、岳、镇、海、渎，东西两庑以祀山川、月将、城隍之神。左为旗纛庙，西南为先农坛，下皆耕田。”

《春明梦余录》载：“山川坛在正阳门南之右，永乐十八年建，缭以垣墙，周回六里。洪武三年，建山川坛于天地坛之西，正殿七坛，曰风云雷雨，曰五岳，曰四镇，曰四海，曰四渎，曰钟山之神。两庑从祀六坛，左京畿山川，夏冬季月将，右都城隍，春

先农坛东天门

秋季月将。二十一年，各设坛于大祀殿，以孟春从祀，遂于山川坛惟仲秋一祭。永乐建坛北京，一如其制，进祀天寿山于钟山下。嘉靖十一年，即山川坛为天神地祇二坛，以仲秋中旬致祭。别建太岁坛，专祀太岁。东庑为春秋月将，西庑为夏冬月将，各二坛。前为拜殿、宰牲亭，南为川井，即山川坛旧井，有龙蛰其中。坛西南有先农坛，东旗纛庙，坛南耕田在焉。十年，定太岁将祭期，岁于孟春享庙，岁暮祫祭之日，遣官行礼。隆庆元年，礼官议天神地祇既从南北郊，

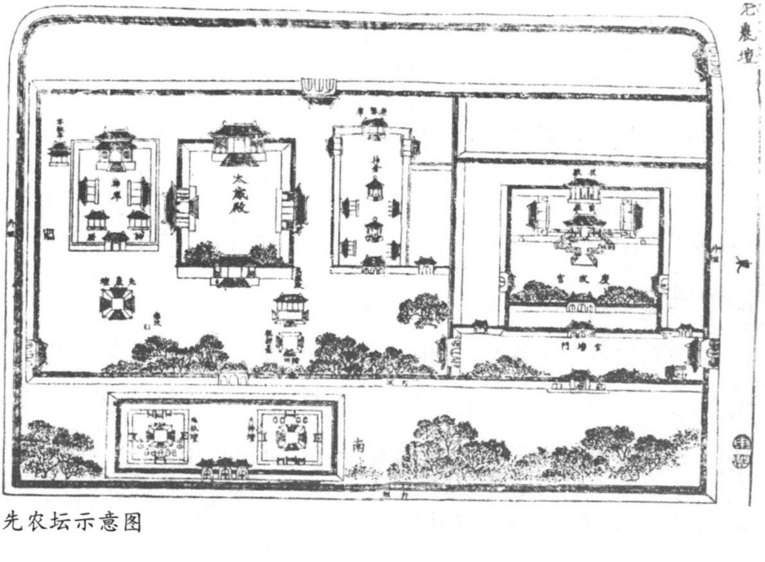

先农坛示意图

先农坛地祇坛遗址

仲秋不宜复有神祇坛之祭，罢之，而太岁之祭如故。”

先农坛内主要建筑为天神坛、地祇坛、太岁坛三坛。

天神坛方广五丈，高四尺五寸五分，四出陛，各九级。壝墙方二十四丈，高五尺五寸，厚二尺五寸，棂星门六，正南三，东、西、北各一。内设云形青白石龛四于坛北，各高九尺二寸五分。

地祇坛面阔十丈，进深六丈，高四尺，四出陛，各六级。……十四丈，高五尺五寸，厚二尺四寸。棂星门亦如神坛。内设青白石龛，山形三、水形二于坛北，各高八尺二寸；左从位山水形各一于坛东，右从位山水形各一于坛西，各高七尺六寸。

太岁坛在山川坛内，中为太岁坛，东、西两庑，南为拜殿，殿之东南砌燎炉，殿之西为神库、神厨、宰牲亭，亭南为川井，外四天门，东门外为斋宫、銮驾库，外为东天门。坛内的太岁殿，是祭祀太岁神的地方。该殿面阔 52 米，进深 24 米，额枋遍存双龙和玺彩画，流光溢彩、美丽动人。此殿为我国最大最完整的专祀凶神太岁的建筑。东西配殿各十一间祀月将神。民国以来将正殿改为忠烈祠，祭祀黄花岗七十二烈士。具服殿是皇帝来祭祀时更换衣袍的地方；还有一处神仓，是贮藏五谷祭品的地方。庆成宫是明代的斋宫，在坛内垣东门外，向南。正殿五间，高基石

先农坛庆成宫

栏，前及左右各有九级陛。后殿五间，左右配殿各三间。正殿前有时辰牌的石亭一。内宫墙之南有三门，东西掖门各一。外宫墙之南有中三门，左右各一门。东南有钟楼一。

太岁殿东南有观耕台，为皇帝在行躬耕礼后观看众臣从耕的地方。台上环绕着汉白玉护栏，台座四周则饰以稼穑谷穗图案的琉璃砖瓦，台阶为精美异常、凸凹通灵的缠枝莲花浮雕造型，象征着吉祥如意。台南护坛地六百亩，供黍稷及荐新品物。又有地

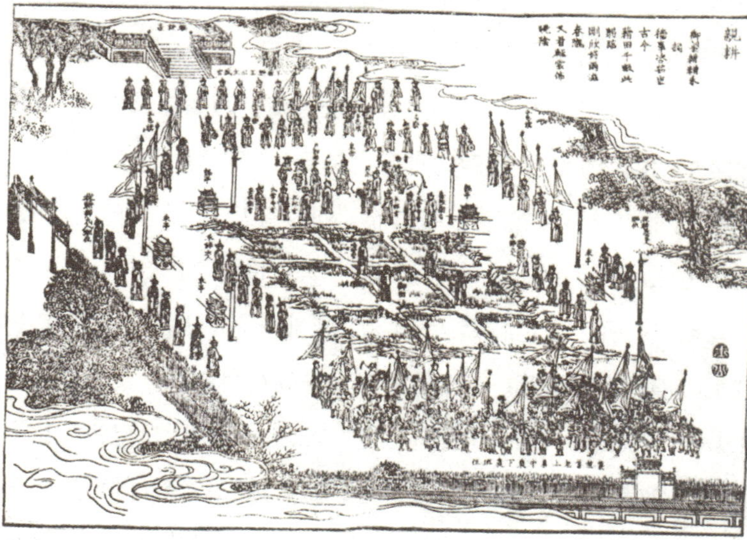

先农坛皇帝亲耕图

九十四亩，俗称为皇帝的“一亩三分地”，被规整地分为十二畦。清代定制，每年仲春亥日，皇帝来此祭祀农神。行礼完毕，还要穿飞金走银的皮弁服（皇帝行躬耕礼时的专用服装），在百官祝禾辞的伴奏下，亲自扶犁，执鞭徐徐走在平畴之上，算是亲耕了。然后，坐在观耕台上观“庶人终亩”。

在清嘉庆皇帝行耕籍礼时，发生过一件鲜为人知的事情。

清嘉庆二十年（1815 年）三月，嘉庆皇帝按祖制到先农坛祭先农，行耕籍礼。这天伴驾的有睿亲王端恩、克勤郡王尚格、庆郡王永璘、礼部尚书穆古登额、刑部右侍郎熙昌等。皇帝开始躬耕了，但顺天府准备的耕牛却不听驭使，怎么也不肯往前走，只好更换备用的牛，不成想还是不服驾驭，御前侍卫十余人，忙得不可开交，才勉强走了几步。嘉庆帝登上观耕台，观王公九卿们从耕，但他们所用的耕牛更不听驯导，有的甚至四散狂跑。嘉庆帝龙颜大怒，斥责顺天府供备牛只不勤加演习，玩忽从事。于是下令将专司供办的大兴县知县沈守恒、宛平县知县张洽“先行

先农坛观耕台

雍正先农坛祭祀图

革去顶戴，交部严加议处”。顺天府尹费锡章等专职人员等也都“交部议处”。以往例行的奖赏这次全部停给。

皇帝的“一亩三分地”据说每年也要按规定交一定“钱粮”，表示贵为天子的皇帝也要和平民百姓一样，种地也要“完税纳粮”。但这块田地打下的五谷可不是供凡人食取的，它被藏入号称“天下第一仓”的先农坛神仓中以供祭祀之用。神仓即圆廪，圆形攒尖的屋顶上覆盖绿剪边黑琉璃瓦，梁枋饰以为防虫蛀而专门绘制的黄绿色调雄黄玉彩画，更显得这座御仓廪的古朴典雅。

华夏五千年，封建社会持续了相当长的时间，自给自足的自然经济决定了中国封建社会的历代统治者对“以农为本”“民以食为天”的信条。大多数统治者都重视农业、水利事业，期盼国家“五谷丰登”“国泰民安”，进而达到长治久安的目的。所以封建皇帝每年都到山川坛去祭祀农神，并且十分隆重与虔诚，把此种活动当作一件神圣的大事来做，也就可以理解了。清朝康熙皇帝在这方面做得较为突出，他不仅亲自参加祭祀农神活动，而且

先农坛神仓院仓房

在数次南巡中视察农业水利。他在一次巡幸江南时，带回了当地优良品种——香稻，在北京中南海瀛台丰泽园内亲自试验种植，还让大臣们来参观。在他的带动、倡导下，京郊大面积种植水稻，致使后来京西稻、南苑稻等优良品种应运而生。清世祖顺治十一年（1654 年）恢复祭农耕籍礼，把劝农从本提到日程。雍正皇帝颁诏命全国各地也和国都一样，要设立先农坛，把先农之祀变为国家重要祀典。乾隆皇帝执政时国力富强，于是大兴土木，对先农坛进行了大规模修缮改建。乾隆皇帝还令在坛内空地广植松柏树，以利圣洁庄重肃穆。经过改造整修，先农坛各处功能更为明确，其布局形式延续至今。

值得一提的是，先农坛具服殿东侧墙壁上有一块书法价值极高的精美石刻。碑统高二尺一寸，宽五尺二寸，正书 28 行，每字盈寸，凡 309 字，碑文由清礼部尚书铁保撰写。清嘉庆十八年（1813 年）四月，铁保由吏部左侍郎提升为礼部尚书，与汉尚书是王春甫（字懿修），和左右侍郎为英煦斋等人，皆为衣钵相承的同门师生。嘉庆皇帝对此事加以关注，称之为："艺林胜事尤千载希逢之异数也！"

铁保、王春甫师生同为乾隆、嘉庆两朝之肱股重臣，俱文韬武略，深得皇帝宠渥有加。铁保手撰石刻壁记能置于皇家祭祀禁地，实属异乎寻常。石刻壁记的内容尚在其次，珍贵在其书法的艺术价值。

先农坛神仓

众所周知，清代的书法名家，北人论书，以刘墉、翁方纲、铁保为三鼎足，或加成亲王永瑆，合称“翁、刘、成、铁”。细观壁记书体，果然遒劲、端庄、伟丽，用笔干净利落，“引筋入骨，寓胎厚于清刚之内”。铁保留世之书法佳作原本不多，具服殿壁记为我们欣赏提供了极好的机会。

历朝皇帝在先农坛祭祀时所需的“三牲”均要宰杀于宰牲亭。宰牲亭重檐悬山式的屋顶形制，专家们认证为国内孤例。另外，先农坛内的焚帛炉为仿木结构的精美砖石结构建筑，据说该炉为国内形体最大的焚帛炉之一。想当初祝文、祝帛等祭品在炉中燃烧，皇帝及臣僚们站在望燎位望燎，一片烟云荡空，肃穆弥漫，充满了对先贤神农的尊崇与虔诚。

先农坛具服殿

先农坛神厨库井亭

从 19 世纪末期起，随着清王朝逐渐没落，先农坛日趋凋敝。1900 年八国联军在北京大肆烧杀抢掠，先农坛进一步受摧残。1913 年正月，先农坛首次向广大平民开放十日，吸引京城大批游人参观。1949 年以后，先农坛先后被几家单位进占共同使用，其中包括先农坛体育场。

1988 年，为挽救已受损的文物古迹，北京市文物局在先农坛成立了北京古代建筑博物馆筹备处，着手修缮及建立博物馆事宜。1991 年底，古代建筑博物馆正式开放。以后又对坛内数处建筑进行修复，初步实现了古坛新生。

李皇亲别墅

《帝京景物略》卷三在“城南内外”里有“李皇亲新园”的记载，其文如下：

“三里河之故道，已陆作乂，然时雨则渟潦，泱泱然河也。武清侯李公疏之，入其园，园遂以水胜。以舟游，周廊过亭，村暖隍修，巨浸而孤浮。入门而堂，其东梅花亭，非梅之以岭以林而中亭也，砌亭朵朵，其为瓣五，曰梅也。镂为门为窗，绘为壁，甃为地，范为器具，皆形似梅。亭三重，曰梅之重瓣也，盖米太仆之漫园有之。亭四望，其影入于北渠，渠一目皆水也。亭如鸥，台如凫，楼如船，桥如鱼龙。历二水关，长廊数百间，鼓枻而入，东指双杨而趋诣，饭店也。西望偃如者，西，酒郊肆也。鼓而又西，典铺、饼炸铺也。园也，渔市城村致矣，园今土木未竟尔。计必绕亭遍梅，廊遍桃、柳、荷蕖、芙蓉，夕又遍灯，步者、泛者，其声影差差相涉也。计必听游人各解典，具酒，且食，醉卧汀渚，日暮未归焉。”

《帝京景物略》写到的李皇亲新园，在明代可算是当时著名的一处亭园了。它位于今东城区西部，天坛街道办事处域内。据后来清朝乾隆年间的吴长元考证，说李园已无考，可能“东小市”是其遗址。又据《顺天时报丛谈》云：“李园为明武清侯李伟别业，在三里河旁，疏水入园，有鱼池贮水，可以汛舟，中有梅花亭，砌亭为瓣五，门窗池壁，皆为梅形，当时为京中之名盛。水岸设村落，如江浦渔市。现三里河已无水，因久废圮，其地已无可考。或谓东小市，空旷十余亩，有平桥渠水，当即其遗址云。”

李皇亲就是明武清侯李伟。他是明万历皇帝朱翊钧的外祖父。万历皇帝的母亲李太后初入宫时，只不过是一般的宫女，后被分到裕王府里侍奉嘉靖帝的第三子朱载垕。被裕王看中的她而后有了身孕，在 19 岁时生下了后来的明神宗万历皇帝。过了三年，嘉靖帝死去，裕王继位，就是穆宗隆庆皇帝。隆庆元年，李氏被封为贵妃。隆庆二年(1568 年),立她所生的朱翊钧为皇太子。母以子贵，在朱翊钧即位当了皇帝后，尊先帝的陈皇后为仁圣皇太后，尊李氏为慈圣皇太后。

慈圣皇太后一生笃信佛教，在京城内外修建了许多寺院，现在北京右安门外三里处尚有九莲慈荫寺的遗址，过去供奉有被尊为“九莲菩萨”的李太后的神像。《日下旧闻考》中载：“慈寿寺去阜成门八里，圣母慈圣皇太后所建，盖正德间大珰谷大用故地。经始于万历四年，凡二岁告成。入山门即有窣堵波，高入云表，名永安塔,华焕精严。盖慈圣既捐帑,各邸复助之,因得速就如此。”如今慈寿寺宇早已荡然无存，只有永安塔还巍然屹立于京密水渠畔，当地人俗称为八里庄塔。

李伟（ 1509—1583 年）字世奇，李家先世乃山西平阳翼城县人，明永乐初年，李家始祖李政随明成祖朱棣的靖难军入燕，最后在漷县永乐店落户。到了嘉靖年间，李伟之女被选入宫中侍奉太子，其女生下神宗后，李伟授锦衣卫都指挥佥事。万历初，加封中军都督府同知，晋爵为武清伯，再晋武清侯。李伟于 1583 年去世后，谥庄简，赐安国公，赐营圹银三万两，葬于京西八里庄。据《漷县志》记载：“景命殿在永乐店，其西为保国慈孝华严寺，护国崇宁至德真君，俱万历三十六年敕建，为孝定皇太后祝厘地也。”可想当年宫殿、庙宇在永乐店之盛。不仅如此，万历皇帝还亲笔为景命殿撰写了碑文以示尊崇。永乐店为李氏家族故里，其祖茔今墓虽已平，但神道两侧所立汉白玉制文武翁仲各二，骆驼、马各二，獬豸一尚存。李氏后代族人附会为“李良坟”，故永乐店过去禁演戏剧《二进宫》。1959 年，祖茔被定为县级文保单位。

没想到笃信佛教的李太后却上了大太监冯保的大当。原来是李太后所生之女永安公主下嫁的驸马梁邦瑞是个患有多种疾病的病包，与公主成亲之日“鼻血双下，几不成礼”，两个月后一命呜呼，使公主守了寡。这件事就是冯保干的，冯保事前受了京师巨室梁家数万的重金贿赂，极力在太后面前举荐梁邦瑞当驸马，一向对冯保深信不疑的太后和万历皇帝信了冯的话，将梁邦瑞招为东床驸马。

史书记载：李伟“小心畏慎，有贤声”。事实并非如此。明万历五年（1577 年）十一月，李伟命家人“揽纳布花，多所干没”（贪污包揽做军装的棉花、棉布款），引起军士不满。事情传到了宫禁，万历皇帝派人取来一匹做军衣的棉布，一看简直无法使用。李太后知后自觉脸上无光，于是“遣谕内阁，尽法处治，吾不私外家”。

话虽如此，但内阁的阁老们是很会办事的，结果只是把李伟家几个管家和一些商人治了罪，革了三十个管库的太监。为了圆满收场，“太后乃召武清父子立宫门外，遣中侍出数之，武清父子惶恐服罪”，一场轰动一时的贪污案件，便如此云消雾散。

武清侯是世袭的，在明朝后期，尤其是万历年间，成为京城显赫一时的皇亲国戚。北京城内过去有四座著名的药王庙：东直门内一座，地安门外一座，安定门内一座，天坛北一座。人们习惯称呼天坛北的药王庙为南药王庙。这南药王庙是天启年间武清侯李诚铭创建的，距今已有三百多年的历史。

明天启年间，大太监魏忠贤专权，诛杀东林党人，权势熏天，横行一时。于是一些谗谄乞恩之徒为讨魏的欢心，在国内搞起了为其大建生祠的活动。天启七年（1627 年）正月，武清侯李诚铭颂魏忠贤功德，为其建造生祠，名曰“鸿勋”。天启帝崩，崇祯继位，诛杀魏忠贤，生祠遂全废，凡建祠者，概入逆案。因李诚铭是皇亲国戚，幸免，遂将李建的魏生祠改为药王庙，即南药王庙。

南药王庙离李氏别墅不远，占地约二十亩，有大小殿宇房屋近二百间。药王殿、三清殿、玉皇殿、各配殿内凡应塑的神、佛像应有尽有。清乾隆年间又增建戏楼和文昌、真武两殿，故明、清两朝，药王庙香火极盛，每月初一和十五两日有庙会。相传四月二十八日是药王生日，从四月十五日开始，拜神进香的人潮涌一般，挤不进庙门的便在庙门外寿路街上设香地焚香遥拜。药王庙西边就是金鱼池，进香之人逛庙之后便在池边“狂歌畅饮”，“欢乐极致”。

明朝崇祯末年，政治黑暗，经济凋敝，灾荒频仍，农民起义风起云涌。加之辽饷、练饷、剿饷，这“三饷”的加派，使明政府国库交困，入不敷出。崇祯皇帝想出了一个要皇亲国戚助饷的方法，希望他们解囊相助，共纾国难，与国同休。崇祯帝要武清侯李国瑞（李伟曾孙）拿出四十万两白银，李国瑞舍命不舍财，被夺爵后惊悸而死。当时诸戚畹人人自危，这时正巧崇祯的五子、年方五岁的慈焕病重，于是就出现了这样一个离奇的场面——崇祯去看望慈焕病情时，这个五岁的孩子居然说九莲菩萨说了，皇帝对待外戚家太刻薄，我将让他个个孩子早死，绝了后代。崇祯皇帝听了慈焕的话后，本来就怕江山不保，更怕断子绝孙，于是发还了武清侯李家的家产，恢复了李家世袭的爵位，然而五皇子的命也没有保住。这场戏自然是对武清侯李家有利，那些皇亲国戚们也高兴不已，因为不用担心皇帝再掏他们的腰包了。《明史·李伟传》中提到“李太后凭而言”，似乎是李太后借慈焕之身显灵，又说“或云中人构乳媪教皇五子言之也”，显然这是宫内外互相勾结串通一气的鬼把戏。

人随物变，物随人变，这是历史发展的必然。武清侯李家伴随着明王朝的灭亡而消亡后，其园林别墅也就人去屋空，尺木不存。李皇亲别墅园林昔日那种“环榭依台浑是水，绕花沿柳半为廊”的胜景只存在于旧文人的诗词与文章中了。

清代风光

清朝定鼎北京建立清王朝之后，基本上沿用的是明朝的政权机构，在京内阁六部都察院等“俱以原官同满官一体办事”；复遣所司亲往征聘“山泽遗贤”，“委以重任”。御史柳寅东曾建议对复职官员进行甄别，以清其源；但清廷认为“经纶方始，治理需人，凡归顺官员，既经推用，不必苛求”。这就是史书上所说的“清因明制”。

清时的北京与明朝不同的是，实行旗、民分居。清军进京后，有一部分官、民的房屋被圈占。东、中、西三城官民皆迁外城，

旧京内城前三门（画）

南北二城虽未迁徙,但房屋仍有被人分居者。顺治五年(1648年)八月十九日，清政府严格规定“凡汉官及商民人等尽徙南城居住，其原房或拆去另盖，或贸卖取价，各从其便”。并“著户、工二部，详察房屋间数，每间给银四两”，以作搬迁费用。于是，北京内城，除“投充满洲者听随本主居住”外，所有汉人不分官民和职业，全部迁往南城。

据《清末北京志资料》记载：“北京内城周长四十里，清朝在此定鼎之后，即分设八旗，以充皇宫之警卫。内城之制，中央有皇城，皇宫四周划分为八旗驻地。简而言之，北面安定门内有镶黄旗，德胜门内有正黄旗；东面东直门内有正白旗，朝阳门内有镶白旗；西面西直门内有正红旗，阜成门内有镶红旗；南面崇文门内有正蓝旗，宣武门内有镶蓝旗。以此表示八旗的方位相称之意。若详言之，则正蓝旗南起崇文门，北至东单牌楼，东起东城根，西至金水桥。镶白旗在正蓝旗之北，南起东单牌楼，北至豹房胡同，东起东城根，西至皇城。其北则是正白旗区域，南起豹房胡同，北至府学胡同，西起皇城，东至城根。再北是镶黄旗，鼓楼以东，府学胡同以北，为镶黄旗区域，这是东半城四旗。西半城四旗与其相对，镶蓝旗南起宣武门，北至西单牌楼，东起金水桥，西至城根。其北为镶红旗，由西单牌楼以北至西羊肉胡同。再往北是正红旗区域，即西羊肉胡同以北，马状元胡同以南。西北角的正黄旗占有马状元胡同以北，鼓楼以西之区域。”

清廷实行满、汉分居的政策，使汉人全部迁往南城，这是南城人口大量猛增的重要原因，也必然会使天桥地区人口增多。外

估衣摊

城成了非旗人聚居的地方。外城社会没有统一建制，有着多样性的特点。从民族来看，兼有汉族和回族等少数民族。从阶级来说，既有官宦名门,又有处于社会最底层的贫苦市民。这么多的士、工、商、医乃至贩夫、走卒，娼、优、卜、术，真是三教九流无所不包，因此人口的猛增对天桥地区商业经济的发展也起到了推动作用。

清沿明制，清朝的皇帝也来天桥祭天和祭祀农神。清乾隆年间对天坛内的建筑进行了大规模的检修和翻建。乾隆八年（1743年）将天坛内圜丘北面圆形围墙内的一组建筑泰神殿（皇穹宇）进行改建。殿总高19.5米，径15.6米，殿顶结构均为斗拱支架，极为精巧。乾隆皇帝还重点整修了位于圜丘坛西北的斋宫，使其占地面积达到38800平方米，建筑面积4807平方米。乾隆十六年（1751年）重修了明代的“大祀殿”，并改名为祈年殿。乾隆五十年（1785年）又将祈年殿前的东西配殿全部拆除，重建成左右各九间的高大配殿。乾隆十九年（1754年）重修了先农坛，将坛内的观耕台由明代的木制改为砖石垒砌，台四周砌黄绿琉璃瓦，台面四周绕以汉白玉石护栏，台面方砖铺墁，方形，南向，东、南、西三出陛，各有汉白玉台阶八级。乾隆二十年（1755 年）将山川坛内东门外的斋宫改名庆成宫。与此同时，又将天坛西首的神乐观改称神乐署。署内廊下的空房对外开放，准许百姓租赁，开设药铺、杂货铺、酒铺和茶馆。这些无疑促进了天桥地区的经济繁荣。

入清以后，明朝后期所遗留下来的每年端午日，达官贵人们在天坛北墙外夹道和金鱼池骑射的习俗以及跑马赛车的活动被延续下来。清朝初年，朝廷颁布有“内城逼近宫阙，例禁喧哗”的禁令，不准在内城设立会馆、戏园、妓院，于是这些场所便多设在外城一带、天桥附近。这里风景秀丽，正是各地进京赶考的举子经常游览的地方。康熙年间，为了确保宫阙的安全，将原设在皇城东安门外的灯市移到了天桥两边，此举更是锦上添花，将天桥一带装扮得格外美丽。乾隆年间，重新疏浚了原来明朝嘉靖年间修外城时填平的河道，补种了杨柳和荷花，绿柳红莲，相映成趣。天桥北边还建有亭楼酒肆，游人登楼，饮酒赋诗，互相唱和，乃为乐事。

嘉庆十八年（1813 年）九月十五日，天理教教首林清发动了攻打紫禁城的农民起义。天理教是白莲教的一个支派，也称八卦教。起义终因双方力量过分悬殊加之清统治者调集各方力量疯狂镇压，起义军坚持到十六日，为保存实力，起义军突围而出，教首林清被捕后惨遭杀害。白莲教起义震惊了清王朝，嘉庆皇帝还下了“罪己诏”，承认“变起一时，祸及有日”。他们在杀害起义军的同时还问卜求神，以保平安。当时有个“堪舆家”胡说是由于乾隆朝时疏浚了天桥的河渠才引起白莲教作乱。昏聩的清廷于是便将河渠填平，使天桥地区景色大减。

杂货摊

到了道光、咸丰年间，因为先农坛坛根一带用地可以不纳地租，所以原大栅栏等处的摊贩便纷纷到坛根摆设浮摊，买卖旧货和杂货，日子久了，渐渐成了小市。当时桥西有各种艺人的游艺场，西沟旁出现了鸟市。桥北两侧各有一个大空场，场内有茶馆、饭铺，闻名遐迩的福海轩茶馆（俗称王八茶馆）就是在这时开的业。大空场还有说书的、各种杂耍和估衣摊，场北有茶楼酒肆，南面则旷无房舍。清末，天桥更突出地成为曲艺、杂技和各种摊贩的聚集地。

清人震钧在其著作《天咫偶闻》中写道：“天桥南北，地最宏敞。贾人趁墟之货，每日云集。更有金张少年，扶风豪士，夕阳未下，黄尘正繁。轮雷乍惊，驹电交掣。飘风一过，忽已远逝。洛阳青门之犊，不足斗其捷也。而仲夏南顶之游，驰骋尤众。孙文定公（尔准）有小寒食，宿雨初霁，踏青至天桥。登酒楼小饮，稚柳清波，漪空皱绿。渺渺余怀，如在江南村店矣。顾其檐额曰杏花天，因倚声书壁云：‘纹学得青帘飐，人倚槛初明，望眼濛濛新柳余寒浅，一夜雨丝绿糁。休负了玉尊春满，但回首三千程远，杏花也带江南怨，慵傅晨脂浅淡。’公诗集中又有《偕书农小孟饮天桥酒楼》诗。又武虚谷与黄仲则、洪稚存饮于天桥酒楼，轰然甚乐，忽顾盼失声曰：‘我幸叨一第，而稚存、仲则寥落不偶。一动念，不觉涕泣随之耳。’今日天桥左近亦无酒楼，但有玩百戏者，如唱书、走索之属耳。”

拉大弓

震钧的《天咫偶闻》书中记载了嘉庆年间的进士孙尔准题额书壁的情形。孙尔准累官闽浙总督，学问淹贯，尤长于诗词。书中还记载了武亿、黄景仁、洪亮吉三人于天桥酒楼招引的情形。此三人皆乾隆朝著名诗人，闻名海内外。武亿字虚谷，一字小石，偃师人，乾隆进士，授博山知县。黄景仁字仲则，一字汉镛，乾隆时诸生，少有狂名，工诗，卒于解州，年仅三十五岁。洪亮吉字稚存，号北江，乾隆进士，授编修。他著述颇丰，精舆地学，诗文有奇气，少与黄景仁齐名江左，时人号“洪黄”。《天咫偶闻》真实地记载了清时达官贵人、迁客骚人寄兴天桥酒楼饮酒赋诗的雅事。此外尚有翰林编修、诗人张船山，嘉庆、道光年间的诗人邵葆祺等人皆喜涉足天桥，饮酒赋诗，留下了不少吟咏天桥的传世之作。《天府广记》《春明梦余录》的作者孙承泽还将别墅修在了天桥附近的金鱼池畔，茶余酒饭之后更便于游览天桥了。

清代的北京是京剧的故乡。作为中国古代戏剧最高成就的京剧诞生在北京，绝非偶然。康熙年间，洪升的传奇《长生殿》和孔尚任的传奇《桃花扇》轰动京师，开京师戏剧的先河。当然，京师演戏之盛首先是满足宫廷生活的需要。乾隆五十五年（1790年），徽班进京，带来了“二黄调”，并与北京的京腔、秦腔等旧班组成了“三合班”，最终演变为京剧的基调。京剧的逐渐发展直到后来出现了“同光十三绝”，达到了清代京剧的艺术顶峰。然而天桥地区同治、光绪年间出现的第一批“天桥八大怪”却代表着数百名穷苦艺人的技艺精华，它满足了北京广大市民阶层精神文化方面的需要，他们的高超技艺至今仍留在市民阶层的心中。

清光绪、宣统年间，天桥地区的市政基本建设开始发展。光绪三十二年（1906年）翻修京城内的几条主要马路，其中包括中轴线南段的正阳门至永定门路段。这条路原为青石条铺就，因地势低洼，路面也坑洼不平，遂将石条拆去，改成碎石子路，同时将天桥的桥洞用土填平。

京山铁路修成后，将北京的火车站设在永定门外的马家堡，光绪二十五年（1899年），卢沟桥至汉口的铁路通车后，又将卢沟桥的铁路接轨至马家堡，进出北京的旅客多在天桥歇脚。光绪二十六年（1900年）八月，八国联军攻陷北京城后，美国侵略军的总部驻在天坛。他们在永定门旁开了一个豁口，将火车引进了城里。以后，马家堡车站一度移到了天桥附近。1901年慈禧太后和光绪皇帝从西安避八国联军之乱后回到北京，堵上了八国联军拆开的永定门豁口，在左安门旁另开了一个豁口，将火车站移到正阳门外。但不久又在永定门外修了一条轻便铁路，在永定门外的二郎庙迤东设永定门火车站，很多旅客在永定门下车，天桥仍是旅客停留暂息之地。

孙承泽与金鱼池

孙承泽为何许人也？他和天桥附近的金鱼池有何关系？

在有关北京的掌故、史地著作中，《春明梦余录》和《天

《春明梦余录》

《天府广记》

府广记》史料价值颇高，占有重要的地位。它的作者就是明末清初的著名学者孙承泽。孙承泽（1592—1676 年）字耳伯，号北海，祖籍山东益都（今山东青州市），但他的祖上数辈已定居北京，世隶上林苑籍，所以实际上他应算是北京人了。明崇祯四年（1631 年）他中进士，官至刑科都给事中。崇祯十七年（1644 年）李自成农民起义大军攻破北京城，逼得崇祯皇帝走投无路，吊死在景山寿皇亭下的一棵老槐树上，明朝灭亡。孙承泽在李自成大军进北京后，在家中玉凫堂书架后上吊自缢，想做个殉节的忠臣，不料被人解救，第二次同长子去跳井，又没死成。不久即任大顺政权的防御使，寻改任谏议，相当于中央一级的官员。清朝定鼎北京，为笼络人心，留用了一部分明朝的官员，孙承泽亦在其内。于是他又历任了清顺治朝的吏科给事中、大理寺卿、兵部右侍郎、都察院左都御史等职。

仕明、投李、降清，他的经历和清初三大文人中的龚鼎孳一样，都受到了社会舆论的非议，有的史书把他列入了《贰臣传》，致使清政府也曾一度不信任他。

在明、清两朝更替的动荡年代里，孙承泽事清后，时被信任，时被怀疑。在一种复杂的心情驱使下，他转向研究历史，特别注重前朝史料的搜集、记录和整理，为我们留下了宝贵的文化遗产。人们比较熟悉他的《春明梦余录》和《天府广记》，他还整理了前朝史料《崇祯事迹》《四朝人物传》等书。他所著的《思陵勤政记》《思陵典礼记》两部书，后被编入《借月山房汇钞》丛书。他的著作尚有史地类之外的《五经翼》《四库提要著录》《庚子销夏记》

《尚书集》等二十多部，可以说他是个著述颇丰的学者。

孙承泽有一处住宅，知道的人比金鱼池处的住宅多些，那就是前门外臧家桥西的“孙公园”，今天这个地名还存在。他在那里藏书很多，建有“万卷楼”，上下共十四间，存放着他精心收集来的书籍。万卷楼的对面，越过花木扶疏的庭院，有一大厅，名“研山堂”，是孙承泽会客和写作的地方。中间还有一个大戏楼，是他宴客演戏之地。孙公园处的厅堂建筑，历经几百年的变迁，已面目全非，变成了居民住宅，只有大戏楼还存在，但已成为工厂的仓库，楼栏建筑还保存完好，可以看出是当年富贵人家办堂会的好地方。墙壁上偶尔还能看到明末清初建筑留下的花墙和月亮门洞，这些就是孙公园遗留到现在的痕迹。清末民初之际，孙公园分为前孙公园、后孙公园两地。

孙公园自孙承泽之后，还住过一些历史名人。康熙年间洪升的《长生殿传奇》写成后，曾在这里举行过盛大演出，主持演出的是相国、保和殿大学士梁清标。乾隆三十七年（1772 年），大学士翁方纲曾住于此。道光年间藏书家和篆刻家刘位坦也住在此处。著名的甲戌本脂批《红楼梦》就是刘位坦的藏书。

那么孙承泽在金鱼池处的住宅是个什么样子呢？目前尚没有发现有关方面的资料。不过明朝人刘侗、于奕正所著的《帝京景物略》一书中对“金鱼池”有详细记载。书中写道：

金故有鱼藻池，旧志云：池上有殿，榜以瑶池。殿之址，今不可寻。池泓然也，居人界而塘之，柳垂覆之，岁种金鱼以为业。鱼之种，深赤曰金，莹白曰银，雪质墨章，赤质黄章，曰玳瑁。

金鱼池图

其鱼金，贵乎其银周之，其鱼银，贵乎其金周之，而别以管若箍。管者，鬣下而尾上，周其身者也。箍者，不及鬣，周其尾者也。鱼有异种者，（白而朱其额曰鹤珠，朱而白其脊曰银鞍，朱脊而白点七曰七星，白脊而朱画八曰八卦。）有虾种者，（银目、金目、双环、四尾之属。）种故善变，饲以渠小虫。鱼则白，白则黄，黄则赤，无生而赤者。鱼病二：曰虱，曰瘟。（瘦而白点，生虱也，法以粪浸新砖投之。鳞张如脱者，瘟也，法以新蓝布擦之。）鱼死三：吞肥皂水得一死，橄榄得二死，核桃皮水得三死。天将雨，鱼拍拍出水面，水底蒸如热汤也。岁谷雨后，鱼则市。大者、归他池若沼；小者，归盆若盎。若琉璃瓶，可得旦夕游活耳。岁盛夏，游人携罍饮此，投饼饵，唼呷有声，其大者衔饵竟去。按金鱼，古未闻，鼠璞曰，惟杭六和寺池有之。故杜工部诗："沿桥待金鲫，竟日为迟留。”苏子瞻曰：“我识南屏金鲫鱼。”今亦贵鲫不售鲤，盖鱼寿莫如鲤，金鲤则夭，且抟而鸿，且投饵不应，且游迟迟，不数掷出波间也。池阴一带，园亭多于人家，南抵天坛，一望空阔。岁午日，走马于此。关西胡侍曰：“端午走马，金元躏柳遗意也。”躏柳，今名射柳，源于宋代，是一种骑射术，折柳攀环插于场上为靶，军士驰马矢射中的柳折，用以练习射箭本领。明、清时躏柳已演变成娱乐性比赛活动。一些贵胄子弟端午日多来金鱼池宽阔地带炫耀驰马飞奔，引为乐事。池畔列肆结棚，歌舞喧天，游人如织，为一时之盛。

景陵谭元礼《晚晴步金鱼池》：“帘开我为晚晴出，万叶沉绿浅深一。滴滴跃跃洗池塘，朱鱼拨刺表文质。接餐生水水气鲜，霞非赤日碧非莲。儿童拍手晚光内，如我如鱼急风烟。士女相呼看金鲫，欢尽趣竭饼饵掷。不携一樽淡然观，薄暮奕奕有此客。”

京山王应翼《金鱼池观鱼歌》：“清旷中边疏碧沼，畛之域之岐巨小。素湍平静不潜鳞，柳匝烟垂敷荇藻。扬鳍唼影复唼香，喁喁嗛嗛接昏晓。争投饼饵溅苔花，贪者竞攫廉者掉。乱采云霞红欲然，孔乐所求游展少。依夕言归波与恬，鱼亦下休朱光葆。”

刘侗、于奕正的《帝京景物略》刊印于明崇祯八年（1635年），可知书中写的金鱼池是明代后期的情形，它和孙承泽所生活的年代大致相同。

孙承泽政暇之余或于家中写作，累了的时候可到金鱼池畔观赏各种各样的金鱼戏水，兴致来时也可以如谭元礼和王应翼一样，赋上一首观鱼小诗，虽无金代鱼藻池的景观，但“池阴一带，园亭多于人家”“垂柳覆之”的优美景致，也够使孙承泽心旷神怡的，调节一下写作情趣，这里真是一个难得的好去处！这大概就是孙承泽为什么在金鱼池畔安了一处家的主要原因吧。

另外，金鱼池距天桥近在咫尺，悠闲走着步几分钟就到天桥，想来天桥的地理风情有助于孙承泽撰写北京的史地民俗著作，天桥也定是他常去之地。

孙承泽之后，金鱼池是个什么样子呢？清朝乾隆年间有一个大臣叫励宗万，做过乾隆朝侍讲学士、通政使、左副都御史、工部侍郎等官。他秉承乾隆皇帝的旨意，对北京古迹作了一番亲身调查之后，写了部《京城古迹考》，书中记录了他调查金鱼池后的材料。他对“金鱼池”是这样记述的：

臣按刘侗帝京景物略，金故有鱼藻池，宴赏地也。旧志云：池上有殿，傍以瑶池，殿址久废，居人界地为塘，植柳覆之，岁

20世纪50年代初的金鱼池

种金鱼为业。池阴一带，园亭甚多，南抵天坛，一望空阔，每端午日，走马于此。今查池在崇文门外三里河，相近精忠庙，俗呼金鱼池。今柳亦稀疏，止有小鱼池数处，余皆空地，四围民居散处，向之月榭风台，已作平沙荒径矣。

励宗万调查金鱼池时的时间约为乾隆十年（1745 年），此时距孙承泽去世的年代已近 70 年了。

《燕都游览志》记载："鱼藻池在崇文门外西南，俗呼曰金鱼池，畜养朱鱼以供市易。都人入夏至端午，结篷列肆，狂歌轰饮于秽流之上，以为愉快。"

20 世纪 40 年代，金鱼池一带尚存残败的鱼池及东南的臭水沟，已是秽物四溢，污水一潭。每逢夏季，蚊蝇丛生，臭气熏天，居民苦不堪言。1949 年后，政府大规模整治金鱼池一带。初期，以今金鱼池中街为中心，整治后为可以养鱼和划船的街心公园，1965 年填平金鱼池，在填后的地面盖起了一片居民住宅楼，金鱼池从此消失，仅留下地名于今。

继金鱼池畔那所住宅之后，孙承泽在他 63 岁那一年（清顺治十一年，1654 年）又在西山卧佛寺的樱桃沟内营建别墅，造一石亭名为"退翁亭"，赋闲中致力于著书立说，《春明梦余录》及《天府广记》就是在这里完成的。《日下旧闻考》中记载其别墅在樱桃沟内"水源头"："……谷口甚狭，乔木荫荫，有碣曰退谷，谷中小亭翼然，曰退翁亭，亭前水可流觞。东上则石门巍然，曰烟霞窟，入则平台南望，万木森森，小房数楹，其西三楹则为退谷书屋。"据此，可知孙承泽又号"退谷居士"之缘起。继孙承泽之后，清代著名画家周养庵曾在这里居住,故樱桃沟又有“周家花园”之称。

从樱桃沟的主体建筑“鹿岩精舍”出来，顺小径前行，就来到沟底西北的泉水尽头处。此处有一形似元宝的巨石巍然屹立，巨石下一股清泉自石隙流出，奔泻于乱石参差的沟底，其状似丝似带，纷呈多姿，并发出悦耳的流水声；清泉甘洌微寒，水质纯净，由于这里是溪水之源，故称“水源头”。过去曾有人题诗曰：“双流决决鸣，石根失其一。弃糠于此中，应从玉泉出。”此诗说出了溪水的出处。水源头侧畔,有两棵苍劲挺拔的白皮古松,名“石上松”。数百年来，这里一直是闻名遐迩的避暑胜地，康熙年间编撰的《宛平县志》曾把这里定为“宛平新八景”,名曰“退谷水源”。它和“燕京八景”相比美，成了北京风景的荟萃。

在封建时代，士大夫蓄奴、养婢、营建宅第历代已形成风气，因此像孙承泽这样的封建官僚兼文人在风景佳丽之地建造多处别墅也不足为奇，他只不过从俗罢了。

金鱼池，它和明、清时的一位著名学者联系在一起，演绎着一段历史的情话。人们每逢路过金鱼池，总会遥想到孙承泽在金鱼池畔家中的书斋里于烛光下伏案著述的情形。

第一代天桥八大怪

天桥自元、明时代出现了商业市场之后，到了清代已变得日益繁华与热闹。出现繁华与热闹的原因之一是历代身怀绝技的各行业的民间艺人在这里施展自己的艺术绝技。据有人统计，仅在清朝末年至中华人民共和国成立初期的半个多世纪的时间，相继在天桥卖艺的京剧、评剧、曲艺、武术、杂技等各种民间艺人多达五六百位。他们个个出类拔萃，技艺精湛高超，差不多可以说在他们的行业中在当时达到了艺术的顶峰。天桥就是他们施展技艺的地方，是他们出卖血汗赖以生存的地方。他们繁荣了天桥市场，天桥市场也造就养活了几代民间艺人。没有这些民间艺人，也就没有天桥社会的底层文化的发展历史。

天桥八大怪产生于天桥。他们相貌奇特，言行怪异，身怀绝技，深为广大群众的喜爱。这“怪”字不可理解为“怪物”，而应理解为“怪才”或“怪杰”。至于为什么以“八”字名之，这只是中国人的一个习惯而已。在中国传统文化里，历来有用数字表示人、物、景的习惯。比如在人的方面有“八仙”“扬州八怪”“唐宋八大家”“天桥八大怪”。物的方面有“八旗”“八家铁帽子王府”、北京商业中的“八大祥”。景的方面更多了，“燕京八景”“杭州八景”“西安八景”，过去全国的市县差不多都有八景，即使没有“八景”也要想方设法“凑”成八个。看来“八”字是大家喜欢用的吉祥的数字。其实“八”字在这里只是一个虚数，只是表示其多。真正计算起来岂止“八”呢？以“八旗”为例，“八旗”有“正”和“镶”之别，还有满、汉、蒙等族八旗之别，远不止“八”了。“天桥八大怪”也是如此，我们所说的几代的“八大怪”只是数百名艺人中的几个主要的代表而已，是不限于“八”的。

第一代“八大怪”，大约出现于清代咸丰、同治、光绪三朝。他们是穷不怕、醋溺膏、韩麻子、盆秃子、田瘸子、丑孙子、鼻嗡子、常傻子八位民间艺人。此外，这一时期天桥著名的民间艺人还有十几位，如河字颜、老万人迷、随缘乐、百鸟张、坛子王等人。其艺术形式包括说、拉、弹、唱、武术、杂技、写字绘画等，其艺术风格与造诣，只有雅俗之分，而无高下之论，异彩纷呈，各逞英雄。

穷不怕

穷不怕（画）

“穷不怕”真名叫朱绍文，是名没有中举的秀才。他大约是1829年生人，清同治、光绪年间在天津卖艺说相声。他祖籍北京，汉军旗，原为京剧丑角儿，演架子花脸，相传武剧《十八拿》出于他之手。后在天桥撂地，晚年住在北京地安门外毡子房。朱绍文先是唱京剧花脸，扮相念打有所创新而遭到嫉妒，于是改行说了相声，起名叫“穷不怕”，意思是表示自己虽穷但有做人的骨气，不怕任何人和事。

“穷不怕”不仅精通文墨，而且对汉字的音、形、义颇有研究。他表演时总要以白沙子撒成字形，边撒边讲字句中的道理，以此来招引观众看他表演，使人在笑声中学到知识。所以朱绍文对相声艺术最大的贡献是把“白沙撒字”的表演方式引进了相声。朱绍文在说相声前，总是带着一小袋细细的白沙子，拿两块小竹板，夹一把大笤帚，在人多的地方用白沙子画一个大圆圈儿，这叫“画锅”，也就是围场表演的意思。然后他单腿跪在地上，一手以拇指和食指捏白沙在地上撒成各种字体或图案，然后拿两块小竹板击拍而唱，或引出各种趣活和笑料。一套节目表演完毕，用笤帚扫去地上的字，重写新字，开始说新的节目。他能用白沙写成一丈二尺的双钩大字，颇有形象，如“一笔虎”“一笔福”“一笔寿”等大字。大字下往往还有小字，许多字组在一起，就成为一首诗或对子。他经常撒的是一副对联：“书童磨墨墨抹书童一脉墨，梅香添煤煤爆梅香两眉煤。”这副对联读起来像绕口令，巧妙而饶有风趣。还有“画上荷花和尚画，书临汉字翰林书”的对联也是如此。“白沙撒字”这种新鲜的表演形式吸引了许多观众，大家都愿意看，所以朱绍文的相声列为当时“天桥八大怪”之首位。

穷不怕朱绍文还最擅长撒前秦女诗人苏若兰的杂体回文诗。据《晋书·列女传》载：“滔被徙流沙，苏氏思之，织锦为回文旋诗以赠滔，宛转循环以读之，词甚凄婉。”又据唐《璇玑图序》中说，是因家庭纠纷，窦滔与其妻断绝音信，苏氏自怨自艾，伤感至深，遂织锦为回文，五彩相彝，纵横八寸，题诗二百余首，约八百余音，纵横反复中皆可为章句。派人送到其夫留镇的襄阳，窦滔看罢极受感动，遂将苏氏接到身边。

穷不怕雕塑

穷不怕朱绍文在表演时，他先讲《苏氏惠若兰织锦回文璇玑图》本事，然后便抓起白沙，撒写出一两首诗，例如：

麟龙昭德怀圣皇，人贱为女有柔刚；

亲所怀想思谁望，纯贞志一吉所当。

若将此诗反过来读，便成如下一首诗：

当所吉一志贞纯，望谁思想怀所亲；

刚柔有女为贱人，皇圣怀德昭龙麟。

“穷不怕”朱绍文讲《璇玑图》本事撒写苏氏的回文诗，在中国的相声史上可以说是绝无仅有，堪称一绝。他凭借自身的深厚的文字功底，运用到通俗易懂的讲解过程中，将一大批观众吸引到自己的周围。

他还经常撒写一些《名贤集》上的词句，每条词句撒出来后，他便阐发一番议论，如：

穷居闹市无人问，富住深山有远亲。

猛虎常在当头卧，困龙也有上天时。

这些名句，经过他浅近精辟的讲解，往往给观众一些生活哲理方面的启迪，使观众在娱乐中接受了道理。

寓庄于谐，是“穷不怕”最突出的艺术特色。他常将部首偏旁相同的几个汉字凑在一起构成合辙押韵的词语、词组或短句。比如：“三字同头芙蓉花，三字同旁姐妹妈。”又如“三字同头常当当，三字同旁吃喝唱。”当他补充说：“皆因吃喝唱，才落得常当当。”“你们看，吃喝唱要不得呀！各位看看，从我这里，学到对联，又学到立身处世之道，利莫大焉！各位愿意赏几个小钱，供我吃窝窝头，那就感激了。话又说回来，我穷不怕，各位就是不给个小钱，我也不转弯骂人。”他的话往往使人忍俊不禁，使人在轻松欢快的笑声中，悟出了勤俭持家、孝顺父母的道理。

“穷不怕”朱绍文所编的相声段子有不少流传至今。如巧妙讽刺当时官吏腐败贪婪的《字象》，劝人行善的《大实话》《宝玉自叹》《堆子兵做梦》等。在形式上有以说为主的单口相声《老倭国斗法》《乾隆爷打江南围》《假斯文》，对口相声《保镖》《黄鹤楼》，三人相声《四字联音》等。朱绍文有四个徒弟：贫有本、富有根、徐有禄、范有缘。现在说相声的大多是继承朱绍文这一派，而且不断兴旺发达。

“穷不怕”朱绍文是相声艺术早期的代表人物。由于他说唱技艺均高超，而且创造了双口相声表演的新形式，开拓了新的领域，为相声艺术的传播与发展做出了重大的贡献，所以他颇受同时代与后起相声艺人的崇拜和尊敬。目前曲艺界传世文物中，有“穷不怕”遗留下来的一副竹板，长约 12.5 厘米，宽 4.9 厘米，两块椭圆形竹板用的非常光亮，竹板后刻着一首五言诗，每块板后刻两句，其内容是："日吃千家饭，夜宿古庙堂；不作犯法事，哪怕见君王。"还有一副竹板无下落，据说上刻："满腹文章穷不怕，五车书史落地贫。"

清代文人杨曼卿在《天桥杂咏》中有七言诗赞"穷不怕"：

信口诙谐一老翁，招财进宝写尤工。
频敲竹板蹲身唱，谁道斯人不怕穷？
日日街头撒白沙，不需笔墨也涂鸦。
文章扫地寻常事，求得钱来为养家。

醋溺膏

"醋溺膏"是绰号，又名"处妙高"，本人姓张，是清光绪年间出现在天桥的民间艺人。他以说笑话、相声为主，同时演唱山西的俚曲村调、山歌、码头调等。

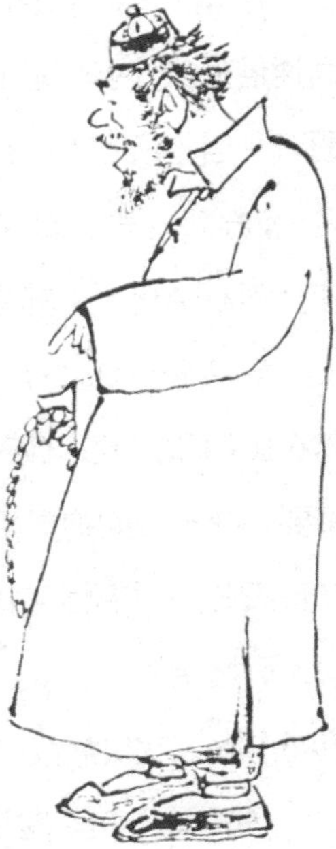
醋溺膏（画）

他平时打扮得十分古怪，上场时手拈草珠，身穿纱袍，连鬓胡子老长，蓬头垢面，一副稀奇古怪的扮相。他的拿手看家本领叫"暗春"，也就是今天所说的"口技"，其中以学鸟叫为他的绝活儿。他学的鸟叫，包括各种禽鸟鸣声，婉转悠扬，惟妙惟肖，表演时如在鸟市上一般。《天桥杂咏》中有诗赞“醋溺膏”：

俚曲村歌兴亦豪，铛铛鞑鞑韵嗷嘈。

而今尚有人传说，处妙高讹醋溺膏。

草珠纱褂态婆娑，鼓板须敲又打锣。

五十年来谁继起，人间冷落凤阳歌。

“醋溺膏”所唱的山歌，在山西称“山曲”，是晋西北河曲一带所流行的民间小调。它的歌词基本上为七字句，无严格约束，可自由伸缩。最出名的便是表现山西与河曲人民春季外出到内蒙古一带去谋生的情景的“走西口”。它的曲调分“征调式”“商调式”“羽调式”以及“宫调式”，简洁优美，节奏鲜明。

小调亦称“小曲”。其特色为曲调柔婉流畅，抒情优美，歌词通俗形象，内容以田间山野劳动为主，具有浓厚的地方色彩。“醋溺膏”当年所唱的小调，有《孟姜女》调、《五更》调、《绣荷包》调、《苏武牧羊》调等。他擅长用不同的曲调，更换不同的歌词，使之不断变化，常唱常新，令听众不倒口味。

码头调亦称“社火调”。“社火”是一种歌舞表演的形式。早年在山西和内蒙古西部等地区，每逢节日到来之时，各处的村庄都要办社火，如跑旱船、闹秧歌、踩高跷等，所用曲调称码头调。其音乐分为说唱性和抒情性两类，前者以叙事为主，内容风趣生动，风格明快、朴实，但旋律性不强；后者的歌唱性很强，曲调流畅丰富，欢快活泼，委婉柔和，亦兼有苍凉凄切者。

“醋溺膏”卖艺时演唱的情景，既是具有浓郁色彩的俚曲村歌，又有嬉笑怒骂讥讽时弊的言辞，加上表演中服饰动作的异样神态，使观众百看不厌，不忍离去。

韩麻子

过去老北京人口头儿上流传着一句歇后语："韩麻子叉腰——要钱。"这句歇后语就是久逛天桥的老北京人为早年天桥八大怪之一的韩麻子专门创作的。

韩麻子，顾名思义，一听就知道此人姓韩，脸上长着满脸的大麻子，人们不叫他的名儿而直呼"麻子"了。他是老天桥早期最著名的单口相声艺人。此人专以诙谐逗笑或学市面儿上各种生意小贩的叫卖声融于所表演的节目中，甚有趣味。他的嘴尖酸刻薄，其村野程度极不堪入耳。你再看他的长相也甚为古怪，面紫多麻，眉目间含有若干荡意，且将发辫盘于前面额角间，手执破扇一柄。每见其两唇掀动，两目乱转时，不闻其作何言语，也不禁令人失笑。天桥艺术家大狗熊孙宝才曾回忆韩麻子的音容笑貌说："韩麻子有异相，大脑袋好似一只广梨一般，额前有纹交错横生，好似插朵花儿，满脸一团喜气。脸上抹白灰，脑后扎一尺把长的小辫儿，朝天撅着，为的是逗人笑。他经常穿一件右大襟的青袄儿，上面钉着五个布条盘成的疙瘩纽扣。他个儿大，是个胖子，长着一脸的麻子。""韩麻子手里提拎个画眉笼子，走到哪儿，哪儿就热闹上了，他把鸟笼子往地上一放，人们就会围上来。等他把人逗得开心大笑时，突然停住，两手往腰里一叉，两眼四外一张望，这时候人们就知道他要钱了。等他收完一次钱，就再说下去。再等他把两手往腰里一叉，就又要钱了。”孙宝才曾学韩麻子的样子，双手一叉腰，神气地说：“韩麻子的嘴厉害，他会骂人，还让你听不出来。比如他说到某某小姐的象牙床，就说：‘什么象牙床？床上前后左右，狗骨头、狼骨头、猪骨头、牛骨头的，什么走兽的骨头都有。只有床正中间的那一块才是象牙呢！’说这段时，他站在场子中间，把前后左右的听众都骂了，只有他才是块象牙，等到观众明白过来，已经挨了骂了。因为他爱骂人，所以不少人恨他，可又因为他骂得巧，骂得妙，所以观众挨了骂还是爱听。每天演完了，韩麻子所得的钱，总比别的说相声的要多一些。这主要是他相声说得好，大伙儿都愿意听，都愿意给。再有就是大伙儿都怕他骂，不敢不给他钱。”

韩麻子（画）

据说当年著名大画师沈容圃曾把韩麻子说相声时的情态画了像装在镜框中，挂在大栅栏更房窗槅上或挂于煤市街路东米铺门口，借以做清水传真的招牌，招来不少人围堵观看。

韩麻子的“贯口”（曲艺术语。指快速歌唱，背诵唱词或连续叙述许多事物）与“变口”（曲艺术语。指运用各地的方言）等基本功极为娴熟，与他奇特的相貌相得益彰，同样是《三近视》《化蜡扦儿》

等单口相声传统节目，经他一说，便有不同的韵致和引人发笑的魅力，乃至令人喷饭，捧腹大笑。所以每当他说完一段，叉腰站成丁字步时，大家伙儿总是纷纷扔钱给他。

韩麻子说相声和要钱的神态，给观众留下了极深刻的印象。

盆秃子

大凡熟知天桥的老北京人都知道盆秃子这个人。盆秃子是该艺人的绰号，其真名实姓已无从可考。只因他在天桥敲瓦盆儿兼唱小曲儿，加上他脑袋秃顶，故而大家伙儿都叫他盆秃子。

盆秃子（画）

盆秃子本人，有两个明显的外貌特征，一是秃顶，只鬓角有些须发。二是走路时一拐一拐的，就像是《八仙过海》中的铁拐李一般。

敲着瓦盆唱小曲是有历史典故的。司马迁的《史记》中记载了渑池会上秦王为赵王击缶的故事，就是流传至今广为人知的。以缶为打击乐的历史，可以追溯到上古时期的唐尧时代。据《文献通考》中《乐考》记载："古缶，形如足盆或曰形如覆盆，以四杖击之。"通过查证有关史籍，可以看到，相传在尧时，有老者击壤而歌曰："日出而作，日入而息，凿井而饮，耕田而食，帝何力于我哉？"这段歌词，后来成为歌颂太平盛世的典故。又从考证得知：击壤，便是击缶。唐尧以后的春秋、战国、秦、汉诸朝代，都有关于击缶以和乐曲的记载。如《汉书·杨恽传》中就载有这样的文字："酒后耳热，仰天拊缶，而呼乌乌。"

盆秃子的表演与众不同的是：他表演时拿着一只大瓦盆，用一双筷子敲击瓦盆的不同部位，发出高低不同的响声，敲出的各种声调，再加上随口编出的词曲，抓哏博人一笑。孙宝才这样说过盆秃子："盆秃子是个怪人。他头上秃光光的，只两个鬓角倒有些毛，走起路来一拐一拐的，好像个铁拐李。他拿着一个瓦盆，直径有二尺，深有一尺，用一双筷子敲来敲去，却也能敲出五音十二律来。他一边敲，一边唱，随口即兴编词逗人笑乐。"

盆秃子击瓦盆儿，坎坎作声，虽非八音克谐，但清越合于乐律，与他所唱的抑扬顿挫的小曲儿应和为一体，追根溯源，倒也有些上古遗风。故清代诗人杨曼卿在《天桥杂咏》中赞盆秃子：

曾见当年盆秃子，盆儿敲得韵铮铮。
而今市井会新调，岂识秦人善此声？
击缶唱歌形似丐，斯人今已不堪论。
笑他俗子无知识，妄拟庄周浪敲盆。

田瘸子

田瘸子是清朝光绪年间在天桥的杂耍场上专练盘杠子的民间老艺人，其本名已不可考，因为他在天桥卖艺几十年，从未向人透露过本人的身世名号，似有隐衷，别人也就不好再问。

田瘸子（画）

此人幼年极有功夫，因踢腿用力太猛遂致残废。但也有人说，他当年与人争斗，被对方打伤的，究竟孰是孰非，谁也说不清。但以残腿人能在杠上耍练各种技术动作，还是颇不简单。他每天带着一个徒弟来到天桥卖艺场地，先将杠架支好，而后让他的徒弟先表演一二招小玩意儿，作为引场，然后他一瘸一拐地走到场子上来。他就像《打瓜园》中的老汉陶洪一般，精神矍铄，丝毫无龙钟老态。他在杠子上腾上翻下，手脚灵活地做各种动作。如单手大顶、噎脖子、左右顺风旗、燕子翻身、哪吒探海，变幻无穷，不可名状。观众看后无不喝彩称赞。每表演一次能收得当十大钱三五千不等，一日下来，进钱也有三四十千之数，进项可谓不菲。

武术名家的“二指禅功”早就为人们所熟悉，田瘸子最拿手的功夫便是用两个指头支撑，在杠子上拿大顶、倒立，这在当时的天桥演艺圈内也是堪称一绝的。

田瘸子的身体虽残疾，却有异乎寻常的力气，虎一般的迅猛和猿猴般的灵巧。他每逢演出时，总是先以几个简单动作吸引观众，等到观众围拢后，才逐一拿出看家的本事。他的许多高难度的精彩绝妙的动作表演，其名堂都与历史人物或神话故事有关。如白猿偷桃、刘伶醉卧、黄香卧席等。此外就是模仿性的动作形态，如鸭子凫水、鹞子翻身、倒挂金钟等。

“白猿偷桃”是屈一膝夹杠，双手抱膝做神话中白猿捧桃献母的样子，然后绕杠倒转七八圈儿，疾如风驰电掣，令人眼花缭乱。今天体操运动员在单杠上做的“单挂膝回环”动作，与当年田瘸子的白猿偷桃颇相似。

“刘伶醉卧”是以单臂弯曲着杠，另以一手托颐做醉卧状，全身重量支撑于一臂，其难度则更大。刘伶乃古代魏晋时期一大名人，与阮籍、嵇康等合称“竹林七贤”。又因他“常乘鹿车，携壶酒，使人荷锸相随”，“以酒为名，一饮一石，五斗解酲”，故以酒仙著称，于是后人留下了“杜康造酒刘伶醉”的佳话。刘伶与当时太子少傅张华是好朋友。他不远千里到遂城（今河北徐水）访张华，常以酒为乐，死后就葬在了徐水古遂城西的张华村。

“黄香卧席”是双手握杠，两臂弯曲，腰与两腿悬空平挺，并倒手在杠上旋转一周。黄香，东汉江夏人，字文强。他九岁丧母，侍父至孝，暑扇床枕，寒以身温席。他博学经典，能文章，京师号曰：“天下无双，江夏黄童。”官至尚书令。后来被人将黄香的故事编入“二十四孝”中，在中国广为流传。因此将“黄香卧席”的典故作为盘杠子的名堂会更受广大市民欢迎。

孙宝才

孙宝才曾这样回忆过田瘸子，他说：“他的本领就是练把式。你看他，只一只手落地，把整个身子都竖起来，这叫单手拿大顶。他还会倒翻跟头，身子向后一翻，倒过来又站在你跟前，这叫燕子翻身。他还有个绝技，在单手拿大顶时，把身子向左右倾斜，仿佛让风吹歪了一样，这叫左右顺风旗。田瘸子还有个特点，钱到手就花光了它。一个子儿也不剩，多挣多花，少挣少花。这是由于江湖人成天东来西去，并无定居，一般都不置恒产，不作长远打算，过一天算一天，加之他们吃苦的时候多，一旦有钱了，就要尽情享受。第二天再说第二天的，勒紧裤带再卖艺去。”

田瘸子最精彩的动作是“骑杠”和“二指倒立”。骑杠是两腿前后分开骑于杠上，向前或向后连续旋转数圈儿，其股骨夹杠大致相同。“二指倒立”是以食指和中指着杠，将身体徐徐倒立起来，这是田瘸子“压轴子”节目，惊险无比，每练时全场观众齐声喝彩。

功夫深，有绝活儿，田瘸子既用表演揽住了观众，也使他在天桥声名大振。

丑孙子

“丑孙子”姓孙，因长得丑陋，所以得了个“丑孙子”的诨名。他是清光绪年间著名的相声艺人，以扮怪相为主。

孙宝才曾这样描述过丑孙子。他说：“丑孙子生得极丑，简直是个猪八戒，平常日子他说相声，到了旧历年大年初一，他头戴麻冠，身穿重孝，左手执哭丧棒，右手打着幡儿，哭一声爸爸，

丑孙子（画）

叫一声冤，一路来到天桥热闹的地方。这时候好多人都围着他，都知道这是他要钱的方法，所以大伙儿笑的时候也扔给他几个钱。”

丑孙子最拿手的节目就是大年初一演“出殡”。他一个人演出模仿整个出殡的场面，表演得惟妙惟肖。他先是在一帐子里模仿许多人的声音：二姑娘哭，三妯娌喊，四姑奶奶劝，五姨太太说，吵吵闹闹乱作一团。然后是出了帐子，头戴麻冠，身披重孝，左手持哭丧棒，右手打着纸幡儿，摔着丧盆子，大声哭爸爸。哭一声，叫一声，以此逗观众捧腹大笑，以求大家扔钱给他。

丑孙子本来就已十分丑陋，再加以重孝缠身，干号不已，可谓出乖露丑之极。所以天桥市场上都知道丑孙子，一为其怪，二为其戏谑，被称为天桥早期的“八大怪”之一。

清代文人杨曼卿在其所作《天桥杂咏》中以七言绝句赞“丑孙子”道：

为谋生计戴麻冠，行哭爸爸又呼冤。
莫道国人多忌讳，也知除假使真钱。

鼻嗡子

历史上关于鼻嗡子的资料较少。相传鼻嗡子是一个怪里怪气、穷相毕露的无名氏艺人。他的名字无人知晓，大伙儿都管他叫“打马口铁壶的”。有人说他原为山西某地的一名伙计，因好唱被辞退来京，遂在天桥自树一帜，不知此信息是否准确。他以洋铁筒塞入鼻孔中，复将破洋铁壶悬于腰间，两手拉一梆子呼胡，一边走一边拉，一边唱。有时兼打其腰间之破洋铁壶作鼓声，鼻中所塞铁筒作唱后之尾音。每唱一句，其煞尾之音即以鼻筒代之，甚为可笑，他也被列为“八大怪”之一。

鼻嗡子（画）

当他正式为观众表演时，还特意打扮一番，头上戴着花，脸上抹着粉儿。当他在鼻孔里插上两铁筒嗡嗡发声时，即用手拿一根小棍敲击着腰间挂的那只马口铁壶，即发出有节奏的声响。同时嘴里和着的曲调、铁壶的节拍唱小曲。大家看他那手脚忙活的可笑的滑稽动作也会大笑不止，留下较深印象。清代《天桥杂咏》

曾以七言诗称赞“鼻嗡子”曰：

麻铁壶敲韵调扬，亦能随手协宫商。
当时牛鬼蛇神样，看到而今转觉强。
鼻音一响上场来，抹粉簪花亦怪哉。
但练游人能注目，今朝不负大烟灰。

常傻子

常傻子也是老天桥早期的八大怪之一。他表演的“砸石头”，带有江湖艺人的色彩。老天桥的艺人们大都听说过他的表演。有人说他的“砸石头”是真功夫，但也有人说他“砸石头”是为了兜售他治疗跌打损伤的成药服务的，带有商业性质和江湖医生的色彩。但无论怎样说，都承认他是老天桥早期的怪人之一，他的真名叫什么，谁也说不清。

常傻子（画）

据说常傻子砸的石头大多是鹅卵石。表演前，先由他的弟弟常老二拿两块石头对碰数下，好让观众听到响声，然后再递给观众可以用手摸一摸，看一看，辨一辨真假。这时候，常傻子在一旁运气，把气运到手上。然后接过石头放在一条板凳边上，找准位置后，只听“嗨，嗨”两声，手掌落下处，石块已被砸碎。

常傻子（雕塑）

常傻子还有个绝活儿，就是用手指将一块石头戳碎。他的表演会使人联想到今天武警战士的功夫表演，大有一脉相承之意。不过“青出于蓝更胜于蓝，冰水为之而寒于水”，现在武警战士的功夫表演要比当年常傻子精深得多，所用的气功，也比先前有更广泛的发展。

常傻子表演一阵“砸石头”后，便要向观众推销他的“百补增力丸”。他说他的“百补增力丸”有神效，一能强身壮骨，二能治疗跌打损伤，三能治闪腰岔气内外伤。还现身说法，说他自己就是吃了这种药才有这么大的力气，才能练成真功夫。据说，他兜售的药丸并无神效，但也不会把人吃坏，他之所以如此美化药丸，主要是为求生存而维持最低的生活需要。他是以卖药的形式向观众“打钱”。由此看来，有人说他卖艺带有商业性质，还是不无道理的。

民国春秋

民国时期，由于北京人口的激增，商业与交通进一步发展，使得天桥地区逐渐成为百业俱兴、人烟稠密的闹市区。它的繁荣超过了历史上的明、清两朝……

1911年武昌起义的枪声打掉了清帝溥仪头上的皇冠，中华民国的成立标志着中国结束了清王朝长达260余年的封建统治。在清朝，旗人是个有着特殊待遇的阶层，他们有“钱粮”，可以吃穿不愁，生活优越，可以说是“铁杆儿庄稼”。清朝灭亡以后，旗人没了铁杆儿庄稼，家道中落，日益坐吃山空，生活每况愈下。民以食为天，民国初年，北京成立了解决旗人生计的小工厂，但杯水车薪，无济于事。一些王室贵族子弟沦落到了去拉排子车卖苦力的地步。那位曾被慈禧太后立为“大阿哥”的溥仪，后来流落在街头小巷，靠卖臭豆腐为生，至于广大下层的旗人，其生活状况更可想而知。在这种情况下，生活无着落的旗人来到天桥，靠说唱卖艺混碗饭吃，相声演员侯宝林对此有着切身的经历。当时在天桥地区卖艺的数百名穷苦艺人中，有相当一部分是旗人家庭出身，如弹弓张、沈三、宝三等，还有老艺人云里飞、哈辅元、万人迷、常傻子、常全金等都

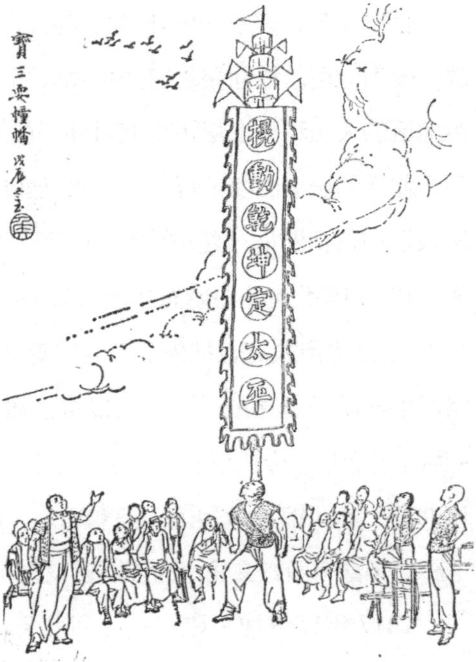

宝三耍幢幡（画）

是。他们不得不靠吹、拉、弹、唱的本领在天桥谋生。

1914 年前后，前门瓮城被拆除，原瓮城外东西两侧的商铺门面和民居，全都移到天桥西沟旁和龙须沟一带的空场地带，划为七条街巷，辟为市场、商店、清唱茶社和镶牙馆等。天桥以西有吉祥舞台、升平舞台、振先舞台、共和舞台四舞台。再向天桥内部延伸，小小、丹桂、万盛、天乐、德胜轩、小桃园等相继成立。巷外也逐渐搭棚设摊，形成了闹市。天桥以东首先出现三大席棚戏院，即歌舞台、乐舞台、燕舞台戏院。以东空地摊贩日益增多，形成了东市场。乐舞台和歌舞台都是柳子坤班剧团，当年李桂云、金刚钻、珍珠钻等著名梆子演员都曾在这里演唱过。

民国初年，北京城内外的皇家苑囿以及殿坛宗庙陆续对外开放，改为他用。继社稷坛辟为中央公园（现为中山公园）后，天桥地区的天坛和先农坛也相继对外开放。先农坛辟为城南游艺园后，北面的坛墙围墙被拆毁，后来又变成枪毙犯人的刑场。先农坛东坛在日伪时期被建成体育场。天坛曾于 1913 年对外国人开放，1915 年正式辟为游览场所，1918 年正式改名为天坛公园。1935 年北平市政府曾把外坛辟为“森林公园”。民国初年，香厂路新世界游乐场建成，又有人投资修建了水心亭（今公平胡同）和城南游艺园（今友谊医院一带）。这些游艺场所,除设有杂耍场、评书场、落子馆、命相馆、把戏场外，还有一些咖啡馆、球房、电影场等富有西方文化风味的娱乐设施。

1917 年官僚地主陈光远（河北省武清县人，原是袁世凯、冯国璋的部下，做过江西督军，为北洋军阀人物）将天桥南大街以西、北纬路以北、西市场以东、西市场南街以南的二十多亩土地占为己有，用炉灰填平，以“三月不纳租”的小利，招揽艺人、摊贩来此做生意，形成了天桥的中心，即天桥市场。1924 年，原水心亭的沟水干涸，地皮为军阀李彦清、吴道时、李品珊分别霸占，用炉灰渣填平后，即招租修盖民舍。1925 年，官方出卖先农坛外坛。1926 年，拆除外坛墙后，增建了福、禄、寿三条街道，开辟成先农市场和城南市场。

1921 年，京剧名艺人俞振庭组织了“振华大戏棚”，在天桥东市场正式开班演戏，开天桥有正式戏院之先河。到 1941 年，天桥地区已有男戏园二，女戏园三，落子馆三，各种杂耍、茶社等不计其数，特别是各类小吃摊逐渐增多，仅京味小吃的品种，就达 130 多种。

1937 年发生卢沟桥事变之后，北平人民在日本帝国主义的铁蹄下，过着亡国奴的生活达 8 年之久。侵华日军在天桥抓走的劳工不计其数。这些劳工有的留在北平，在日本人开办的工厂、矿山服劳役，有的押往外地的煤矿去挖煤，九死一生。还有的被押往日本去当华工，受尽欺压与凌辱，大部分客死异乡。日本帝国主义在天桥大规模“招华工”，仅称霸于天桥的坐地虎李莲峰一人，就送出华工 1600 多人。

侵华日军占领北平后，首先在天桥地区找地皮修建兵营。当时，外右五区署将位于天桥西市场南侧的北纬路东段一片空旷地带（即今天桥剧场、北京市长途汽车公司天桥车队所在地）划给日寇修建了兵营。驻天桥地区的兵营总人数有七八百人，他们每日荷枪实弹，或练刺杀，或四处巡逻，经常出入天桥的大小艺场、戏园、茶馆、说书场等处，随时盘查游客，稍有可疑，便将人押至南城日本宪兵队。中国人只要一进宪兵队，无论有无罪证，就是不死也得脱层皮。

民国年间，继清朝末年出现了第一批“天桥八大怪”之后，至中华人民共和国成立初期的 50 年代，天桥又先后出现了二批“天桥八大怪”。由于他们技艺高超，给观众留下的印象深刻。值得指出的是，我们按年代分为前后三批，并非是好的办法，实际上“八怪”也并非局限八个之数，这只不过是民间百姓中的说法而已，是他们对中国民间艺术有创造的精英代表的赞誉。

作家老舍先生在自己的文章《天桥》中说过：“……事实上，在解放前，天桥是北京最混乱与最黑暗的地方……那里的恶霸与流氓看见一游人的服装不顺眼，就会过去打他一顿。那里打伤或打死一两个人，根本不算什么新鲜事。”老舍先生说的是实情，这是天桥阴暗的一面。在旧社会，天桥有安清会道门、一贯道，有横行天桥、称王称霸的黑势力“四霸天”及其爪牙等地痞流氓，欺压平民百姓和穷苦的卖艺的艺人。天桥还有明赌暗娼，腐蚀青年。

总之，民国时期，由于北京人口的激增，商业与交通进一步发展，使得天桥地区逐渐成为百业俱兴、人烟稠密的闹市区。它的繁荣超过了历史上的明、清两朝。

人物篇

第二代天桥八大怪

第二代天桥八大怪，主要是指在辛亥革命以后出现在老天桥民间艺人中的佼佼者和演技奇特怪异者。他们成名于天桥经济日趋繁荣的形势下，在众多的艺人中靠独特的演技脱颖而出，在京城影响较大。当时，在表演和艺术上成功的有 20 多位，但各类史料记载和老百姓口头传诵者只有 8 位。他们是：让蛤蟆教书的老头儿、表演滑稽二黄的老云里飞、装扮奇特的花狗熊、耍中幡的王小辫、三指断石的傻王、耍金钟的、数来宝的曹麻子、耍狗熊顶碗的程傻子。

（一）让蛤蟆教书的老头儿

让蛤蟆教书的老头儿（画）

让蛤蟆教书的老头儿，人们都不知道他姓什么、叫什么，只在天桥短时期地露了露头，就不知到哪儿去了。但他却是辛亥革命后在天桥表演绝技的第二代八大怪之一。他的表演之所以被世人称为空前绝后，是由于他会两手绝活儿：一是驯青蛙，二是驯蚂蚁。

据在天桥居住的古稀老人回忆说："这个老头儿长得又干又瘦，黄眼珠子，嘬腮、黄胡子稀稀拉拉，身穿一件灰色长袍儿，举止上十分斯文。"

这个老头儿上场子时总带着四样道具，一个大罐子，一个小罐子，一个细脖儿的瓶子和一块长方形木板。开场后，他把木板平铺在地上，先将大罐子口打开，嘴里头念叨着："到时间了，该上学了！"这时人们就看见从大罐子里爬出一只大蛤蟆，跳到木板上便蹲立在中间，昂着头，像个高傲的先生站在讲台上。老头儿又拿过小罐，打开罐子口儿后又说："快上学了，先生都来了，学生怎么还不来上课呀！"这时只见从小罐口处，依次蹦出八只小蛤蟆，爬到木板上，面对大蛤蟆依次排成两行蹲下。等小蛤蟆蹲好了，老头儿又说："老师该教学生念书了！"再看大蛤蟆，仿佛听懂老头儿的吩咐一样，张嘴"呱"地叫了一声，小蛤蟆随着齐声叫一声。如此这般一叫一答，此起彼伏，真跟老师教学生似的整齐有致。就这样叫过一阵后，老头儿喊了一声："到时间了，该放学了！"这时，小蛤蟆先起身，依次蹦跳着爬回小罐里。大蛤蟆见小蛤蟆都进了罐子，它才慢慢悠悠地起来爬回大罐子里去。

就在人们围在四周纷纷惊叹不已的时候，老头儿又拿过细脖儿瓶子，打开盖子后嘴里喊："快出来排队，上操了！"只见从瓶子里爬出密密麻麻的黑、黄两色蚂蚁。老头儿一边喊着："别乱，快排好队！听着，立正，看齐！"老头儿一边下着口令给蚂蚁，一边用手撒些小米。只见混杂在一起的无数只黑、黄两色蚂蚁，按照颜色，很自然地排成两队，其两队中绝对没有一只混杂其间的蚂蚁。过了一会儿，老头儿又喊道：“该收操了！”于是，原本整齐的队伍顿时乱成一锅粥，乱乱哄哄你争我爬地又回到细脖儿瓶子里。

有驯鸟和驯兽的不难看到，但从来没有驯蛙驯蚁的节目，这在古今演艺圈中也确实十分罕见。如果不是亲眼所见，对老头儿怪异的表演，特别是青蛙、蚂蚁如此俯首帖耳，任人操纵，定会感到不可思议，肯定认为是无稽之谈。然而见过老头儿表演的人，提及此事无不津津乐道。

（二）老云里飞

老云里飞原名庆有轩，又名白庆林，是清光绪末年至 20 世纪 30 年代在天桥演出滑稽二黄的著名民间艺人，是第二代“八大怪”之一。

老云里飞（画）

老云里飞，幼年时曾在嵩祝成（清同治三年，由太监联名组成）科班坐科，初学武把子，后学“开口跳”（传统戏曲角色行当中，武丑的俗称），10 岁即登台唱戏，曾扮演过《三岔口》中的刘利华、《连环套》中的朱光祖等，是擅长武艺而性格机警、语言幽默的人物。他的跟头翻得又高又快，能在空中翻转一圈才落地，这个动作在京剧舞台上被称为“云里翻”。因此，后来他在天桥撂地卖艺之后，自称“云里飞”。

老云里飞改行到天桥撂地摊卖艺，纯粹是为生活所迫。1900 年 8 月 14 日，庚子事变，八国联军攻破北京城，慈禧太后带着光绪皇帝、隆裕皇后及一群宫眷大臣们仓皇逃往西安，仍没有忘记娱乐消遣，她命令一批艺人随往西安，老云里飞便是其中的一个。慈禧太后对百戏杂耍无所不好。就在慈禧太后和光绪皇帝相继死后的“国丧”期间，不许唱戏。不唱戏老云里飞就得饿肚皮，没有办法，他才到天桥去撂地摊卖艺的。他演唱时既没有戏装、盔头，也没有化妆。他用一顶纸烟盒糊的帽子和一件大褂，权当演出时的装扮。表演时他一人能同时扮几个角色，连说带唱，语言幽默诙谐，观众十分爱看他的表演。

1918 年，老云里飞受洗礼，成为天桥当时众多的民间艺人中唯一的一位基督教徒。

著名艺术家朱国粱曾说过：“白庆林是满族人，武功很好，能在平地上跃到空中翻两个跟头，好像在云中飞腾一般。大家送他一个外号叫云里飞。后来他老了，飞不动了，就改说西游记。他冬天穿件灰布面羊皮袄，上套红毡马褂，青裤黑鞋，一把胡子拖得长长的，很有仙风道骨的样子。他的儿子白宝山，也练了一身好功夫，就顶了‘云里飞’这个名字在天桥卖艺。人们便把白庆林称为‘老云里飞’了。”

老教师胡道生先生曾说过：“云里飞是天津著名相声演员白全福的祖父，原在四喜班社，与谭鑫培同台演出京剧，他的武功好，有一手武功绝技。后来年岁大了，唱不了戏了，就改说评书，每天在天桥说全本《西游记》，每当说到美猴王，还要带上武功。”

相传老云里飞在光绪二十五年（1899 年）拜评书艺人亨永通学说的《西游记》，他恪守祖师爷安太和的成规，每次说书时，都以渔鼓为号，兼卖“沉香佛手饼”。又由于他昔日坐科有良好基础，所以他的表演是说唱与功夫相结合。每次说书前，渔鼓敲打之后，先唱一段与评书内容有关的戏词，然后书归正传。

老云里飞说《西游记》，注重在原作的基础上进行艺术再加工、再创造。比如“无底洞”一段，对孙悟空深入陷空山无底洞与李天王的义女老鼠精纠缠到底、不制服妖精决不罢休的机智勇敢；对猪八戒的性格憨厚、行动蠢笨而又贪懒好色，最终还是勇于助战，同心协力降伏妖魔；以及唐僧在老鼠精的摆布下魂飞魄散、涕泪交流的心情，他都能绘声绘色、细致入微地表演出来。

老云里飞除在天桥表演外，还经常到白塔寺、护国寺、隆福寺等四大庙会演出。他并不全靠说唱赚钱，还以招徕顾客买他的药糖。他的说唱生涯约 20 多年，1934 年后逐渐销声匿迹。

（三）花狗熊

花狗熊是 20 世纪 20 年代前后在天桥撂地卖艺的民间艺人。

他是河北定兴县人。他以黑墨涂面，用大白粉画眼圈儿、鼻梁子和嘴，头上戴假小辫儿，加上他胖乎乎的五短身材，扮相奇特，所以得了个“花狗熊”的外号，在天桥也是数得着的人物。

花狗熊（画）

花狗熊在天桥演出时，总是和自己的老伴合作。据在天桥观看过他们二人演出的老人回忆说，花狗熊个儿不高，人又胖了点儿，一张圆脸上布着几条深深的皱纹。他是用锅灰涂脸，把一张胖脸涂得乌黑，然后用白灰画眉毛，头顶上戴个假小辫儿，两只眼睛显得特大，可老是恍恍惚惚的样子。他上身穿的是一件补丁摞补丁的黑布褂子，裤子上也补着补丁，往场中一站，真是又呆又傻的花狗熊了。他在天桥演出的时间不太长，谁也不知道他姓什么叫什么，至于他老婆就更没人知晓了。

他演出时，腰里总挂着一把破铁壶。鼻孔里一边插一只用洋铁片做的哨子。他随手捡砖头瓦块敲铁壶，再使劲用鼻子吹哨，叮当扑哧一阵乱响，加上又蹦又跳又说又唱，瞧上去还真跟个狗熊似的。

他老婆就更逗人了，长得模样也还可以，眼角眉梢一笑一挑，风流无限。她穿上红衣、绿裤、红鞋，再把脸抹得稀奇古怪的，看上去就使人觉得可乐。特别是她头上的短辫子，长发绾过来，又折成三截，用红毛线一扎，活像个七八寸的短棒槌。加上她故意走路时一俯一仰的摆动脑袋，那短辫在脑后一低一昂地引人发笑，确实有些不雅观。但是在那个年代，这种低级庸俗的表演能迎合市民的心理，能吸引观众。

花狗熊夫妻二人，每天都是一前一后，边走边扭来到天桥市场。一路上便招来了一大群寻开心的观众，等到了一处较大的空地上，花狗熊便掏出白粉往地上画个圈儿，人们也就围着圆圈站好，这时他们的正式演出便开始了。夫妻二人在艺术造诣上可能都不太高，他们在场上扭一会儿、唱一会儿后，花狗熊老婆便把铜锣翻过来向观众讨钱，要过钱后又接着表演。很多人还是挺喜欢看他们的装扮和表演的，把他们称为第二代的天桥八大怪之一。

（四）耍金钟的

耍金钟的，姓什么？叫什么？是哪里人？天桥老辈人无人知晓。老人们只知道许多人看过他的表演，只知道他被广大观众公认为第二代“天桥八大怪”之一。

耍金钟的，是以表演与观众直接沟通，让围观者倍感新

耍金钟的（画）

鲜有趣而名声在外。

他要金钟所用的道具，是一口用水银擦得锃亮如镜子一般的小铜钟，几幅贴在木板上、从平面看去不成比例参差不齐的画。这些画经弧形的铜钟一照，映在铜钟上便又成比例整齐了。他再转动铜钟，画上的人物、花鸟、树木、车船等等东西就都活动起来了。据看过的人讲，就像而今看电视有人在屏幕上奔跑，闪过许多景色一样的感觉，但是整齐的画和东西成比例排好，在铜钟上映出来的影子却就不成比例。耍金钟的在表演时，还让观众过来站在铜钟前去照照，映出的影像又瘦又长，就跟站在哈哈镜前的感觉一样。在新鲜感觉驱使下，围观者每日都不少。

（五）程傻子

程傻子又叫程狗熊，真名叫程福先，杂技之乡的河北吴桥县人。他来天桥撂地卖艺后，把家眷也从老家接来了，曾住在东城区榄杆市温泉浴池对面的临街院子里。他在天桥表演时总是先耍狗熊后顶碗。

程傻子驯养的是一只黑熊，体形肥大，性情凶悍，但对主人程傻子却俯首帖耳，十分听话，所表演的一招一式都很出色。这只狗熊能由易而难地逐一表演作揖、磕头、直立行走、前掌摇串铃模仿江湖算

程傻子（画）

命先生或江湖郎中、钻竹圈、蹬木球、耍扁担、拿大顶、翻跟头、耍钢叉、与人摔跤等等。每逢表演完一场之后，程傻子便喂点儿东西给狗熊吃，顺手拍拍它的脑袋，表示鼓励。

过去老北京人没处去瞧动物，更不用说是狗熊这种肉重身沉的肥大动物了。清朝乾隆时代的郡王傅恒第三子富察氏福康安的私人别墅，俗称“三贝子花园”，于 1906 年开辟为万牲园，即今天的北京动物园，里面养了许多动物，专供达官显贵游玩观看，票价十分昂贵，一般的平民百姓是去不起的。所以程傻子耍狗熊的表演场子，每天都是观众如堵，生意格外兴隆，这中间也有一些有身份的贵族显宦来看驯狗熊。

程幼林驯熊

程傻子的表演场子与其他艺人略有不同，一般撂地摊只需用白粉画圈就可以了，而程傻子却在场边围上木栏杆，为的是避免在观众拥挤时发生不测。

这只黑熊有个最精彩的节目，是用两只前掌耍弄一杆雪亮的钢叉。一是在胸前转动，二是在胸前并绕脖子转动，其模样活像一个初学武术的傻大个子，动作笨拙迟缓，模样憨态可笑，加之大钢叉上的钢环舞动时哗哗作响，观者感到非常新鲜好玩。表演完节目后，大狗熊便直立行走绕场一圈，并伸出两只前掌向观者做作揖致谢状，待观众纷纷投进钱后，大狗熊才卧地休息一会儿。

程傻子顶花碗（雕塑）

耍完狗熊后，程傻子便开始表演顶碗的节目。

十三个大小不等的瓷碗一层一个，一直摞到十三个碗，从下到上，碗越来越小，远望过去，就像一座十三层的玲珑宝塔一般，使在场的观众无不惊叹。顶碗之后，他还要做出倒立、卧鱼等高难动作，使围观的人惊叹叫绝。顶碗表演不仅技巧要精，还要有灵活的腰腿与充足的力气。确实，这也真是程傻子的一手绝活儿。于是有人做了一首打油诗赞程傻子顶碗道：

程傻登场不耍熊，十三宝塔耍尤工。

要知饭碗熊牢固，第一全凭顶上功。

程傻子年老力衰之后，因黑熊病死而改行，好在他是杂技之乡出来找饭吃的人，就以变戏法养家糊口度日。他的后代程文林、程文祥兄弟俩，也是子承父业，以“武彩拉子”（行话，即指顶碗、舞盘儿、耍木球等技巧）撂摊卖艺，也都成了天桥著名的民间艺人。

他们兄弟俩舞盘儿是根据汉代的盘舞演变而来。盘之圆心处钻有小眼儿，插在木杆顶端的铁针上，手频频摇动，令其旋转如飞，双手各举三至四块瓷盘，同时旋转，并做出双臂交叉，“前桥”（正跟头）、“后桥”（反跟头）以及“乌龙绞柱”（脊背着地，挥臂抡腿拧身连续翻滚）等高难动作，而所有的盘子伴随着动作旋转不停。

至于程氏兄弟的耍木球，是开演时的小节目。双手将三个木球（有时亦用木棒或酒瓶）掷而接之，循环往复，使其腾空旋转，良久不落地。这个小玩意儿是用来招人，将人吸引过来好赚钱。

程傻子的孙子程幼林也成了出色的驯熊师，“青出于蓝而胜于蓝”，这也是耍狗熊的程傻子所没有想到的。

（六）曹麻子

曹麻子本名叫曹德全，北京大兴县青云店人，农民出身。他于民国元年进城在天桥靠“数来宝”谋生。

据见过曹麻子的天桥老辈人说，曹麻子个儿头大，一副猫脸，上面有几颗稀疏的麻子，两只眼睛

曹麻子说唱数来宝（雕塑）

总是眯缝着，显现出滑稽相来。他的头上总戴着一顶旧呢子帽，长头发绾着梳一短棒槌，浑身上下可能就是他手里拿着的那对牛胯骨还值点儿钱。他那两片子牛胯骨不比别的东西，俗名叫“金钱骨”，一片足有二斤半重，两块就是五斤。略呈扇面形的两片骨头上下钻两个眼儿，上面各系有一个大铃铛，一个红绒球，下面还缀一块尺余长大红布。他一面敲打牛胯骨，一面数来宝。曹麻子的脑袋瓜特别灵，口齿还伶俐，看见什么说什么，想到什么说什么，不用事先编好，出口便能说上一段，真是演艺高超，骨头一敲钱就来。

“数来宝”是曲艺表演中的一种，很久以前便在北方各地流行。在表演中主要是一人或两人说唱，以竹板或系以铜铃的牛胯骨拍打为节奏。常用句式为可以断开的“三、三”六字句和“四、三”七字句，并且经常两句、四句或六句即可换韵。这种艺术形式最初是为乞丐沿街乞讨用的，昔日名为“善人知”，于各种买卖铺户门前，见景生情，即兴编词，说一些叫店铺掌柜的喜欢听的吉庆话以求得赏钱的一种形式。例如：“老爷您，发慈心，买卖好，获千金。”“叫声太太赏俩钱，福寿康宁万万年。”在那个年代，流浪街头的乞丐到处都有，形式各有不同。京城的乞丐一半都集中在天桥，晚上便住在山涧口一带的鸡毛小店。在天桥一带，以数来宝为艺者很多，并逐渐有人从流浪街头改为固定在小型场地内演出，加入了撂地为生的民间艺人的行列。不仅如此，数来宝说唱内容也有所变化，善于创新的艺人开始演唱民间传说和历史故事，并由此产生出“曹麻子”这样的著名艺人。

曹麻子并不是最早在天桥演唱数来宝的民间艺人，然而他以自己的聪明才智，善于创新，根据历史重大事件创作了《推翻满清》《北伐成功》及《大实话》等一系列脍炙人口的唱段。其中不仅有较高的艺术水平，而且还具有深刻的思想意义。譬如《推翻满清》具有十分鲜明的艺术特点和反帝反封建的民主思想。其词如下：

金钱板打响连声，不说如今表前清。
专制时代人民苦，人民饿成骷髅骨。
自从光绪庚子年，北京闹了义和团。
四外刀兵人慌乱，北京城里冒黑烟。
大师兄，红灯照，她的来历不知道。
洋兵来了惊銮驾，西太后去奔西安城。
骨板一打响连声，不说如今说前清。
慈禧垂帘来听政，光绪皇帝被架空。
太后投降不争气，洋人爸爸坐朝廷。
兵荒马乱人民苦，锅里野菜合根煮。
可怜饿得皮包骨，男女老少成骷髅。
同盟会有孙中山，废除宣统掌大权。
从此满清被推翻，百姓才得见青天。

这一段《推翻满清》，通过简短而通俗的语言形式，将清统治集团的腐朽没落和劳动人民在战乱中流离失所的苦难生活一一表达出来。

曹麻子当年在天桥演唱的《大实话》段子，充分反映了广大群众生活中的经验和思想，具有很强烈的劝诫作用，琅琅顺口，易懂易记。其内容大致是这样的：

骨板一打响连声，说段实话给您听。
林中树木有高低，世上人多心不齐。
只顾各扫门前雪，哪讲什么情和义？
大树一倒猢狲散，各奔南北与东西。
结朋交友要谨慎，须知人心隔肚皮。
画上春牛难耕地，纸糊驴马不中骑。
吃饭还是家常饭，搪寒还是粗布衣。
娶妻别图脸蛋美，免得日后惹是非。
生儿育女别贪多，贪多必定着大急。
要吃要喝又要穿，长大未必有出息。
有朝一日爹娘死，穿白戴孝全是虚。
灵前供碗倒头饭，谁见死人吃了去？
七天以内入了土，气化清风肉化泥。
活时争名又争利，口眼一闭全都没。
万贯家财拿不走，攥把指甲躺地里。
奉劝诸君听仔细，实话一段非儿戏。

这段大实话说得入情入理，许多老北京人经常以此训诫年轻人。曹麻子的唱段能以不凡的魅力长久地印在北京人的心里，留在人们的嘴边，这就是平民百姓尊称他为第二代天桥八大怪之一的原因。

（七）傻王

清朝光绪年间，天桥的“傻王”开石，颇为广大观众所瞩目，被尊为第二代天桥八大怪之一。

究竟为什么把这位天桥艺人称之为“傻王”，老辈人有两种说法。有的老人说：“傻王本姓王，因长得膀大腰圆，傻大黑粗，所以人们都叫他‘傻王’。”但也有的老人说：“这个傻王生得粗壮高大，一脸的憨厚，一天到晚总是面带笑容。由于他为人质朴，又一脸傻呵呵的样子，因此人们都叫他‘傻王’。”

傻王（画）

傻王会气功，运气之后，胸部和腹部可以禁得住石块的压力。他宽阔的胸膛隆起一块一块的肌肉疙瘩，好似铜墙铁壁一般，斗大的石块砸在胸上，跟夯地似的，砰砰直响，可没砸几下，石头竟碎了，而胸却安然无恙，一点儿事也没有。这就是人们常说的“以胸碎石”之功。

傻王的表演与别人不同之处是，他自己手捧大石头往自己裸露的胸部猛砸，虽袒胸裸腹，赤膊上阵，但他高深的功夫能使石碎而胸无恙。

傻王的“铁掌拍石”和“三指断石”更是见真功夫。据天桥的老人们说，傻王的功夫是看得见摸得着的，是实实在在的真功夫。他先将气运到手掌，然后“嗨”的一声大喊，半尺多厚的石块立刻被拍成碎瓣儿。当年傻王用的可不是现如今有人表演用的红砖头，都是专门捡来的大块顽石，最不济的也用大城砖。

傻王的“三指断石”的确有惊人之处。傻王将所运之力贯于食指和无名指，并拢后，虎目圆睁，凝神于石上，三指随吼声猛击石面，如刀砍斧斫一般，遂将石头拦腰切断，再看他的三根手指头，活动自如，安然无恙。观众无不为之拍手称赞，纷纷向场地上扔钱。

傻王还有个功夫叫“压石”，这也是个让观众叫好的节目。他在表演这个节目时，先躺在地上运好气，然后让好几个人抬来百十斤重的大石磨往身上压，压上去的石磨要有七八个，看上去老高老高的。傻王躺在七八个摞起的石磨下面，绷足了劲儿，愣是纹丝不动，一点儿事也没有。

好多人还不知道，傻王还有个拿手的节目。他将一块三百斤重的大磨盘拴上绳子，往脖子上一套，然后放到背后，站直了身子绕场走动。这个节目很惊险，但傻王表演起来很轻松自如。

（八）王小辫儿

北京老天桥的人们都知道王小辫儿是个会耍中幡的高手，他耍中幡有“断梁”

王小辫儿耍中幡（雕塑）

的绝技，当年在天桥十分有名。

中幡是古代仪仗的一种，后来演变为民间的各种花会，与高跷、秧歌、五虎棍、狮子、献音、杠箱等花会一样，很受人们的欢迎。

所谓中幡就是一根长约三丈的竹竿作为支撑物上面悬挂绸旗，旗面长达数米，宽米余。竹竿上部撑有五色圆伞：黄、粉、蓝、红、绿，直径依次增大。竹竿顶端缀以小铜铃铛十几个。伞下为长方形的木框，称为“云盘”。盘上两侧各斜出三角形彩旗一面，称“顺风旗”，盘下两侧系有黄色的“五谷袋”，象征着五谷丰登之意。盘下为木制的幡板，板下悬挂绸旗，旗面绣有各路神佛号。玩幡时，舞幡人要用手、臂、肩、腿、膝、脚等部位轮番耍弄，幡竿不能落地或倾倒。舞幡人要力气足，没有惊人的臂力是耍不了。舞幡人表演中时而将沉重的幡旗高擎在手，时而放至肩头，或用脑门顶，或用下牙床托，继而以左肘颠往右肘，当站定马步，将百余斤重的中幡在身前身后旋转数周时，博得周围观众的叫好声和雷鸣般的掌声。舞幡时周围有护幡人，以防倾倒伤人。

幡面上所书的字各不相同，一般书写有“晃动乾坤，天下太平”字样。

王小辫儿的中幡上的字又与其他中幡不一样，他的幡面上横书“京都王小辫”五个大字，竖写“以武会友，晃动乾坤”八个大字，显得豪爽气派。这是由于王小辫儿在天桥乃至京都，绝不是一般的把式，而是个身怀绝技、演艺高超的民间艺人。1925 年，年约 26 岁的宝三拜王小辫儿为师，学习中幡绝技。要将如此高大而沉重的玩意儿举在空中并做出种种令人炫目迷神的惊险动作，确实不是一件容易的事情。王小辫儿耍中幡，他只要往场子中央一站，幡竿上小旗在空中一摇，铜铃便哗楞楞响个不停。这时观众便似潮水般涌了过来，越聚人越多，将场子里三层外三层地围了个水泄不通。叫好声、喝彩声、掌声连绵不断，仿佛要把整个天桥都震动摇晃起来。

见过王小辫儿耍中幡的天桥老艺人说："那会儿一到了天桥，远远望去，便会见到他的那杆迎风而立的中幡，竖立在人群中间，煞是威风。"

天桥著名的民间艺术家朱国梁曾经说过："王小辫儿身材壮实，个子不高，脑袋很大，圆乎乎的脸，头发稀疏。他留的那条辫子，同脑袋比起来就显得小多了。因此，王小辫儿就成了他的外号。""他玩儿一个金鸡上架，就是双手把中幡抖动起来，扔向空中，待它落下时用头顶住。还有一种背后剑，就是用一只手倒背着中幡，胳膊使劲儿一抖，就把中幡抖上去了，然后他再用头顶住。""还有一种牙剑，就是脸仰起来，用牙齿咬住幡竿，使劲儿一抖，中幡往上猛地一蹿，能有尺把高，然后再用头顶住。""他还会老虎大尾窝。什么叫老虎大尾窝呢？就是老虎进窝时，是尾巴先进去，不像狼一样，头先进去。他玩的中幡之所以叫老虎大尾窝，是因为他用臀部顶着中幡往后退，模样有如老虎进窝一般。""他的绝技是断梁。他双手把中幡抖动起来，扔向空中，等中幡落下时，用鼻梁骨接着。那真是惊险无比，凡是观看的人，无不为他捏一把汗。"

有诗赞王小辫儿耍中幡：

天桥人物王小辫，撂地卖艺数十年。
戏耍中幡有绝技，京城内外美名传。

第三代天桥八大怪

第三代天桥八大怪活跃在距今半个多世纪前后，这时正是天桥最繁华热闹、也是最为动荡不安的历史时期。在这段时期里，天桥涌现出来的著名的民间艺人可谓灿若星河。虽是天桥晚期，但也是民间艺术在天桥发展的鼎盛时期。

第三代天桥八大怪为：云里飞、大金牙、大兵黄、焦德海、沈三、赛活驴、拐子顶砖、蹭油的。

（一）云里飞

“云里飞”本名白宝山，是“老云里飞”白庆林之子，艺名毕来风，又叫壁里蹦。他早年曾在清末民初的京剧科班“宝文社”坐科，工“铜锤花脸”（偏重于唱功的花脸角色）与“架子花脸”（性格粗犷莽撞的人物），对丑角儿与旦角儿无不精通。出科后因生活所迫，遂在天桥撂地卖艺为生，以“滑

表演“滑稽二黄”的云里飞（画）

稽二黄”著称。

所谓“滑稽二黄”是以打诨、出洋相的形式演唱京剧。“二黄”是京剧的一种主要腔调，清初由“吹腔”“高拨子”在徽班中演变成的，也有叫“南路”的。包括导板、慢板（慢三眼）、原板、垛板、散板等曲调。一般适于表现凄凉沉郁的情感。在京剧里，二黄和西皮腔调并用，习称“皮黄”。“滑稽二黄”系“云里飞”独创，因此他被人们称为一怪。

云里飞在天桥卖艺还带卖药。他在天桥三角市场演出，上搭席棚,场子里摆几排板凳,台帘是一块“德寿堂牛黄清心丸”广告。这排场在当时天桥数最风光的。

据赛活驴的老伴乔金凤说：“云里飞一出场就逗人乐，他头上戴着用哈德门、红锡包、大联珠、大粉包、小粉包牌的香烟盒做成的乌纱帽。竹板上绑撮鸡毛,算雉尾,芸豆粒儿穿成串算珠子。他买了个面口袋，染成红色的，缝成个红背心，上装天子，下扮走卒，都能穿。大褂儿不系扣儿当蟒袍，演戏时上场门下场门都用台幛子，德寿堂的广告，印着‘康氏牛黄清心丸’的红字。”

民初文人金水写诗赞云里飞说得好：“小戏争看云里飞，褴衫破帽纸盒盔。诙谐百出眉开眼，惹得游人啼笑非。”

云里飞表演形式以戏剧为主，相声为辅，满场做戏，随时抓哏。他戏路宽，一个人可以串演生、旦、净、末、丑等不同角色。他忽而扮演气宇轩昂的帝王，忽而扮演风流倜傥的文人雅士，忽而又是身怀绝技武艺超群的侠客，忽而又扮开了柔情似水的青春少女。他的唱腔韵味浑厚，但常常是刚一开头又煞了尾，取而代之的是一段插科打诨，常把观众逗得笑岔了气。

云里飞的艺术表现形式，既具有京剧清唱的特点，又包括了相声说、学、逗、唱的特色。经常演出一些偏重念白和做工的小闹戏，如《豆汁记》《铁弓缘》等。他那充满滑稽表情的脸和五官乱动的表演，在其极为简单的化妆衬托中，很有独特风格。

乔金凤讲过一段云里飞开玩笑吃亏的故事。她说："一次，地头的警察来敲他的竹杠，向他要钱。云里飞说：'我哪有钱？我是三没主义，没吃，没喝，没钱。'警察一听，乐了。这正好是没碴找着碴了。就说：'你敢反对三民主义？把三民主义说成三没主义？'云里飞给吓住了。他真没想到这么句俏皮话儿出了政治问题。他结结巴巴地说：'我只说我没吃、没喝、没钱。'警察哪管这一套，不由他辩解，咬定他反对三民主义，结果云里飞吃了个大亏。"

云里飞的表演，时常龇牙咧嘴，飞眼吐舌头出怪相，但难得的是，在他的小小场子上，造就了白全福（云里飞之子，俗称飞不动、跟着飞）、侯宝林、郭全宝等一代著名演员。最引人注意的是云里飞演出时所穿的几件布衫，有的破烂不堪，有的故意用几种不同颜色的布片拼凑而成，好像和尚穿的百衲衣。其尺寸，似长衫而短，似短衫而长。这些不伦不类的服装，用途却非常广泛：有时充当皇帝的龙袍，有时充当后妃的霞帔，有时充当宰相的蟒袍，有时又充当秀才的锦衣或武将的铠甲。

云里飞所收的几个女弟子，如老生演员周艳芳、李淑敏、李晓安、李淑卿，青衣演员刘毓荣，花脸演员王丽芝等，都是20

世纪30年代走红的角色，同台演出过《捉放曹》《落马湖》等几十出传统戏，生意火得不行，每日可收大洋十二三元，令其他场地艺人望尘莫及，堪羡不已。

相声演员白全福回忆自己父亲时说过："我父亲刚10岁，就跟我爷爷撂地，也学会了一套本领。我爷爷训练真严，真打，不打练不出功夫来。过去我爷爷一个人唱，后来两个人唱要好一些。到了要钱时，看地上的钱不够，就对我爸爸说，你来几个脑键子吧！我父亲就光着脑袋靠着地，一口气连翻五十个筋斗，他常翻脑键子，头顶上磨出一道凹痕来。"

"我爷爷过了50岁，我爸爸就顶上他的名字叫云里飞了。我爸爸会唱，会说，会表演。他撂地时，先用白沙在地面上撒几行字，'平地茶园，风来吹，雨来散，今天挣钱明天吃，人歇工，牙掉队，肠子空着活受罪'。这几行字，引了许多人来看。不一会儿，人就围上来了。他要钱的时候，有一套绝招儿，表演完了，他要过钱数数，然后冲东边观众说，请大家帮忙，要十个子儿。他把舌头伸出来，一直伸到鼻子底下，大伙儿一乐，就扔几个子儿。他又冲南边的观众也要十个子儿，他把舌头伸到鼻梁上，大伙儿一看乐了，又给几个子儿。接着他又冲西边观众还要十个子儿，他把耳朵外皮塞到耳朵里去，说要等要够了十个子儿，耳朵外皮才翻出来，差一个子儿也出不来，可人家刚扔下一个子儿，'当'的一声，他的耳朵外皮就翻出来了。最后，他冲北边也要十个子儿。这回他换了花样，脸上的五官乱动。我父亲就是靠这个本领，十个子儿又到手了，四面他全要了。"

云里飞除了在天桥卖艺，有时也到其他地方。无论去哪里，都由老云里飞扔鞋为定。每天清晨，老云里飞便脱只鞋，从屋里扔到院里，鞋头朝哪方就往哪儿去。但大部分时间是在天桥。

1937 年卢沟桥事变后，日本军占领北平，云里飞离开天桥，靠串妓院演出维持生活。他原来的场地由刘醒民接管，演员阵容也有所调整，增加了孙晓峰、“小疯子”等人，一直延续到 1957 年，才纷纷改行从事别业。

（二）大金牙

大金牙本名焦金池，只因他的口中镶有一颗金牙，而被老天桥人称为大金牙。这也就成了他的艺名。他是拉洋片中资格最老、观众最多、唱功最好的民间艺人。

拉洋片的“大金牙”焦金池（画）

拉洋片又称“西洋景”“拉大画片”或“西湖景八大片”，是清末民初后流行于民间的一种杂耍。艺人将各种画片放在箱中，让观众通过凸镜观看。艺人一边拉放画片，一边唱诵画片内容，大都是《小寡妇上坟》《刘大人私访》以及苏、杭二州的优美景致。有关江南风光的画片，唱词内容健康而优美，例如：

“往后瞧，又一篇，来到了苏州大街你再观观：一趟大街长十里，招牌幌子挂两边。钱庄当铺两对过儿，茶楼酒馆儿紧相连。路南有座美人书寓，画梁雕刻好门面。楼上坐着听书的客，跑堂儿的过来又把茶端。有几个倌人会弹唱，怀抱着琵琶定准弦；开口唱的是马儿调儿，然后改了太平年，有张生，来游寺，小小红娘把信儿传。这么些玩意儿瞧了个到，拉起一张你再慢慢儿观。”

另有些伤风败俗的画片，对人们的身心健康危害很大，《都门杂咏》中的西洋景诗云：“西洋小画妙无穷，千里山川掌握中；可笑不分人老幼，纷纷镜里看春宫。”而《燕市积弊》则更直截了当地评论其有伤风化，净仗着“饶头”（春册）哄愚人的钱。大金牙作艺时，拉洋片的内容便为之一新。

拉洋片的表演时，艺人将各种片子放在大木箱中，观众要透过箱子上的凸透镜观看。大金牙的木箱子，有五个凸透镜，坐在条凳上的五名观众各自把眼贴在镜头前，里边的画片看得清清楚楚，唱词也听得真真切切。大金牙嗓音圆润，素以唱功取胜。他所用的伴奏乐器，只有一面扁鼓和一副小钹。鼓槌是两根支点在中间的小杠杆儿，后端穿孔系上长绳，以手拉绳时，木槌上下敲打鼓面。小钹的敲击方式与鼓相同，一副钹分两面上下相对，牵动绳子上下相合而敲击。

他的画片，每幅约长一米五，宽约一米，全镶在玻璃框子里，其演唱和画片内容，主要取材于历史故事和时政类，自编自唱，如《义和团》《火烧圆明园》《慈禧西安避难》《张勋复辟》，还有北伐军炮轰武昌城的故事及《寺龟山》等。他编的唱词通俗易懂，合辙押韵，很有艺术感染力。《义和神团》是他最得意的唱段之一，其词为：

您仔细瞧来仔细看，
眼前换了又一片。
光绪二十六年六月里，
北京城闹起了义和团。
有红团，有黄团，
还有那山东来的叫老团。
大坛首，一声唤，
众团民杀声四起，地动惊天，
举刀枪，扛火药，
怒气冲冲杀进东交民巷洋鬼子的大使馆。
扑哧哧，枪扎一条线，
咔嚓嚓，刀砍一大片。
霎时间黄毛绿眼个个伸腿命归天，
只听得轰隆隆火药连声响，
只见那意、比、奥、荷各国使馆房倒屋塌，
呼啦啦的冒火又冒烟。

义和神团威名震天响，

八国联军闻风丧胆体如筛糠吓破了胆。

大金牙执细棍站在画片左侧的木凳上，边指点画片，边演唱和介绍画片内容。

乔金凤曾说：“大金牙是个矮胖子，骨骼宽大，脸型方圆，两只眼睛笑眯眯的，嘴很大，一只猪蹄子都能塞进去嚼了。他爱漂亮，包了一颗金牙，亮闪闪黄灿灿的。他有个徒弟，人儿瘦瘦的，挺精神，也包了颗金牙，人们都叫他小金牙，本名罗佩林。那会儿大金牙拉洋片，一次交一个铜板。大金牙一边推片子，一边说：‘诸位来逛天桥，要是走累了，就在我这儿歇歇腿儿，您总共花上两个大子儿，您又要真正的相片，您又听唱，您只当捧我大金牙了。诸位坐下以后，我尽力给您唱，保管不重复，我若唱重了一句，您就给我一个大嘴巴。您站在外边瞧，这个打仗的照片，人马黑乎乎的，不太清楚。您若是坐下，由我这显微镜子里一照，真看出十里地远去。个个都是本人的真相片，要不是本人的真相片，我是孙子。来来，这位兄弟捧捧我，那位兄弟也捧捧我。’这个大金牙，发誓尽绕弯儿，推到别人身上，先说我是孙子，跟着又说兄弟捧捧我。”

大金牙拉洋片（雕塑）

拉洋片中，有些是色情下流的

东西，一张宫女图，那是几个美人。一张美人出浴图，小金牙每逢拿出这张片子，故意把下边遮住，还有三张片子是根本见不得人的，他拿在手里，把它们很快掠了一下，你要想看仔细了，得坐下来仔细瞧。我国拉洋片的历史，上溯可以到唐代，所以包括的内容比较广泛，风景片、故事片、时事片、传统片等等什么都有，自然也会有伤风败俗的画片。

小金牙是大金牙最得意的徒弟，他们俩经常在一起演出，他们分别站在架子两端，一个拿洋片往木盒子里推，一个把洋片反过来，再往回推。

大金牙在天桥卖艺大约有三十年，生意一向兴隆，每日自午时演至黄昏时分，座无虚席，围观候座者更是不计其数。他那滑稽风趣的表演和即兴应景自编的唱词，给广大观众留下了深刻的印象。特别是那些表现爱国主义思想的画片和唱段，在北京市民中起到了良好的宣传作用。

（三）焦德海

焦德海是穷不怕的徒弟，深得其师的艺术精髓。他是说相声的，

著名相声演员焦德海（画）

在单口相声发展成对口相声的过程中，做出了突出的贡献，被广大观众尊为第三代天桥八大怪之一。

辛亥革命以后，天桥的演艺队伍中涌现出一批具有较高艺术水平的相声艺人，如刘德智、于俊波、高德光、高德明、高德亮、郭全宝、郭启儒等人。焦德海在这些“德”字辈的相声艺人中，是佼佼者。

相声的基本功讲究说、学、逗、唱。论“说”，要能够说出联句，出口成章，对中国古典诗词中脍炙人口的佳作以及《名贤集》中的警句要背得滚瓜烂熟，引用起来要得心应手，信手拈来。论“学”，要能模仿全国各地土语、方言，其中最见功力的是学吴语、湘语、赣语、客家话、闽北话、闽南话及粤语等方言，还有一些地区方言中大体上近似的许多地区方言，如厦门话、漳州话、泉州话等等也要掌握熟练。论“逗”，能彼此对斗口锋，互不相让，互相问候。至于“唱”，则应擅长模拟中国戏剧中诸剧种名伶人的声调与韵味，以及各种曲词。

焦德海长得十分精瘦，身子是细高挑儿，脑袋光秃秃的上宽下窄，脸上皮包着骨，骨顶着皮，小眼睛，短眉毛，大嘴，手里总拿着一把折扇。

焦德海的相声艺术特点是词句文雅、语言幽默。他说相声从来不带脏字，也绝无任何夸张的表情。但是甭管他说什么段子，只要是从他嘴里说出来的，观众听了以后都得乐。他所说的相声段子大多数是他自己动手编出来的。

据一位听过焦德海说相声的天桥老者说：“那会儿，听焦德海说相声真是一种享受。他一般是与刘德智说对口相声，是当时最为有名的一对双春相声演员。他们表演的最大特点是雅而不俗，俗不伤雅。”

据有关史料记载，焦德海说相声，无论是传统段子，还是自编的段子，也不论是大段还是小段，从头到尾，绝无污言秽语。这一点，和有些相声演员在表演中淫词浪语信口而出，国骂村骂满口胡说的情况形成了鲜明的对比，相比之下，确实高雅得多，且绝不相同。尤其突出的是他擅长寓雅词于诙谐，加之喜、怒、哀、乐、忧、思、悲、恐、惊各种复杂感情的瞬间变化，表演中往往把人逗得捧腹大笑不止，堪称上乘的相声艺术表演。

焦德海在天桥的演艺生涯中，除了自己表演之外，还传带出许多学生，他的徒弟有许多人后来都成了相声名家。

（四）大兵黄

大兵黄，本名黄才贵（后改名黄德胜），字治安。提起大兵黄来，天桥当年许多听过他“骂大街”的老人们都纷纷称赞他是个性情耿直、不畏强暴的硬汉子。因他身材魁梧，又是当兵的出身，所以得了个“大兵黄”的绰号，而他的本名却很少有人知道，即使知道也不叫他本名。

据有关史料记载，他少年时曾拜八卦掌创始人董海川的第一代传人（名字不详）学习八卦掌和八门器械。20 岁后，先后在张曜、马玉昆、姜桂题、张勋等军阀所部当兵。清光绪二十年（1894 年）他参加了清政府对日作战的“甲午战争”。1917 年 7 月，张勋在北京搞复辟，将宣统重新扶上了皇帝的宝座。几天之后，张

大兵黄（画）

勋复辟失败，“大兵黄”即从张勋的“辫子军”中退役，因生活所迫流落在天桥卖艺。开始，他只是靠练武卖艺挣钱换饭吃，后来转为对军阀权贵的罪恶进行怒骂嬉笑，揭露他们的丑闻内幕兼卖药过活。他的谩骂招来不少观众将他团团围住，每骂完一阵，就卖一回药糖。

20 世纪 30 年代，北京的一些报刊均登过“大兵黄”的照片，其形象为：头戴青缎帽盔儿，花白胡须胸前飘洒，上身穿绛紫色马褂儿，下身着黑绒套裤，足蹬青缎面千层底双脸儿布鞋，手持一只油光红润的葫芦和一挂香木念珠。如此不伦不类的打扮及其跳脚狂骂的特殊表演，遂使这位艺人排进了天桥八大怪的行列。据说他多次因谩骂被外五区警署拘禁，大兵黄全然不放在心上，一经放出，仍照骂不误。他每次开骂之前，总说：“我身上带着殃榜呢！”所谓“殃榜”，是旧时迷信，带殃榜，犹如武将抬棺而战，具有拼死之意。

老天桥艺人大狗熊说："大兵黄的个子又高又大，是个山东人。他一副老式打扮，黑缎子瓜皮帽儿，上面缀个红疙瘩，上身是黄缎子马褂儿，里面穿蓝缎子长袍儿，马褂儿外头还套件酱紫色的坎肩，脚蹬一双青缎子双脸皂鞋，一年四季下身是青绒套裤。说起他的长相有几大：个儿大、脸大、鼻子大、嘴大、嗓门大，还长着一脸络腮胡子。他骂街时表情生动，五官跟着喜怒变化，连胡子都颤悠。他的腕子上套着串念珠，一手拿根枣木棍子，一手托个葫芦。那葫芦油光闪亮的，里面装着沙片糖，那是他自己用糖和生姜片熬制的。

大兵黄在市场里茶馆儿边上，摆了张桌子，他把棍子往地下'咚'地一戳。然后左手托葫芦，右手二指一伸，表情生动地念起了《千字文》，从'天地玄黄，宇宙洪荒，日月星辰，晨宿列张。'一直背到尾。背完了，人也招上来了。看看人围得不够，他就再来段《三字经》。人都围得够多了，大兵黄叹口气便骂开了：'在下不才，做过六品官。可是时来铁如金，时去金如铁。我大兵黄如今落得这个下场，流落街头。真他妈的小舅子！这些贪官污吏，贪财好色不治国，净买小老婆。我大兵黄，报国无门，走投无路，只好把祖传的手艺拿出来，做了沙片糖，请大家尝尝。'然后，他取出糖，向人们说：'不甜不要钱！无病延年益寿，有病妙手回春。'人们爱听他骂，听他骂街，人们觉得解气，观众就纷纷买糖。"

老人们说大兵黄骂街是学问，只骂远的，不骂近的，以不挨抓不坐牢为界限。他每天下午三点左右到天桥，骂上两个钟头，到五点多回家,沙片糖也卖完了。他有句口头禅:“不骂天,不骂地,专骂贪官和污吏。”

大兵黄骂街，如同说书，骂每个军阀都是自成一段，对反动军阀的丑事给予无情揭露，一般都是有根有据的，但也有夸张的成分。比如他骂狗头将军张宗昌，说他有三十个姨太太。先把张宗昌土匪出身、投靠军阀的历史一说，然后话锋一转 :“他妈的小舅子，是望乡台上摘牡丹——不知死的鬼！真他妈的活畜类！”这段是张宗昌在任山东军务督办时，在一次祝寿宴席中，请自己的爱妾为众部下吹箫。一曲罢了，在座的师长们都纷纷称赞。可他的爱妾却说 :“奴家不如我翁公吹得好。”这个翁公是张宗昌的父亲，在早先曾当过吹鼓手。张宗昌听他的小老婆说这个，便暴跳如雷，以为是有意说他的家丑，当下便把这个爱妾枪毙了。大兵黄每说到这一段，都要将棍子使劲往地上一戳，大骂张宗昌是活畜类。

他骂大总统曹锟，更是痛快淋漓。他先为众人讲述曹锟的丑闻 :“曹锟的妈是个大麻脸，是个缠过足的小脚。有天坐马车逛大街，无意中将小脚儿露出来了。当晚曹锟再次拜见母亲说 :‘有件事禀告母亲，孩儿乃堂堂大总统，希望您今后出门，别再把小脚儿伸出去，给儿留点儿体面。’第二天，曹母外出，故意将小脚儿露在外头，让好多人都看见了。当晚，曹锟再次拜见母亲，但他还没开口，他母亲就说 : 有道是儿不嫌母丑，狗不嫌家贫。像你这样的逆子，不配当我儿子！更不配当总统！你当总统，百姓遭殃！从今往后，我不认你这个儿子！”

大兵黄揭露曹锟的另一丑闻是：有一次曹锟去浴池洗澡，看到搓澡工李某容貌姣好，体态标致，在李某为他搓澡时，禁不住兽性大发，将搓澡工鸡奸。而后，这个搓澡工竟因此而飞黄腾达，被曹锟委任为财政部长。大兵黄说到此，都气得青筋暴露，破口大骂："他妈的小舅子，曹锟这个王八蛋真他妈活畜类！"

在日本侵华时期，大兵黄将其耳闻目睹的日本鬼子罪恶行径一一向观众讲述并破口大骂，对激发广大群众的抗日爱国情绪起到了激化作用。当时的观众，都最爱看大兵黄骂大街，买他的沙片糖。大兵黄也自称每天上地摊骂街都背着棺材，脑袋早拴在裤腰带上了。对于他这样的一个充满傲骨的传奇式人物，写过《天桥史话》的成善卿先生写过一首诗赞扬大兵黄：

行伍出身大兵黄，流落天桥卖药糖。

阅尽人间不平事，破口大骂鬼魍魉。

军阀政客全不怕，也曾几次进牢房。

天生傲骨性难改，怀揣"殃榜"骂文章。

（五）沈三

沈三，本名沈友三，出生在北京广安门内牛街一个普通的回民家庭。自小就酷爱习武摔跤，他二十来岁时，以卖牛肉为业，后又当过兵。自参加杨双恩跤场后，在父辈的指导下，练就一身纯熟的掼跤技艺。

掼跤作为一种民族形式的体育运动，具有悠久的历史。据有关史料和文物证明，早在两千多年前，秦二世就已经把摔跤作为宫廷的主要娱乐项目并在民间有所发展。秦以后，西汉、晋、隋、

摔跤手沈三（画）

唐、宋、明历代，摔跤运动逐渐发展，宫廷与民间摔跤运动也日益丰富起来。

到了清代，摔跤运动更加蓬勃发展。清代各朝皇帝均十分重视提倡摔跤，设有“善扑营”，是宫廷的专业队和表演队。善扑营的跤手有三百人，由八旗部队选拔组成。善扑营分左右两翼（训练场所）。东营在今北京交道口南大街大佛寺内；西营在北京西四北小护国寺内。跤手称为“布库”，京人俗称“扑户”。布库分头、二、三、四等。

1911 年辛亥革命清朝灭亡后，善扑营便随清廷而瓦解。那些一向靠着俸禄的布库们，渐渐陷入困境，为谋生路，纷纷改行，一部分人被迫撂地以摔跤卖艺谋生，以维持生计。

北京的掼跤场，始于天桥，而天桥的掼跤场上的跤手即是从清代的“善扑营”演化而来。民国十一年（1922 年），原善扑营布库杨双恩，开始在天桥卖艺，主要练些拳脚，偶有同道帮场，则表演掼跤。第二年，有“私练”（清代食钱粮的布库叫官跤，又叫官腿；民间个人称私练或私跤）名沈三者，与杨双恩合作，在西市场东街合意轩落子馆后身儿开辟了天桥第一处掼跤场，因其技艺精湛，颇受群众欢迎，每日观者甚多。自此，清廷善扑营的掼跤技艺，外传到天桥，并逐渐形成了为广大群众喜闻乐见的一种体育运动项目。

沈三的师傅宛永顺原是天坛扑户的总管。清亡后，宛永顺没了铁杆儿庄稼，便教些徒弟摔跤。沈三年轻好强，靠自己的勤奋好学，除了做牛杂碎的生意外，便跟宛永顺学摔跤，开始他学跤只为防身，并不卖艺。

有一天，他推车卖牛杂碎来到天桥叫卖，途中碰到了当时靠打拳卖艺的杨双恩老人。沈三平常也跟杨老头儿学拳术。沈三见老人愣在地上发呆，便问道：“师傅您怎么了？”杨老头儿一言未发，眼泪却流了出来。

原来是杨双恩在天桥练了几趟拳，等到向观者讨钱时，大家却一哄而散。杨老头儿六十多岁，落到如此地步是无论如何也受不了的。

“别忙，我去找几个兄弟给您老帮帮场。”沈三一脸豪气，拍着胸脯说：“您老给我看着车，我去去就回。”

不大一会儿工夫，沈三便找来好几个平常一块儿玩跤的小兄弟，他们一个个脱光了膀子，摆好了架势，在场子上摔起跤来。场子里一热闹，人们便纷纷围过来看，观众兴高采烈。他们摔完跤，杨老头儿跟着练把式收钱，这下观众认头了，稀里哗啦往场子上扔钱。

于是沈三几乎天天前来帮场，他把货车往边上一搁，下场子撂跤。后来索性不卖牛杂碎了，和杨老头儿在天桥开起了第一个摔跤场，直到杨老头儿死后，他仍以摔跤为生。

沈三摔跤机智灵活，他善于使“绊子”。在与对手较量时，他能迅速判断对方的长处和短处，故能避其所长，攻其之短。他平常练的最好的功夫叫“窝勾”。俗称“麻花撇子”。他把平常练功用的双石头取下一边来，剩下的一个中间插上一根杠子立住，然后他用腿把这根杠子缠住,用力往起一踢,只见“嗖”的一家伙，石头能飞出一丈多远。

自 1911 年至 1956 年，先后在天桥掼跤的艺人有杨双恩、沈三、张狗子、宝三、王小孩、孙傻子、刘四宝、杨八、魏德海、徐俊清、张宝忠、满宝珍、富德才、王秀亭、郭升祥、李恩荣、文培、苏殿起、陈金泉等三十余位。除杨双恩是创始人之外，最有名的是沈三、张狗子、宝三、徐俊清、满宝珍等人。沈三和张狗子、宝三、满宝珍等著名跤手都是“换帖”（旧时异姓人结拜为兄弟，交换写有年龄、籍贯、家世的帖子称为“换帖”）的金兰弟兄，技艺上互相切磋，生活上彼此关照。与沈三能并驾齐驱的是张狗子，他 1936 年参加全国运动会获掼跤亚军（冠军是蒙古族摔跤手）。日伪时期，天桥的所有卖艺人生意萧条，张狗子离开北京，在天津“三不管”帮朋友办跤场，20 世纪 40 年代初病死天津。

沈三是 20 世纪 30 年代北京跤坛上的头把交椅。胡道生先生对沈三有过这样的描述：“沈三既擅长摔跤，又有硬气功的本领。

他的摔跤技艺精湛，比赛时能够出奇制胜。1933 年 10 月，在南京举办的第五届全国运动会上，他荣获摔跤比赛的冠军。沈三的气功表演也很见功力。他侧卧在地，头枕一摞新砖，在太阳穴处再放一摞砖，另外一个人手持铁锤猛力一击，他头枕的砖头全部击碎，而他却一跃而起，浑身上下毫无损伤。”

据有关资料记载：沈三的别业是开“清德堂”成药店，规模不大，专售治疗诸虚百损的丸药。他卖艺后期，因染上抽白面的恶嗜好，气力渐渐衰退，不能再掼跤了，只能练打弹弓或开石头，最后因吸毒耗尽膏油。一代著名摔跤冠军死于吸毒，令喜爱他的广大群众痛心扼腕。

（六）蹭油的

“蹭油的”本名叫周绍棠。他是东北人，人长得不高，挺干巴瘦的，扁脑袋留着个小平头，一双小眼睛总是眯缝着，一双大外八字脚。他在老天桥靠出售自制的去油皂为生。

蹭油的（画）

在老北京 20 世纪三四十年代的各类报刊上，都或多或少地报道过他的事迹。

乔金凤曾这样回忆过蹭油的：“他手里老提拎着一个小包铁匣子，里面装的全是药皂。他在天桥边走边唱：‘蹭呀，蹭呀，有油蹭蹭就干净呀！蹭呀，蹭呀，不管你是沾的什么油呀！香油、豆油、酱油加煤油，沾在衣服上多难看呀！给你蹭蹭包干净呀！’”

“蹭油的在天桥的人丛中眼观六路，发现你衣服上有油点儿，他便抓住你不放。‘您这儿有个油点儿，我帮您蹭一蹭，保管蹭掉，我这里有药皂，比香皂还好呢！’人家要是觉得这个油点儿不体面，就让他蹭。他从铁匣子里取出一块灰白色的药皂，蘸点唾沫，就在油点子上蹭起来。蹭过一阵，他再用一块布，蘸水擦一擦，你再一看，可不是，油点儿给蹭掉了。这会儿，蹭油的就说道：‘先生，您看，我把您衣服上的油蹭掉了，您买块药皂，要不您赏几个钱吧！’”

“一般人不是买块药皂，就是赏他几个钱。他本人也不计较对方给钱多少，就又去寻找新的有油点儿的主顾去了。他要是碰上小孩子的衣服上有油点儿，脸上立即会露出一副和蔼可亲的笑嘻嘻的模样，轻声唱道：‘蹭呀，蹭油呀！瞎吃，瞎油，瞧你多脏啊！’小孩子一见这阵势全要跑，可他又拉住人家，非把人家的衣服上的油蹭掉不可。不过，他从不跟小孩子要钱，而是叮嘱小孩子替他传名。小孩子们往四处喊：‘蹭油的把我衣服上的油蹭掉喽！’”

看来，这个蹭油的还真有一定的超前意识，而且他还找到了不花钱的最有效的宣传广告方法。

老人们都说蹭油的在天桥呆了四五十年，但什么时候来到天桥的又说不准，甚至连什么时候离开天桥的也不大有人注意他。真可谓：来无踪影传美名，去无踪迹怪人称。人们却记住了他，把他也列入了第三代天桥八大怪之中。

（七）拐子顶砖

俗话说："天桥的把式——光说不练。"可是在民国初年，在天桥出现了一位以砖见真功夫的无名拐子残疾艺人，他不是光说不练，而是光练不说。

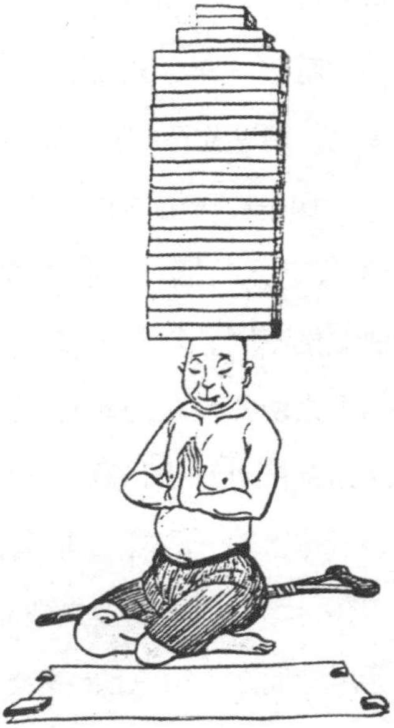

拐子顶砖（画）

这个拐子年过四旬，一条腿从膝盖处截去半条，来往拄着拐杖。无论烈日炎炎的盛夏，还是冰冻三尺的严冬，他总是袒胸露背跪于地，头顶二十余块青砖，重达百余斤，闭目合掌，似古刹壁画中的"达摩面壁"，纹丝不动，不发一言。从上到下，得有五六尺高。在他面前，几块石子压着一张地状，上面写着："拐子要钱，靠天吃饭，善人慈悲，功夫难练。"等到他要够了一天的饭钱，便把青砖一块块卸下来。拐子对赏钱观众，翕动嘴唇，似为行善者祈福，并作揖以致谢。这时，细心的人会发现，拐子的头顶上露出一处拳头大小的凹坑。由此可见拐子的功夫非同一般。

一位在 20 世纪 30 年代见过拐子顶砖的老人说："这个拐子当时大约有 40 来岁，人长得四方大脸，黑黝黝的，脸上还有极深的皱纹。他每天都到天桥，等到游人一多，他就双膝跪地，在面前展开那张地状，状子上只有十六个字（就是前面提到的十六字）。然后他把身边的二十几块大方砖，一块一块地放到头顶上摞起来，少说也有百十多斤重。他就这样跪在地上，一声不吭，仿佛哑巴一样。谁要可怜他，就扔下几个铜子，他听见后，嘴唇动动，两手作个揖，就算完了。”

拐子在天桥顶砖十几年而未尝说过一句话，这与其他靠“春典”（艺人行话，指以能说会道吸引观众而赚钱）广为招徕的做法截然不同。此人于20世纪30年代后即销声匿迹，其姓名一直不为人所知。有的人说，拐子早年为铁山寺（明代古刹，地址在北京前门外珠市口路北）的“替僧”（替代有钱人出家的和尚），因所掌管的“法器”（指僧道举行宗教仪式所用的钟、鼓、铙、钹、引磬、木鱼等器物）失盗而被方丈打残废，遂愤然还俗，后为生活所迫而在天桥以顶砖谋生。

尽管无人知道拐子的下落，但他的“光练不说”的真功夫给当年的观众留下了极深刻的印象。他被人们尊为第三代天桥八大怪之一。

（八）赛活驴

“赛活驴”原名叫关德俊。他靠自己制作的一副驴形道具，在天桥撂地表演各种驴的动作，如“驴子散花”“驴尥蹶子”“驴失前蹄”等而出了名。表演时，他的妻子乔金凤化妆骑在驴背上，手打一副三寸长一寸宽的竹板唱莲花落子，使整个节目声情并茂，身形惟妙惟肖，浑然合为一体，被广大观众所接受认可，称为“赛活驴”。

关德俊最初跑过京剧龙套。20世纪30年代，北京大栅栏广德楼戏园经常上演神话传说的剧目《八仙得道》，剧中张果老所骑的那头白色毛驴便是由关德俊扮演的。剧情中有张果老所骑的毛驴过桥，剧团为了以险叫座，特意设计了让毛驴驮着张果老从悬于舞台上空的两根毛竹上面踏过。表演时剧场内灯光大都熄灭，只有一盏橙色聚光灯照射着张果老与驴形。此时锣鼓轻击，箫声悠扬婉转，但见身穿道袍的张果老，悠闲自得地倒骑在驴背上，胯下的那头“白驴”，或摇头摆尾，或尥个蹶子，或打个响鼻儿，四蹄敏捷而熟练地踏在毛竹上，颤颤悠悠地从“上场门”一直走到“下场门”，把个毛驴表演得活灵活现，简直就同真的毛驴一般，博得全场观众的喝彩。

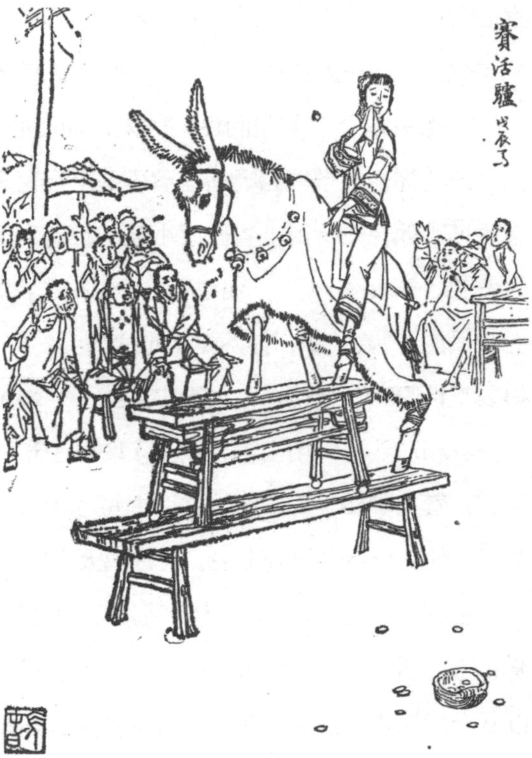

赛活驴（画）

乔金凤 16 岁嫁给了关德俊。在她未嫁到关家之前，曾跟着一个叫欧瞎子的瘦高个儿学唱过莲花落子，还曾到小小电台和几家旧时百货公司电台唱过。她的天赋和聪明，使她到了关家以后，和关德俊一同在天桥撂地卖艺时，得到了充分的发展。

关德俊是个非常聪明伶俐的人，他有心计，爱捉摸新点子，出个新花样。他觉得老唱莲花落子是个俗套子，久而久之观众就会厌烦。他在天桥街上看到了小毛驴，看到了毛驴的蠢相常常引人发笑，于是有一天，他对乔金凤说："我装扮成一头驴吧！"乔金凤说："装成驴，你不觉得难为情吗？"关德俊说："我们总得要吃饭呀！"就这样，夫妻二人找了一块黑布和竹篦子，做好了驴衣和驴头。再用白粉，画出了驴鼻子和驴嘴巴。关德俊穿上驴衣，套上驴头，弯下腰扶住两根短木棒，走动起来，果然像头驴了。他就让乔金凤骑上去，让她唱太平歌词。

就这样，他们夫妻二人练了很久，尤其是关德俊挨了不少摔，吃了不少苦，但终于练成了一头灵巧的驴子，可以上凳下凳，可以驮上媳妇抬起后蹄，可以踩玻璃球儿，还可以表演各种自己创作的技巧和节目。

一个风和日丽的天气，天桥市场上发现了一头黑驴，驴背上还驮着个小媳妇。这个小媳妇穿红袄、绿裤子，鞋面上还绣着牡丹花，长长的刘海儿把前额遮住，扑闪着两只明亮的眼睛，脸上还搽花粉，头上还戴着珠翠。驴子神气地走着，背上驮着的小媳妇放开嗓子唱道：

上得台来我心留神，
看到财神和喜神。
财神怀抱着摇钱树，

喜神怀抱着聚宝盆。

聚宝盆里有金马驹子在，

金马驹子背上驮着金人。

金人他手里捧了八个大字：

招财进宝，日进斗金。

观众越多，夫妻俩表演兴致也越浓。乔金凤只要扬鞭轻轻一抽，“驴”便放开四蹄儿跑起圆场来。正跑得飞快时，突然间失了前蹄，卧于地上，几番挣扎忽又站起，抖动一下身上的尘土，旋即腾空而起，跳上一条高而狭长的木凳，那木凳的三条腿底下各垫一个核桃般大小的玻璃球儿，另一条腿却悬空，看那驴身，却稳如泰山。喝彩声刚落，又见小媳妇横站在驴背上徐徐仰身，弯了一个非常漂亮的“后桥”（戏曲毯子功。斤斗之一种。动作与“小翻”略同，不过节奏较慢，系小翻的基本功），用嘴叼起凳面上的茶杯，紧接着一个“后空翻”，轻轻落于地下。一系列令人目眩的神速高难动作，把围观的人们惊得目瞪口

赛活驴（雕塑）

呆，直到“赛活驴”脱去驴形道具打钱时，方热烈鼓起掌来。大伙儿纷纷议论道：“这真是赛过活驴了！”

于是“赛活驴”便成关德俊的艺名。他们夫妻二人在天桥演艺界渐渐有了名声，被公认为天桥第三代八大怪之一。成善卿先生有诗赞“赛活驴”的技艺：

曾扮张果老坐骑，包银不足谋生计。

还操旧业来天桥，仍作驴身驮爱妻。

脖挂铜铃叮当响，摇尾亮掌又翻蹄。

球垫凳腿当木桥，几番上下如履地。

二十余载名声噪，绰号人称赛活驴。

“赛活驴”夫妇均已谢世多年，其绝技并无人继承。其演出形式在今天桥乐大茶园曾有演员模仿表演过。但今天的表演据“权威老天桥观众”讲：“只算皮毛，比当年关德俊差之远矣。”

天桥的丐帮

乞丐者，向人讨食吃的人也。旧社会穷人在天灾人祸或失去土地后，在身无立锥之地无法生存的情况下，只有靠乞讨为生，沦为乞丐了。乞丐的历史可以说是太遥远了，大概有阶级以来就产生了，具体的年代无法考证。

老北京有一类乞丐，是把求乞当成一种职业。这种职业，也不是谁想进就能进，得有人介绍，先得“拜杆儿”，也就是花子头儿手里的那个凭仗——“杆儿”，进了门后，还得划定乞讨的区域和路线，也就是“势力范围”，不能侵犯其他乞丐的利益。所以只有进了门，才算捧住了饭碗，不入道乱乞讨是不允许的。

乞丐这个职业，也和当年的当铺以苛酷著名一样，当年乞丐也有“刁民难惹”的名声。逢到官商富民有婚嫁寿喜的红事，丐头便率先跑去“祝贺”，若是门房、账房不理睬，甚至驱赶叱骂，那么过不了多久，在丐头指挥下，众乞丐便会轮番跑去骚扰，花样百出，直至门外来宾与门内主人不堪忍受，让门房、账房散钱施舍他们，他们方会慢慢收兵，偃旗息鼓，不然是决不会善罢甘休的。

乞丐有“软乞”“硬乞”“花乞”“惨乞”求乞方式，有如京剧分生、旦、净、末、丑一样，各种行乞当中又有许多不同的求乞花样。

“软乞”，为老幼妇女乞丐，以哀求、啼哭、喊叫达到目的。针对不同的对象，口中数来宝似的说着：“太太给我两个钱，太太长寿万万年。”“乌龟上门来，老板大发财。”“大爷大施恩，抱子又抱孙。”“王掌柜的大发财，金银元宝一齐来。”“那边要来这边要，掌柜的吃饭我来到，掌柜的，大发财，掌柜的吃饭我正来，大掌柜的发财我沾光，大掌柜的吃肉我喝汤……”“哎，掌柜的您别生气，早给一个早早去！”“要小钱的迈大步，眼前来到棺材铺，您的棺材真叫好，一头大来一头小，装上死人跑不了，装上活人受不了！”

“软乞”又分“坐乞”和“叫街”两种。

“叫街”在游动中有时也收起哭相显出凶相来，喊出：“不给财，我不来，你剩下残钱买棺材！”“你不给，我不乞，看你子死急不急！”之类的让人丧气的话。“坐乞”自然是坐在路边、手里拿着破碗或破瓢，上下颠抖着，口中喊着：“老爷、太太！可怜可怜吧！”偶尔有人扔下俩制钱在地上，赶忙趴在地上磕个响头。

“硬乞”的多为青壮年汉子，嘴上不一定有多大的功夫，主要靠动作、行为取得效果。一般又把他们的求乞方式叫“坐街”。如手持两把长刀或两块整砖，不断拍击裸露的胸膛，使胸部红肿见血，甚至皮开肉绽、鲜血淋漓。还有口中衔着几根特大号的钢长钉，手持砖头一块，当众把长钉拍入头部一个肉疙瘩中，以砖头击砸，钉缝中鲜血迸出，惨不忍睹。再如，用一条带铁钩的铁链子，将铁钩剜入锁骨之中，拖着铁链行走，铁链尾端还坠着一个大铁球，在地上滚动着哗啦啦乱响……

“花乞”则是用一些最原始的杂技手段，如舞“莲花落”（手持一根竹竿，每节挖几个眼孔，眼孔内贯几个制钱，边舞边乞）。“打玉鼓”是手持一个竹筒，一边绷着猪尿脬，以手弹拍出变化的节奏。“点凤头”是行乞者在印堂中插一根粗针，针尖顶住一只粗碗，一边摆动一边求乞。此外，还有耍青蛇、拿大顶等等方式。

“惨乞”则是指残疾乞丐的求乞。大致有“看照壁”（下肢残缺，用块烂布系着膝盖，护着臀部，坐在地上移动）。“翻太岁”（手足全残，在烂泥中乱滚）。“解粮草”（残废乞丐倒卧小木车中，两乞丐伴前挽后）。“驮石头”（男丐背负残疾女丐过街过市）等等。

有两种情况，虽属要饭，但不属于乞丐行列。

夏孙桐《乙丑江亭修禊》诗载：“……北眄黑窑台，中峙岧峣。贵人‘乞丐装’，高踞啜新醪。”夏自注：“清季，有宗室贵爵，数人相与，敝衣垢面，日聚黑窑台上，谓之乞丐装，临散，乃盥沐冠带，鲜衣怒马而去，时人怪愕，以为亡国之微。”

夏孙桐的《江亭修禊》诗，作于1925年春。当时有清朝遗老七十余人，在陶然亭行“禊日”之礼，分韵赋诗，共作诗、词百余首，夏诗是其中之一，据诗所述，可知清宗室成员，也曾涉足窑台，他们中间有些人聚饮的方式也很特别，衣衫褴褛，蓬首垢面，形同叫花子。

这是那些脑满肠肥的贵人们装出叫花子的样子来的，不能说他们就是乞丐。

再有旧社会的农村，遇上天灾，颗粒无收，过起了“贱年”。农村中有些走得动的老头儿、老太太带上孩子到无灾害的地区去讨饭。这些要饭的是本本分分的庄稼人，以种地为根本，只因赶上没有吃的年头才背井离乡去要饭，待年头缓过来，还是要回家安心种地的。因此，这纯粹是一种农村荒年穷苦农民临时性的一种谋生方式，与北京城内那种丐帮的职业性乞讨的生活方式，有着本质的不同。实际上这两种人不仅心态不同，

鸡毛小店儿（画）

往往外在相貌上也有很大的区别。因此，这种农村中农民临时性的谋生方式也不能算作乞丐。

据史料记载，北京的丐帮形成的年代大致在清代后期。

北京城内最下层的贫民大体上分布在两个区域：

一是在内城的钟楼一带。所谓丐帮（乞丐集团），大体麇集于此，每天白天由此向东、西、南三个方向推进，四处求乞，晚上再返回钟楼附近的“营盘”（门洞、街檐、穿堂、窝棚）。

一是在外城天桥一带。天桥的乞丐和内城的丐帮又有不同，他们的主体大多数是天桥卖艺的各式耍把戏的穷困艺人。他们不大流动，一般就居住在龙须沟、储子营一线往南的破杂院破屋中，也有一部分是在天桥北边的山涧口、穿堂院住火房子，因为那时冬天是乞丐们最难度过的。

火房子可以说是当时北京最低级、最简陋的客“店”了。火房子大多是在小胡同小岔子里，以僻静为主，门前并没有什么字号，只以柳条笊篱高挂为标记。这种地方肮脏污秽，一般人是不屑一顾的。火房子没有单间，也没很多的房子，只有三间（也有一两间的）一通连的房子，进屋便是柜台，为泥砌土台抹掺灰泥而成。屋内是围着墙四周的又矮又小的土炕，有的连炕席也没有。正中是一个火池子，生着煤火。有的一面土炕用木板隔出睡位来，算是“包厢雅座”。住火房子的人没有被褥，火房子也不租赁棉被，而且住客有棉衣的都不多，所以屋里的火要旺，昼夜不灭。

火房子不赁被子，有“鸡毛盖”。所谓“鸡毛盖”，就是存放着大堆的又脏又臭的鸡鸭鹅毛，供人赁用，这就是平常所说的“铺着仨，盖着俩”。把鸡毛撒在炕上，住客蜷伏曲卧其中，所说的“仨”“俩”，是说租三个钱、两个钱的。也有围着火池蹲卧取暖的，不到炕上睡去的。大概是连三个钱两个钱的鸡毛都租不起。那些无衣无被的，多半是“穿了裹皮袄，喝了烧刀子（白干酒）”，围着火炉取暖。鸡毛轻，容易着火，因此危险性很大。

住火房子的人当然大多数乞丐是常客，也时有杠房的杠夫。丧事中打执事的多半是无家可归的流民，日间各奔前程，混了个肚儿圆之后，稍有几文钱便不去露宿抱火锅（冬天以破小砂锅，内盛买吊炉烧饼的小灰，上放炭渣，用红煤球燃着，以笔管频吹，炭不熄灭，怀中抱以取暖，谓之“抱火锅”）、爬排子（从前北京各大商店皆有廊子或席排，乞丐住宿谓之“爬排子”）。

住火房子的乞丐很讲义气，偶遇阴天雨雪，不能出门，也能由有钱的出钱，约上全屋或一部分至近的人，吃抻抻拉拉（面条）、包包掐掐（饺子），三星五魁，酒足饭饱，手捧黑脸子（纸牌）过着有今天没明天的日子。

自中华人民共和国成立后，乞丐基本上绝迹了，政府给他们安排了力所能及的工作，自食其力，就不为生活所迫了，但天桥的丐帮毕竟是北京历史上留下来的陈迹，是一种特殊人的特殊群体。

赛金花结缘天桥

一代名妓赛金花给老北京人的印象极深，她的一生充满了神秘的传奇色彩，许多小说都写进了她。

赛金花原名傅彩云，祖籍安徽。她13岁从其姐居住上海。苏州原有一名妓叫金花，在傅彩云于苏州为妓后，因其貌美，故有“赛金花”的艳称。由于她先后卖身于赵、魏两家，故又有“赵灵飞”和“魏赵灵飞”两别名。1886年，她嫁于洪钧为小妾。洪钧是清同治七年（1868年）戊辰科的状元，江苏吴县人，精通西北舆地，于元史致力尤深，为断代史学专家，著有《元史译文证补》一书。赛金花归洪状元时方十几岁，而状元公洪钧已五十开外，两人年纪相差极大。洪钧由翰林院修撰累官兵部左侍郎。光绪年间（1888年），清廷派洪钧出使德国，同时可以携带夫人同往。然而洪钧的大夫人既年龄大又是一个缠足的小脚女人，而且大夫人也不愿意随其出国，于是状元公就携带了年轻貌美的赛金花出使德国。

赛金花

洪钧带赛金花1892年回国，

在柏林停留 5 年之久。身居国外的赛金花能讲一口流利的德语。在德国，赛金花与后来入侵中国的八国联军统帅瓦德西的相识颇具戏剧性。

据说是一次赛金花乘敞篷马车出外游玩，途中马受了惊，拖着车狂奔不已，幸遇当时德国陆军上尉瓦德西挺身拦惊马，方使赛金花遇险无虞。赛金花见瓦德西俊美雄武，感激之中又动爱慕之心，这个德国军官亦被赛金花的柔情艳貌所迷恋。数日后，瓦德西携鲜花专程前往洪钧官邸拜会赛金花，自此之后，两人频繁接触，情深意笃。

1893 年洪钧去世后，洪家以赛金花出身下贱，有辱洪家门风，便不留于她。大夫人给了赛金花一笔钱，让其离开洪家。赛金花旋赴上海重操旧业。数年后来到北京，为生活所迫，在前门外大栅栏西边的韩家潭（俗称八大胡同之一）继续为妓。

1900 年庚子之变，英、法、美、德、俄、日、意、奥八国的侵略联军于 8 月 14 日攻破北京，烧杀抢掠，奸淫妇女，无恶不作，对中国人民犯下了滔天的罪行。此时瓦德西已升为德国陆军元帅，并被推举为八国联军统帅总司令，在天坛斋宫就职。他经常骑马带兵在德国所管辖的南城一带巡逻。一次巡查时，偶遇分别多年的赛金花，惊喜异常，两人在街上以德语交谈，十分引人注目。消息传开，南城商贾大号为保其财产及家眷免遭祸患，纷纷求救于赛金花。赛金花亦有恻隐之心，慨然应允。她几次前往西苑仪銮殿瓦德西住所，要求其约束部队，勿再骚扰人民。瓦德西也因与赛金花的交情，言听计从。赛金花搭救了南城人民，

赛金花的住所

使许多商家铺户和市民得以保全性命和财产。

关于此事，在20世纪30年代各地报刊多有记载。当时仁者见仁，众说纷纭。当时北京大学文科研究所研究生商鸿逵先生采访过赛金花，写有《赛金花本事》一书。据记载,《赛金花本事》一书的书名为赛金花亲笔所题的。但是别人先写了字，赛金花铺上纸描下来的。赛金花虽粗识几个字，却从来未写过字，描得很不成样子。那时赛金花用的名字是魏赵灵飞，因为题签字小，描不出来，也是别人模仿赛金花笨拙生涩的字体写成。20世纪80年代，北京市政协文史资料委员会的叶祖孚同志写有《赛金花史料初探》的文章，登载于《北京史苑》第三辑。叶祖孚同志在文章中提出了自己新的观点，使人耳目一新。

1901年是辛丑年，清政府与八国联军于9月7日签订了屈辱的《辛丑条约》，9月17日八国联军全部撤出北京。此时，赛金花在妓院既做娼妓又当老鸨子。她因殴杀一名妓女而被监禁，虽行贿托人打通关节，终因人命关天，被遣送回原籍，从此结束了卖笑的妓女生涯。赛金花被解递回原籍后，不忍寂寞，又回到十里洋场的上海，不久即嫁与绅士魏斯灵为妾。婚后二年又孀居，

居仁里

因受魏夫人的排斥离开上海又回到北京，在天桥西沟旁的居仁里16号住了下来。

当时赛金花已年过四旬，柳败花残，连半老徐娘都不如，怎不门前冷落鞍马稀？生活之窘迫不言可知。她成了一个深居简出、无人相顾之人。她几乎不与世人相通，偶尔有外国人来访问她，她接待一下，以外国人给她一点儿钱维持生活。后来有些小报的记者采访她，她也接待。据说当时有的记者问到当年她与瓦德西之事，她总是笑而不答，那样子使人感到赛金花对此事既不承认，也不否认，让人自己猜测。

赛金花这个人还是挺有同情心的。她在天桥定居18年，只要她能办到的，会尽心尽力去办。家住天桥的崔金生同志在一篇《病卒于天桥的名妓赛金花》小文中说道："我在山涧口一巷19号居住时，北屋的一个大伯，夏季同我在院里乘凉，他曾多次说到他在居仁里学徒时，一次巡警阁子将他押走，就是赛金花出面去巡警阁子说情，把他领了回来，不然就要关起来。"据此推定，那位大伯是见过赛金花的。

1936年11月，赛金花病逝于居仁里16号家里，时年64岁。

赛金花家没有别人，只有一个女佣顾妈陪伴照顾她。赛金花死于凌晨四点，顾妈的哭声引来了外五区署巡官普玉，当时他正在巡逻，闻声进门，看见已停尸于床，燃“倒头灯”一盏，凄凉万分。普玉立即给《立言报》社会新闻编辑吴宗祜打电话，希望他能作为新闻报道一下。吴宗祜当天即在《立言报》上发出了独家新闻，并派人在宣武门外南柳巷报市贴出“赛金花今晨逝世，详情请看今天《立言报》”的广告。这一天，《立言报》销售额激增，竟创历史最高纪录。接着，吴宗祜又奔走棺材铺，为赛金花在宣武门外梁家园鹤年长棺材铺赊购了一口“杉木十三圆”棺材（“杉木十三圆”在北京的棺材铺中是平民使用最好的了）。棺材铺掌柜听到是为一代名妓赛金花赊棺材后，想到她当年拯救北京商铺和市民，特以半价优待。

倡议将赛金花葬于陶然亭的人，是北京史及民俗专家张次溪先生，并想请齐白石代写墓碑。当时想为赛金花书写墓碑的人很多，他们是清末翰林张海若、沈元潜，书法家邵章、张伯英，书刻家寿石工，刻竹家张志渔，刻印家吴迪生诸人等。然而大家都未如愿以偿，原来当时正权势炽热的亲日派汉奸潘毓桂（此人曾先后任华北政务委员会政务厅厅长、北平市公安局局长）以势压人，断然决定由他书写“赛金花之墓”，其碑

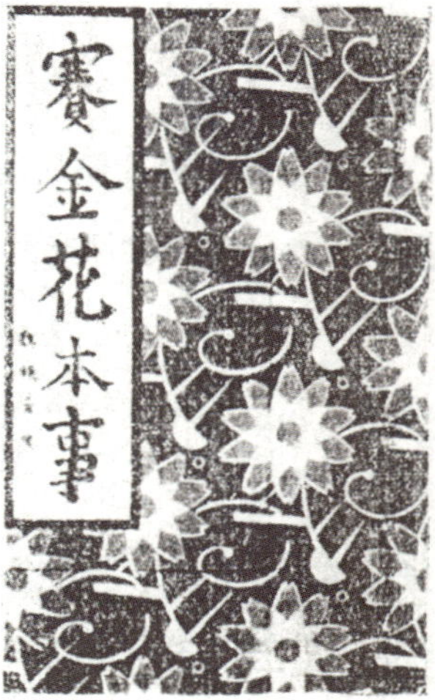

《赛金花本事》

石为黑色，字为金色，立于陶然亭慈悲院东北坡赛金花坟冢前。

1952 年北京市人民政府修整陶然亭，将赛金花的坟墓与碑石一并迁往别处。

睹物思人，老北京人十分注意居仁里 16 号院，多半是因为那里曾是赛金花居住过的院落，天桥和赛金花结下了不解之缘。

易顺鼎赋诗天桥

易顺鼎是湖南龙阳（今汉寿县）人，字仲颖，一字实父，号眉伽，别号哭庵。生而奇慧，少有神童之称。他年 15 补诸生，曾问业于晚清著名的拟古大家王闿运，在其门下读书，与湘乡曾广钧并称。光绪元年（1875 年）考中举人，他在诗词及骈文的创作方面很有成就，诗才奇绝，尤工裁对，不喜用僻典，是清代中晚唐诗派的代表人物。师张之洞，友樊增祥，文名籍长。刻诗词各一卷，名《眉心室悔存稿》，并著有《出都杂诗集》《吴篷诗录》《巴山诗录》《孔门诗集》《四魂外集》等著作留世。30 岁那年，他以同知补河南。还先后做过广西右江道、广东钦廉道（光绪中直隶钦州与廉州道台），袁世凯时代还做过代理印铸局长。

易顺鼎居京期间，频繁涉足天桥，不拘于时，且放浪形骸。民国二、三年间，易顺鼎在天桥落子馆遇大鼓娘冯凤喜，为其色艺双全而倾倒，以致旷费时日，沉湎其间，流连忘返，大似唐时郑元和遇李亚仙。他大展诗才，为冯凤喜特作《天桥曲》而名噪一时。这位举人老爷一首《天桥曲》不仅使冯凤喜平步青云，一跃成为坤书界光彩夺目的明珠，也为研究清末民初时天桥的社会状况留下了宝贵真实的资料，可以这样说，《天桥曲》是众多描写天桥之诗的压冠之作。

诗人在《天桥曲》序中写道："天桥数十弓地，而男戏园二，女戏园三，落子馆又三，女落子馆又三，戏资三大枚，茶资仅二枚。园馆以席棚为之，游人如蚁，穷人居多也。落子馆地稍洁，游人亦少。有冯凤喜者，楚楚动人。自前清以来，京师穷民生计日艰，游人亦日众。贫人鬻技营业之场，为富人所不至，而贫人鬻技营业所得者，仍皆贫人之财。余既睹惊鸿，复睹哀鸿，然惊鸿皆哀鸿也。余与游者亦哀鸿也。书至此，余亦哭矣！"

《天桥曲》诗共四十句，每句七言，每四句为一韵，变化自然，朗朗上口。全诗如下：

垂柳腰肢全似女，斜阳颜色好于花。
酒旗戏鼓天桥市，多少游人不忆家。
天桥桥外好斜阳，莫怪友人似蚁忙。
入市一钱看西子，满村叠鼓唱中郎。
不待沧桑感逝波，已看龙钟道旁多。
牛衣泣尽肠雷转，犹自贪听一曲歌。
几人未遇几途穷，两种英雄在此中。
满眼哀鸿自歌舞，听歌人亦是哀鸿。
燕乐歌舞两高台，更有茶园数处开。
何处秋多人转少？却寻乐子馆中来。
秋寒翠袖如空谷，日暮黄昏似古原。

那怪杜陵魂断尽，哀王孙又感公孙。

疏寮茶座独清虚，对菊人都号澹如。

三五女郎三五客，一回曲子一回书。

筝人去后独无柳，燕市吹残尺八箫。

自见天桥冯凤喜，不辞日日走天桥。

哭庵老去黄金尽，凤喜秋来翠袖寒。

汝久岂寒吾速老。赖寒博得几回看？

苎萝溢浦两红妆，感事怜才盖有伤！

两种人才三种泪，一齐分付与斜阳。

我们从《天桥曲》的序文中，可以了解到民国初年时天桥的面积、游艺场的数目、游人的阶级成分以及当时物价等诸多状况。易顺鼎以敏锐的眼光看出了游人如蚁的天桥，貌似繁荣而实质上无论是卖艺之人还是游客（包括诗人自己）都是在艰难竭蹶之中苦苦挣扎的“哀鸿”。诗人在诗中以词意明显而形象的语句，描绘出广大游人苦中作乐和艺人强作欢笑、鬻歌鬻舞的真实情景，表达了诗人对满眼哀鸿的深切同情。

诗人对“楚楚动人”的女艺人冯凤喜充满怜爱同情之心，从诗句“自见天桥冯凤喜，不辞日日走天桥。哭庵老去黄金尽，凤喜秋来翠袖寒”中可以看到他将冯凤喜视为风尘中的红颜知己，就有如白居易“同是天涯沦落人，相逢何必曾相识”那样，心心相印。可以断言，张恨水先生的小说《啼笑因缘》的写作，肯定受过《天桥曲》的启发与感染，恨水先生才在小说中塑造了在天桥唱大鼓的沈凤喜这个人物，演绎出一段与主人公樊家树缠绵悱恻、悲欢离合的故事。《天桥曲》一诗对天桥功不可没。

易顺鼎和齐白石老人关系非同一般，这不仅因他们是同乡和同受业于文学大师王闿运，而且还由于他们两人对天桥都有深厚的感情这个共同之处才将他们紧紧地联系在一起。据张次溪先生在《回忆白石老人》的文章中说，白石老人时常和易顺鼎一起去天桥水心亭听大鼓书，这不足以说明他们二人都对天桥有特殊的感情吗？

易顺鼎的大量诗作中，除吟咏天桥外，对北京的其他地方亦有所歌颂。他的小诗《卢沟桥》："书剑征途伴寂寥，长安日近楚天遥。南云北雪三千里，第一销魂是此桥。"清新淡雅，情真意浓，给人留下了他热爱北京风物的深刻印象。

鲁迅在天桥的足迹

鲁迅先生在北京前后生活了15年。北京的许多地方都留下了他的足迹，其中包括天桥。

鲁迅

鲁迅先生是在辛亥革命的第二年（1912年），随临时政府教育部来北京的，住在宣武门外菜市口迤南的南半截胡同绍兴会馆。当时蔡元培任教育部长。1912年5月，教育部任命江瀚为京师图书馆馆长，继续做图书馆的筹建工作。8 月 27 日开馆，鲁迅先生为筹建该馆做过许多工作。8 月 21 日临时大总统任命周树人（鲁迅）等 32 人为教育部佥事。8 月 26 日鲁迅先生兼任负责文化、艺术等方面的社会教育司第一科科长。

1913 年江瀚离职，教育部社会教育司司长夏曾佑兼任馆长。据统计，在鲁迅任职教育部的十四年中，教育部前后换了三十八次总长，二十四次次长，走马灯似的你上我下反映了各派军阀之间明争暗斗的黑暗腐败情况。在这种情况下，鲁迅先生的心情是十分苦闷、彷徨的。他一方面尽可能地在自己的职权范围内，排除种种阻力，做了一些有益于社会、有益于人民的工作。

1909 年成立的京师图书馆，1912 年教育部把它接收过来后，鲁迅先生对京师图书馆的改组、迁地、建立分馆及发展业务方面做出了巨大的努力，为北京图书馆奠定了基础。1913 年，由于京师图书馆原址广化寺偏僻，交通不便，来馆读者寥寥无几，决定另选馆址，由广化寺迁至国子监。教育部派鲁迅、沈彭年、齐宗颐、主事胡朝梁、戴克让会同图书馆工作人员按照目录清理图书，装箱封锁，办理迁移工作。

鲁迅所主持工作的教育部第一科，其业务范围是：关于博物馆、图书馆事项；关于动植物园等美术事项；关于美术馆及美术展览会事项；关于文艺、音乐、演（戏）剧等事项；关于调查及搜集古物等事项。

鲁迅先生就是在做这些工作期间和天桥地区发生过联系的。其中很有意义的一件事就是把过去皇室禁苑开辟为公共娱乐的公园。鲁迅在 1913 年作的《拟播布美术意见书》中，提出了保护自然资源和在风景优美的地方有选择地开辟公园的主张。《拟播布美术意见书》全文分四大部分：一、何为美术。二、美术之类别。三、美术之目的与致用。四、播布美术之方。在《播布美术之方》部分中说："播布云者，谓不更幽秘，而传诸人间，使与国人耳目接，以美术之真谛，起国人之美感，更以冀美术家之出世也。"

在《建设事业》段落中，鲁迅先生提出了应建立美术馆、美术展览会、剧场、奏乐堂、文艺会等建议。在《保存事业》段落中，鲁迅先生提出了"当审察各地优美林野，加以保护，禁绝剪伐，或相度地势，辟为公园。其美丽之动植物亦然"的建议。鲁迅先生亲自到天坛和先农坛做过工作考察。这在先生的日记中可以得到印证：

1912 年 6 月 14 日："午后与梅君光羲、吴（胡）君玉搢赴天坛及先农坛，审其可作公园不。"

1913 年 1 月 1 日："……午后同季市游先农坛，但人多耳。回看杨仲和，未遇。"

鲁迅先生在日记中写游先农坛时"人多"，是因为那一天是"共和大纪念日"，内务部礼俗司在先农坛设立的古物保存所免费开放，所以游人甚多。

正是在鲁迅先生的积极倡导下，北京市的皇家禁苑，在 1914 年至 1929 年期间，先后辟为市民文化、游艺和体育场所：社稷坛改为中央公园（后改为中山公园），天坛改为天坛公园，先农坛改为城南公园（后辟为体育场），地坛改为京兆公园（后改为市民公园），北海改为北海公园，并开放了中海和南海，太庙改为和丰公园（后改为故宫博物院分院），景山改为景山公园。作为溥仪私产的颐和园于1914年售票开放，并于1924年由市政府接管，正式辟为公园。明、清两代的皇宫紫禁城，成为国家的故宫博物院，1925年10月正式举行开幕典礼。

北京市的皇家园林的对外开放，天桥地区就占了两个，即天坛公园和城南公园。可以看出鲁迅先生的《拟播布美术意见书》起了极大的推动与决定性的作用。天坛有幸，先农坛有幸，天桥有幸。

邵飘萍、林白水天桥喋血

邵飘萍、林白水皆为我国新闻界的前驱。他们为正义，为真理而战，无情揭露反动军阀残暴罪行，支持爱国群众反帝反军阀的斗争，1926年被奉系军阀张作霖和张宗昌杀害于北京天桥。

邵飘萍

邵飘萍，名振青，字飘萍（他原名邵镜清，后来自己改为振青）。他生于1884年11月1日（光绪十年九月十四日），浙江金华人。昆仲五人，他行四，还有姐妹四人。其父邵桂林，原籍浙江东阳县，是清末廪生，在金华以教私塾为业。邵飘萍少年即以聪明贤达闻名于乡里。1912 年，他出任《汉民日报》主编，以犀利的文笔将袁世凯“共和其名，专制其实”的野心公之于世。二次革命失败后，袁世凯的势力伸入江浙。袁以参加二次革命嫌疑为借口，逮捕了邵飘萍并查封了《汉民日报》。邵飘萍出狱后避走日本，继续从事反袁斗争。

袁世凯死后，邵飘萍被聘为《申报》驻北京特派记者。1918 年他创办旨在“必使政府听命于民意”的独家报纸《京报》，并在北京大学新闻学研究会任导师，讲授《新闻学》总论等课程。中国共产党许多早期革命活动家毛泽东、罗章龙、高君宇、谭平山等均在北京沙滩红楼听过邵飘萍精辟见解。就在邵飘萍牺牲 10 年后，毛泽东在和斯诺谈话中，还满怀敬意地称赞他“是具有热烈理想和优良品质的人”。

1919 年 5 月 3 日晚，北京学生在北京大学（沙滩）集会，抗议军阀政府投降卖国的行径，一场革命风暴一触即发。邵飘萍应邀出席集会，在会上，他慷慨激昂，向学生披露了中国代表团在巴黎和会上的失败及反动政府的卖国真相。他呼吁说：“现在民族危机系于一发，北京大学是全国最高学府，应挺身而出，把各校同学发动起来，救亡图存，奋起抗争。”次日，即爆发了震惊中外的“五四运动”，它揭开了中国新民主主义革命的序幕。邵飘萍的名字也与“五四运动”一起被载入了史册。

由于邵飘萍积极参与革命活动，激怒了封建军阀，段祺瑞下令，查封《京报》并悬赏缉拿邵飘萍，致使邵飘萍第二次避祸往日本。

1920 年，安福系政府倒台，邵飘萍从日本返回祖国。回国后他拒绝了当局对他的收买，一心致力于复刊《京报》，集资新建报馆于宣武门外魏染胡同。新报馆落成之日，邵飘萍还拍照做成纪念明信片，分递各方。复刊后的第一个元旦，邵飘萍在《京报》特刊号上，将人们平日视为虎狼的各家军阀的“尊容”赫然公之报端，并一一题记:《奉民公敌张作霖》《直民公敌李景林》《鲁民公敌张宗昌》《除通电无所成的吴佩孚》。

1926年3月18日，发生了镇压学生运动的惨案。惨案发生后，邵飘萍在报馆闻讯，义愤填膺，立即派新闻记者和摄影记者赴出事地点调查；自己亲赴权威方面访问，直至深夜归来，即奋笔疾书，写下了那篇震动一时的讨段檄文《世界空前惨案——不要得意，不要大意》:“世界各国无论如何专横暴虐之君主，从未闻有对徒手民众之请愿外交而开枪死伤数十百人者！……不问政府借口之理由如何充足，皆不能不课以重大之责任，而况毫无理由可据乎？倘犹以为得意，是用心之险狠甚于彼等之所谓暴徒乱党矣。……此项账目，必有结算之一日。……民众方面，本报劝其不必再为与虎谋皮之愚举。昨闻青年界死伤数十百人，既痛惜政府之戕贼人民有如草芥，而种下今后之因。将来革命怒潮中，必有十百倍残酷于此之事实出现，此真未来之大危机也。政府既抱极端之主张，本报殊不愿青年徒为无意之惨死。政治中之真相，有非徒恃理论与热心所能达到者，故敢劝爱国诸君之勿再大意也。”

惨案发生后，他不断出现在各种群众集会上，利用他在群众中的威望，为反抗军阀政府的暴行而奔走呼号。在北京学生界为悼念“三·一八”殉难烈士举行的集会上，他向到会者揭露了惨案的全部真相，号召人民奋起抗争，推翻反动的军阀政府。

1926 年春，国民军退出北京，奉系军阀势力随之而入。邵飘萍和家人到外国使馆躲避，因为这时邵飘萍和李大钊、鲁迅等 48 人已被通缉，朋友们都劝他出外暂避一时，冯玉祥亦曾三次派鹿钟麟劝他随军出走，但邵飘萍为坚守舆论阵地，终未离京。不久，奸佞张翰举以“风浪已过，平安无事”等语诱致邵飘萍继续活动。4 月 22 日下午 5 时，邵飘萍回报馆料理报务，在报馆处的魏染胡同口被奉军拘捕，至此他方知为张翰举所出卖。因邵飘萍在社会上名望很大，奉军恐夜长梦多，乃于 24 日清晨押赴天桥刑场枪决。邵飘萍的家属得知后即赴刑场，刑吏告诉邵飘萍家属，他对邵飘萍深表敬意，已将其尸浮埋于永定门外，并说邵飘萍受刑之时，曾仰天大笑数声。

邵飘萍死之翌日，北京《世界日报》于头版大字标题：《邵飘萍以身殉报》。

林白水（1872—1926 年）福建闽侯人，原名獬，后易名万里，字少泉，双字宣樊，自号曰：退堂学者、白话道人。四十岁后于所著作则自署其名为白水。白水者，割少泉之“泉”字，身首各为一字，寓以身殉其所办报之意。

林白水

青年时代的林白水，即为清廷政治腐朽而愤激，并勤奋著文以倡导革命。1900年，林白水在杭州创办《杭州白话报》，以启迪民智为职责，促进民众觉醒，逐渐接受新文化、新思想、新道德。该报刊问世，开我国文化史上以白话文办报的先河，雅俗共赏。发行量居当时报刊之冠，成为反封建斗争的有力武器。

林白水早年留学日本，从事反清活动。归国后，与蔡元培在上海合办《警钟日报》，鼓吹革命，先后营救过黄兴、章炳麟、邹容、章士钊等人。辛亥革命后，任大总统秘书、众议院议员。

自1902年至1922年的20年间，林白水曾先后在北京、上海等地主办《中国白话报》《新中国日报》《公言报》《平和日刊》《新社会日报》《社会日报》等。林白水对时政洞若观火，且文思敏捷。他在各报上发表的大量文章，都以犀利的文笔揭露了当时的黑暗与腐败，鞭挞了封建统治者以及反动军阀，同情受压迫的广大人民的种种痛苦遭遇。1922年，他在所办的《新社会日报》上撰文，抨击北洋直系军阀首领曹锟以五千银圆一票的价格，收买国会议员五百九十人的臭名昭著的贿选总统劣迹，因而被曹锟拘禁三个多月，经友人多方营救始得出狱。

1926年8月5日，林白水在《社会日报》发表一篇文章，题为《官僚之运气》，文曰："狗有狗运，猪有猪运，督办亦有督运，苟运气未到，不怕你有天大来头，终难如愿意。某君者，人皆号之为军阀之肾囊，因其终日系在某军阀之胯下，亦步亦趋，不离晷刻，有类于肾囊之累赘终日悬于腿间也。此君热心做官，热心刮地皮，固是有口皆碑，而此次既不得优缺总长，乃并一优缺督办亦不能得。经某君极力斡旋，垂即提出国务会议矣，因先期宴客，以语某军阀，意欲讨好。不料某军阀大不谓然，且云某某无必须畀以某缺之必要，随便与以督办之名可矣。于是变更前议，派一刽池子差事。肾囊大为懊丧，复向某军阀啰唆。闻昨日政府又接到某军阀来缄，盖为某某进言者，且云前谈并未指明刽池子一事，奈何真使刽池，未免过于难为他矣，以后某缺如乏人，仍望为某设法。当局得信，难以置复。有人谓此亦不过当面敷衍肾囊先生，并非某军阀之真意，可以不必作答，遂搁置之。可见表示炎炎赫赫之某肾囊，由总长降格求为督办，终不可得，结果不免于刽池子之玩笑，甚矣，运气之不能不讲也。”

林白水的一篇数百字的小杂文，如标枪、匕首，投向了肮脏的政界，见者为之哑然失笑。其所谓“某君”，鲁系军阀头子张宗昌幕下号称“智囊”之潘复也。故将“智囊”说成“肾囊”，骂得狗血淋头。潘复见之，勃然大怒，遂与张宗昌于见报日紧急谋划，旋命宪兵司令王琦以“通敌有据”的罪名逮捕林白水。

当晚11时，张宗昌派兵到宣武门外棉花胡同头条一号林白水的寓所将其捉走。次日凌晨4时林白水被枪毙于天桥，终年54岁。

据当时和林白水寓所为邻居的一位叫段德民的老人讲，8月6日夜里11时许，他听见胡同里人声嘈杂，他从床上爬起来隔着门缝往外瞧，只见胡同里布满了军队，不一会儿林白水从家里被士兵押走，神色自若。他是林白水遇难唯一的目击者。

北京政协编的《文苑撷英》一书中载有唐振宇写的《目睹林白水就义》的文章，不长，现摘录如下：

1926 年夏天，我住在位于天桥西市场大街的父亲所开的春茗园茶馆中。一天早晨，我正在沉睡，朦胧中听到窗外有人高喊："枪毙人了！"我立即翻身爬起，跑出门外，出天桥西市场往南追去，将到天桥农民早菜市场时，即见七八个宪兵从一辆人力车上拽下一个穿白夏布大褂的白发老人。老人被宪兵簇拥着推上垃圾堆坡上，身子尚未立稳，枪就响了。老人倒在地上。等我跑到亡者身旁，只见躯体尚在颤动。宪兵开枪后立即离去。

为了弄明白案情，我赶忙跑到天桥桥头南派出所前去看告示，只见木牌上刚贴上一张毛笔写的布告，上书："奉直鲁联军总司令张（宗昌）谕：《社会日报》经理林白水通敌有证，着即枪毙。等因奉此，应即执行。此布。"并盖有北京宪兵司令王琦的印章。

旧社会军阀横行霸道，肆无忌惮，草菅人命。群众看此布告，无不内心愤懑，暗中哀叹而恨恨离去！

张作霖、张宗昌残酷地杀害了邵飘萍和林白水。这正是：天桥有幸送英灵，军阀无情杀二士。

1928 年 8 月 19 日，北平市各界为邵飘萍、林白水两先生举行了隆重的追悼会，地点在宣武门外下斜街全浙会馆。到会者有好几百人，他们包括各大中学校的代表、工会、商会、新闻界、文艺界以及党政军各界的代表。挽联和花圈挂满了会场和院子。林白水的女儿林慰君参加了追悼会。北平第一任市长何其巩刚上任不久，就参加了追悼会并且是主祭者。陪祭的两个人中，一个是第二集团军的代表张秀岩，另一个是政界的代表。他们三人一同率领着大家向邵飘萍和林白水的遗像行三鞠躬礼，并有献祭、

1928年于下斜街全浙会馆为邵飘萍、林白水举行追悼会后参加者合影

读祭文、各界人士发表演说等等仪式。他们都赞扬邵飘萍和林白水是为国牺牲的烈士、慷慨就义的英雄。邵飘萍的胞弟和林慰君分别致答谢词。第二天，北平的各家报纸都刊载了追悼会的情形。

1949年4月，毛泽东主席亲自批准，确认邵飘萍为革命烈士。十一届三中全会以后，邵飘萍所工作过的京报馆被列为北京市文物保护单位。1984年11月，首都各界为邵飘萍烈士百年诞辰举行盛大纪念会，国家和北京市政府领导人出席了大会，与大家一起缅怀这位新闻事业的先驱者、杰出的民主主义战士。严济慈副委员长书联纪之：“挥毫似剑伐魑魅，开一代报业新风；喋血如丹荐轩辕，树千秋志士典范。”

1985年7月30日，林白水被民政部追认为烈士。

邵飘萍、林白水可以含笑于九泉了。

抗日将领吉鸿昌天桥就义

1933年3月，日本帝国主义在占领我国东三省后，继续向长城各口进犯，妄图一举占领华北。在全国人民抗日热潮的推动鼓舞下，共产党人吉鸿昌在张家口联合了冯玉祥、张振武等人组成察绥民众抗日同盟军，掀起了新的抗日救国的高潮。

吉鸿昌(1895—1934年)河南省扶沟县人,原名恒立,字世五。他出身于一个贫苦农民的家庭，少年时代曾在首饰店和杂货铺学过徒。18岁那年，冯玉祥的军队在河南招兵，他敬重冯玉祥的为人，就到冯的部队里当了兵，很受冯玉祥的器重，后擢升为营长。1924年秋，他参与了冯玉祥将军反对吴佩孚、改组北京政府并驱逐废帝宣统溥仪出宫的北京政变。嗣后任西北军冯玉祥部师长、国民党第二十一军军长和宁夏省政府主席。1931年，吉鸿昌被蒋介石调往江西苏区围剿工农红军，在中国共产党坚持抗战方针的影响下，他幡然醒悟，坚决反对进攻中国工农红军，后被蒋介石强令出国。他先后旅居日本、加拿大、美国、古巴、英国、法国、比利时、德国、丹麦、瑞士、瑞典，考察了各国国情。回国后他写了《环球视察记》一书，由北平东方学社出版。吉鸿昌从国外考察回国后，加入了中国共产党。

吉鸿昌在察绥民众抗日同盟军中任同盟军第二军军长兼北路前敌总指挥。吉鸿昌积极对侵华日军作战，1933年7月，同盟军收复多伦。1933年8月14日，蒋介石以16个师15万兵力包围抗日同盟军。当时任同盟军总司令的冯玉祥将军被迫辞去总司令的职务。9月9日，抗日同盟军高级将领方振武、汤玉麟、刘桂堂、吉鸿昌等人召开会议，推举方振武为总司令，汤玉麟为副总司令，刘桂堂为右路总指挥，吉鸿昌为左路总指挥。会议决定：从独石口向大水峪、怀柔、密云方向进军，限阴历八月十五日进攻北平。抗日同盟军方振武、吉鸿昌部于9月底开始在北平外围与日军和国民党部队作战，袭击昌平，攻占明陵，转战于平北高丽营及大、小汤山一带。在汤山战斗中，方、吉联军伤亡惨重。当方、吉率兵东去，行至潮白河时，为河东日军所阻。何应钦复派大军围攻，日军以飞机配合轰炸，激战至16日，方振武、吉鸿昌联军弹尽粮绝，被迫接受和平解决。余部6000余人被缴械。至此，察绥民众抗日同盟军完全失败。方振武、吉鸿昌两人在解往北平的途中巧妙逃脱。

吉鸿昌逃脱后继续在平津一带从事抗日活动。1934年4月10日，中国共产党发表了《为日本帝国主义占领华北并吞中国告全国民众书》，号召全国人民行动起来，一致对日作战，建立反对日本帝国主义的统一战线。吉鸿昌在党的领导下，积极响应这一伟大的号召，在天津开展抗日统一战线的革命活动。他与宣侠父、南汉宸以及任应岐将军一道，联络各派抗日民主人士组成中国人民反法西斯大同盟，被推选为主任委员。他还和宣侠父等人创办了抗战刊物《民族战旗》杂志，以杂志为武器，宣传抗战到底，并继续准备武装抗日活动。

吉鸿昌这种誓与日本帝国主义斗争到底的革命行动，早已被蒋介石和亲日派头子何应钦恨之入骨。他们为了除掉吉鸿昌，遂

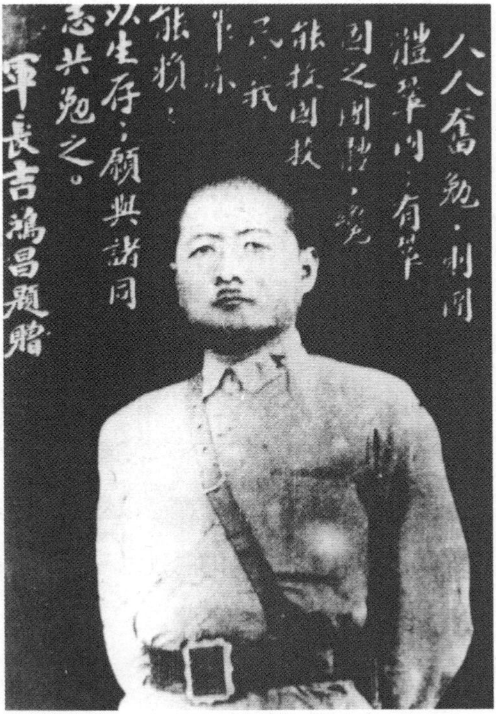

吉鸿昌将军

由国民党特务机关“中华民族复兴社”（亦称“蓝衣社”）核心组织“力行社”所属特务处处长戴笠，亲自制定了暗杀吉鸿昌的秘密计划。1934 年 11 月 9 日傍晚，吉鸿昌在天津法国租界的国民饭店与上级派来的同志接头，被暗中监视的特务刺伤而被捕。第二天被租界工部局审讯，14 日被“引渡”给国民党政府，囚禁于天津蔡家花园的陆军监狱。11 月 22 日，与吉鸿昌一同被捕的任应岐将军同时由天津被解送军事委员会北平分会受审。11 月 24 日清晨，他和任应岐将军一道从北平陆军监狱（地址在东直门内炮局胡同）被押往天桥西刑场枪杀。附带说一句，北京城历代杀人的刑场有几处地方：元大都时在柴市（今交道口），明代在西四，清代在菜市口，民国时期转到了天桥。

吉鸿昌就义时，拒不下跪。他在刑场上慷慨陈词：“我为抗日而死，绝不能下跪！我不能背后挨枪，我要正面坐着死！”他目光如炬，大义凛然，吓得刽子手们举枪的手发抖不止，无奈中只得从附近煤铺借来一把椅子给他坐。吉鸿昌身披大衣，面东正襟危坐（凡在天桥被处死者一向都是面西而跪），他顺手从地上捡起一根树枝，在地下写出了一首惊天地、泣鬼神的悲壮诗："恨不抗日死，留作今日羞；国破尚如此，我何惜此头！"其忠贞爱国的浩然正气令敌人失魂落魄。枪响了。罪恶的子弹从吉鸿昌的目鼻间穿过，吉鸿昌伟岸的身躯倒在血泊中。这时，负责砸镣铐的狱卒崔四，将烈士所穿的皮领大衣与皮靴一并扒去。

吉鸿昌和任应岐在天桥英勇就义后，北平、天津、上海等地的多家报纸都作为重大新闻予以报道，许多在天桥卖艺的穷苦艺人们亲眼看见英雄就义的情景，无不为之感动。

齐白石大师在天桥

白石老人是我国人所熟知的国画和篆刻大师。1864 年 1 月 1 日生于湖南湘潭白石铺杏子坞，和毛泽东主席是同乡。他自幼聪慧过人，勤奋好学，有绘画天才，但因家境贫寒，仅读过半年蒙馆，15 岁时为生活所迫，拜周之美为师学习雕刻技术。27 岁时又拜湘潭名士胡沁园、陈少蕃门下学绘画。他 35 岁那年，从师于湖南近代著名学者、文学家王闿运，使自己文学功底大进。后结交当地文人，学习绘画、篆刻、诗文、书法，以卖画、刻印为生。老人原名纯芝，字渭清，后改名璜，字濒生，号白石，别号借山吟馆主者、寄萍老人等。

白石老人曾于1903年和1917年两次小住北京，为时共半年。1919年湖南境内军阀混战，土匪横行，家乡连遭兵燹，遂来北京，经友人介绍，暂住在天桥以西、陶然亭以北的龙泉寺内。因其初到北京，不被人了解，加之他的作品画风笔墨恣横，意境冷寂而难得人赏识，甚至被一班自命为“正统画家”的人所轻视，他们讥笑白石老人的画是“旁门左道”“不能登大雅之堂”。当时有一位自诩“科榜名士”的人攻击他最是不遗余力。1931年前后，白石老人虽已名满天下，而毁谤他的人仍时有不断。当时京华美专有一个诨名“周斯文”的校董，是个极腐化的官僚，向来妄自尊大，以为老人生长寒门，做过木匠，是个不学的人，将老人的作品批评得一钱不值，说他是“不守古法，完全是野狐参禅”。白石老人坦然自若，并不讳言早年的寒苦出身，也不貌为高古，自招身价，常说：“我本是个穷人，不懂得古法，还劳周斯文废话！”

龙泉寺，离天桥较近，他每得闲暇常漫步于天桥，以为消遣。老人与天桥的情缘即从那时开始。天桥的大小艺场、茶馆儿、酒铺儿，几乎到处都有白石老人的足迹。他曾经常陪同近代诗人易顺鼎前往水心亭内“天外天”和“藕香榭”这两家落子馆儿听大鼓，因而对水心亭这一游乐场的兴衰历史、建筑格局以及周围的景致都了如指掌；而对清代黄仲则等诸多诗人登天桥酒楼宴衎并吟咏天桥风景的轶事，如数家珍。

白石老人与北京历史学家、民俗学专家张次溪先生是来往多年的忘年交。张次溪先生12岁时就认识白石老人了，加上次溪先生的父亲张篁溪与白石老人共同受业于王闿运夫子门下，他们两人是同门关系，可以说是两家数代有交谊的。1933 年，张次溪先生为撰写《天桥志》屡访天桥，白石老人数次陪同他去天桥采访。张次溪先生在一篇《回忆白石老人》的文章中写道：

1933 年前后，我在北平研究院工作，编纂《天桥志》。老人对我说，他 1919 年定居北京之初，住在龙泉寺，卖画刻印，很是清闲。日长无事，就常到天桥去消遣，对于天桥一带的掌故和景物，他都知之甚详。1917 年，曾有商人鸠赀在先农坛的东坛根，凿池引水，种稻栽莲，辟作“水心亭”商场，设有茶社、酒肆、落子馆等娱乐场所。沿河筑长堤，夹岸植杨柳，中峙一楼，是用席木构成，建筑虽很简陋，而四面玻璃窗扇，光净明亮，可以远眺。东、西、北三隅各建草亭，八角、六角、三角，形式各异，很为别致。环亭都是流水，上跨木桥三座，桥身很高，小船可以通行其下。西堤、北堤，设有木栅门，购券始得入内，夏日倒是消暑妙境。后因遭了火厄，未曾修复，其他售归电车公司，“水心亭”之名遂如昙花一现，不复可寻。事隔多年，这个地方我已有点模糊，老人却记忆得很清楚。他说：水心亭有两座比较好的落子馆，一座名天外天，另一座叫藕香榭，他同易实甫（顺鼎）是常去听大鼓书的。他还说，黄仲则（景仁）、洪稚存（亮吉）、武虚谷（亿）、张船山（问陶）等，都曾酣饮于此，各家的诗集中，皆有述及。我当时为给《天桥志》搜集材料，屡次访问天桥，老人也趁便同我去过几次，在茶社憩坐，在酒肆小酌，也曾在落子馆看过杂耍。我见他玩得很兴味，便向他建议：“何不画图纪念？”他说：“从前张船山画过《天桥春望图》，近人陈师曾也画过《天桥买醉图》，似可不必续貂了。”我陆续写了好几种天桥的文稿，都曾给他看过，他提了一些意见，我都采纳了。

中华人民共和国成立以后，白石老人获得了“中国人民杰出的艺术家”的称号。毛泽东主席派人送去四件礼物向老人表示祝贺。这四件礼物是：一坛湖南特产茶油寒菌、一对湖南胡开文笔铺特制的长锋羊毫书画笔、一支东北野山参和一架鹿茸。白石老人精心绘制了《旭日老松白鹤图》和《祝融朝日图》送给毛泽东主席以示感谢。白石老人还当选为中国美术家协会主席、中国画院名誉院长。1957 年 9 月 16 日在北京逝世。

“天桥马连良”

久居北京南城的老北京人可能还记得，爱看京剧的人在 1948 年至 1951 年那几年，看不到马连良的戏了，因为马连良当时旅居香港。戏迷们看不到马连良的演出，便纷纷奔天桥去欣赏“天桥马连良”献艺。这个被大家称之为“天桥马连良”的人叫梁益鸣，在天桥唱了半辈子戏，在“天乐剧场”演出时间最长。戏迷们都认可梁益鸣这位矢志马派艺术的京剧艺人，从台风到扮相，从剧目到服饰，从唱念到表演，甚至顾盼举止，与马连良无一不似。加之梁益鸣见大家喜欢看，就把自己原有的马派剧目，逐一对照整理，经过加工，比原来又有很大的提高，于是使越来越多的热爱马派艺术的人纷至沓来，“天桥马连良”的声誉益加闻名遐迩。

梁益鸣和张宝华合演京剧《打宝瑶》剧照

梁益鸣 1915 年农历七月十六日出生于北京郊区通县小甘棠村一个贫苦的农民家庭。家中四口人，有两间土房和几亩地，过着糠菜半年粮的苦日子。1920 年京东大旱，庄稼颗粒没收。他的父亲为生计所迫，不得不去开滦煤矿挖煤。1921 年矿井塌方，父亲右臂被砸断而为矿主辞退。他的母亲望着失去右臂的丈夫和嗷嗷待哺的一双儿女，忍痛去到京城给人家当保姆。她没日没夜苦干，收入还买不到半袋面。

梁益鸣 8 岁那年，母亲把他送到北京天桥张起家，请张起帮忙给他找个学本领的地方。张起是梁益鸣的姨夫，京剧演员张宝华的父亲，此时正在天桥“群益社”科班管事。由于科班成立不久正在收徒，于是张起为梁写了关书（入科时的文书），梁踏上了京剧艺术之路。他本名叫梁大龙，进科班学戏，沿“益”字排行，改名叫梁益鸣。

过去学戏和现在不一样，全靠师父"打"出来的。艺徒生活，一般人难以想象，学戏八年，简直就如坐了八年大狱一样。艺徒们吃住条件十分差，虽说孩子们正是长身体的时候，每天只是玉米面贴饼子、稀菜汤。只有在每年正月初一到初五、八月中秋节这几天，科班才改善一下伙食，吃几顿细米白面，还能吃上点儿肉。群益社在天坛西坛根租了九间平房，师父们占去三间，其余六间则是五十多名孩子吃饭、睡觉、练功、上课、排戏的场所。孩子们挤在一条大炕上，睡觉时连翻身都困难。师父从早到晚棒打鞭抽，小小的梁益鸣曾产生过轻生的念头。有一次，师父教他《四郎探母》中杨延辉的四句"流水板"："把头的儿郎要令箭，翻身下了马雕鞍。背后取出金批箭，把关的儿郎你们仔细观。"这四句唱难度并不大，但梁益鸣学了多遍仍然走调，师父见此情形，抡开双臂，左右开弓，扇了他的耳光。11岁的梁益鸣顿时口吐鲜血，还不敢哭出声来。打完后师父让他在院里"站桩"，大冬天冻得他手脚麻木，嘴唇发青，也不敢动一动。这种办法在科班里是常事儿。群益社还有个制度叫"打通堂"。一个孩子学戏不用心或是做错了事，大家都得跟着他挨打。为了《四郎探母》四句唱词，全班跟着他挨了两次通堂，他自己也被打得晕死过去两次。

梁益鸣虽天赋不佳，但韧性强，缺乏灵气，有股傻气。这韧性和傻气又恰是一般天赋优越、资质卓异的孩子所不具备的。年复一年，月复一月，孜孜不倦，水滴石穿，几年后，他成了戏班的"台柱子"。

梁益鸣是个未入马派师门的私淑弟子。他学习马派艺术纯属偶然。1938 年，他在新新戏院看了一次马连良、郝寿臣、张君秋、马富禄、叶盛兰等人合作演出的京剧《串龙珠》（原名《反徐州》，为晋剧本。1938 年丁果仙把剧本赠给了马连良，由吴幻荪执笔，改编成京剧）后，对马派艺术产生钟情。从此，每当马连良演出，他都追着去看，买不到坐票，站着也要把戏看完。回来后又探微求奥，苦苦揣摩，然而这种耳闻心记的观摩终是收效甚微。他曾托人走门路，欲以师徒之礼拜在马先生门下，但因种种原因，未能如愿。对此，梁益鸣深感遗憾，但也成了他掌握马派艺术的动力。他不惜重金聘请对马派艺术研究有素的专家给自己授课，向马先生的师友以及早年与马先生合作过的鼓师、琴师和演员们（如萧长华、姜妙香、于连泉、郝寿臣、侯喜瑞、李慕良、马富禄、刘连荣、赵荣琛、叶盛兰、迟金声、刘雪涛等人）求教，甚至那些年纪比自己小、艺龄比自己短的马派弟子，他也登门求教。这种广师博求、不耻下问的好学精神，使梁益鸣从剧目演出到表演风韵等，都不同程度地得到了马派艺术的精髓。

勤能补拙，熟能生巧。梁益鸣在自己钻研马派艺术的刻苦实践中，发明了一种唯他自己才能识别的记录符号。数年之后，他除了学到了《借东风》《空城计》《春秋笔》《清风亭》《十道本》《将相和》《淮河营》《四进士》《苏武牧羊》《十老安刘》《龙凤呈祥》《打渔杀家》《六出祁山》《胭脂宝褶》等一系列马派剧目外，就连马连良先生早年经常演出的而后来久辍舞台的《南天门》《火牛阵》《骂王朗》《淮安府》《朱砂痣》《武乡侯》《四郎探母》《游龙戏凤》

《舍命全交》《二堂教子》等，他也通过各种间接渠道记录了下来，然后按照自己的理解去融合吸收，在天桥实践演出。这种师其意而不泥其迹的学习方法收效甚好，他终于赢得了“天桥马连良”的美誉。

精诚所至，金石为开。1959 年在张梦庚的帮助下，梁益鸣终于实现了拜马连良为师的夙愿。这中间还有着一系列的故事呢。

马连良先生的戏风、戏德梁益鸣早有耳闻并为之倾倒。尤其是中华人民共和国成立初期，马连良先生不为台湾当局高薪邀请所动的高风亮节，毅然应周恩来总理之邀回到内地和那不避艰险主动赴朝参加慰问志愿军演出的行动，那种平日严于律己、宽以待人、虚怀若谷、授业无私等优秀品质更令梁益鸣心悦诚服，仰慕之极。

1959 年 6 月，北京市文化局副局长张梦庚深知梁益鸣存于心中多年的心事，决定亲自出面为之斡旋。张梦庚向马连良老先生讲述了梁益鸣私淑马派艺术的感人事迹和梁益鸣的宿志。马连良先生颇受感动，但又想到自己桃李遍及全国，授业传艺日无暇给；且梁益鸣已过不惑之年，艺臻佳境，收下这个弟子该当如何施教，深感棘手。但马连良先生还是被梁益鸣多年来的一片赤诚之心所感动，最终慨然应允了。

梁益鸣得知这个消息后，顿感喜出望外。那天下午，便在张梦庚的陪同下拜谒了马连良先生，同时还商讨了有关拜师事宜。6 月初，当时已是鸣华京剧团团长的梁益鸣带领师兄弟们以及鸣华京剧团全体成员，在北京前门饭店举行了隆重的拜师仪式，在京文艺界专家名流、数百人出席祝贺。梅兰芳、萧长华等艺术大师还即席讲了话。59 岁的老师收了个 45 岁的门徒，一时成为梨园的佳话。从此，马连良先生倾心尽力向梁益鸣传授马派艺术。经过一年多的时间，梁益鸣演出的马派剧目，基本上都经过了老师认真的点拨和调理，使梁益鸣在艺术成就上百尺竿头更进一步。

入室弟子梁益鸣对马连良先生一片赤诚。20 世纪 50 年代末，梁益鸣带剧团去东北演出，回北京时，给老师带回几筐苹果。60 年代初，他去西北演出，回北京时又给老师带回了几包当时供应紧张的鲜牛肉。梁益鸣的妻子分娩时，乡下亲戚送来了一只老母鸡，他想老师很久吃不上鸡肉，于是征得妻子同意给老师送了去。1964 年夏天，64 岁的马连良先生赶排现代戏《杜鹃山》，十分辛苦。一天，梁益鸣听说老师患病在家，连忙冒着滂沱大雨，撑着雨伞到西单报子街马宅看望。由于鞋已被泥水浸透，梁益鸣进门时便轻轻把鞋脱在门外，赤脚而入。马连良先生十分感动，亲自从门外给他把鞋提了进来。

马连良先生十分理解梁益鸣，可以说是既感且愧，对他的馈赠虽多婉谢拒收，但梁益鸣尊师重艺之心苍天可鉴。

梁益鸣和天桥有一种特殊的感情。

1955 年，梁益鸣早已有不小的名气了。当时一个国家大剧院正在组建，特约梁益鸣去担任主演，许下月工资人民币 1000 元。梁益鸣谢绝了。理由是自己从小在天桥长大，他不能丢下天桥，丢下天桥的观众。他和张宝华、王益禄等人苦心经营的鸣华京剧团十几年来风风雨雨，他是团长兼主演，每天至少唱两出大轴戏。

他每月工资才拿150元，按说鸣华这个集体所有制的剧团，财务支出不受国家制度约束，想提高工资极容易，他却把公共资金积累全用在了扩大剧团基本建设和培养京剧接班人上了。他们团招收50多名京剧学员，培养出李士明、宋宝奎、侯宪政、顾金水、黄胜春、王世刚、张少华、吴小平、林雅文等一批后起之秀。

梁益鸣为我国京剧事业的发展做出了贡献。他曾是宣武区政协委员、区人大代表，北京市文联及中国音乐家协会、中国戏剧家协会会员、理事。然而就是这样一位献身于京剧事业的演员，“文化大革命”中却被扣上“攻击旗手”“反对样板戏”的罪名。他受迫害的理由还有一条，那就是1962年春，他和马连良一样上演了吴晗的新编历史剧《海瑞罢官》，马连良为此含冤而死，梁益鸣也戴上了“天桥大黑帮”的帽子。“天桥马连良”没人叫了。他的工资一降再降，降到60元。最后，干脆一次发给他半年工资，轰出京剧团，成了一名走投无路的无业者。

1970年10月18日，梁益鸣在北京协和医院忍辱含垢离开了人世。十一届三中全会以后，梁益鸣得到平反昭雪。

魏喜奎天桥唱大鼓

北京曲艺曲剧表演艺术家魏喜奎1925年8月出生于河北蓟县一个曲艺艺人家庭。她的父亲魏永富、哥哥、嫂嫂都是以唱乐亭大鼓为业的。20世纪30年代，魏永富唱乐亭大鼓响遍京东各州县，素有“盖京东”之称，走到哪里，响遍哪里。

“乐亭大鼓”源于民间小曲儿，自清朝乾隆六年（1741年）开始自立门户，形成特有的形式。到了清光绪初年，当时有一位叫温荣的艺人，改用铁板、弦子、鼓为伴奏乐器。当他从乐亭来北京献艺时，为说明这种曲调是乐亭特有的，才叫“乐亭大鼓”。由于是用铁板伴奏，所以“乐亭大鼓”也叫“铁板大鼓”和“铁片大鼓”。

曲剧著名演员魏喜奎

魏喜奎从懂事时起，就受着弹唱艺术的熏陶，自己也学着哼哼，摸摸弦子，用手指拨拉拨拉丝弦。她5岁就随父亲到营口、天津等地说唱，6岁时就能唱上几口大鼓书了。鼓书艺人在旧社会是没有社会地位的。她的父亲不想让自己的女儿再学艺，免得像自己一样饱受歧视与压迫。尽管小喜奎天生的一副好嗓子、俊模样，学艺的自身条件也很优越，可老人不愿意再让她吃这难吃的饭了。魏喜奎12岁那年，父亲突然病倒，借钱治病欠下不少债，她为了挣钱治好父亲的病，瞒着父亲出去唱了三天大鼓。没想到，竟闹了个“挑帘红”，挣了一些钱，还清了债务。父亲见事已至此，狠了狠心，只好允许女儿正式登台演出。

她13岁那一年（1937年）随父兄来到北京天桥，学唱唐山大鼓（乐亭大鼓的一个支派），不久就赶上曲艺同业为纪念祖师爷周庄王生日（阴历四月二十八日），在北京庆乐戏院（在前门外大栅栏路北）举行联合义演。经当时曲艺公会会长曹宝禄推荐，她得以在这次义演中首次登台，不仅博得观众好评，而且得到同行的嘉许。继而她又随曹宝禄在电台演唱，于是魏喜奎的名声在北京天桥与日俱增。

魏喜奎自小有深厚的艺术功底，加上她勤学苦练，冬练三九，夏练三伏，尤其可贵的是她善于借鉴其他曲种，形成了自己的大鼓艺术风格。她曾向著名的曲艺前辈刘宝全（京韵大鼓艺人）、金万昌（梅花大鼓艺人）、王佩臣（铁片大鼓女艺人）、白云鹏（京韵大鼓艺人）、骆玉笙（艺名“小彩舞”，京韵大鼓女艺人）等求教以深造。此外，她还向京剧名演员筱翠花（于连泉，花旦演员）、荀慧生（四大名旦之一）、马连良（20世纪30年代四大须生之一）、吴素秋（青衣、花旦女演员）以及“评剧皇后”白玉霜和她的养女小白玉霜等讨教表演艺术，将各家之长熔于一炉，使自己在天桥演出的大鼓表演艺术达到了唱腔圆润内敛、唱法有纵有收、变化自如、表达情感酣畅淋漓的境界。

在旧中国极不公平的社会里，艺术再好唱得再红也是“下九流”，极为低下。只有在社会主义的新中国人人平等的社会里，艺人才真正获得了应有的社会地位。魏喜奎可以说是个时代的幸运儿。北京解放了，天桥天亮了。魏喜奎也和其他艺人们一道迎来了艺术的春天。

北京解放后，魏喜奎紧跟时代的脉搏，勇于奉献自己的艺术，积极演唱歌颂新社会的新曲艺节目。她以演唱老舍创作的宣传婚姻法的曲剧《柳树井》，正式踏上戏剧舞台，名震曲坛。她与同行对以单弦为主的北京曲艺进行加工提炼，融京韵大鼓、梅花大鼓于一体，发展成为现代独具风格的北京曲剧。20世纪50年代初，她表演的《妇女代表》在首都荣获一等奖。她还先后创作与改编了《老顾问》《丹桂飘香送英雄》《钱包》等20多个剧目。抗美援朝时期，魏喜奎参加了赴朝前线慰问团。

新生的曲剧在1954年继魏喜奎主演的《妇女代表张桂蓉》之后，达到了一个新的高度。曲剧《杨乃武与小白菜》的成功演出，标志着曲剧也标志魏喜奎的表演艺术有了新的升华，显示了她演唱艺术的功力。值得一提的是，《杨乃武与小白菜》的演出受到了敬爱的周恩来总理的亲切关怀和具体指导。《杨乃武与小白菜》1957年初在前门小剧场上演。一天晚上，日理万机的周总理通过小胡同，步行来到剧场，自己买票看了《杨》剧。散戏之后，周总理和全体演职员亲切座谈了两个小时，他对剧的主题充分肯定，同时提出了具体的意见，还提出请老舍先生帮助加工。在周总理的重视和各方的支持下，《杨乃武与小白菜》后来由北京电影制片厂拍成电影，向海内外发行。从此曲剧也被介绍到了国外。

魏喜奎多才多艺，她还是一位优秀的电影、电视演员。她不仅把主演的曲剧《箭杆河边》《杨乃武与小白菜》等搬上了银幕，而且还把著名小说家张恨水先生的名著《啼笑因缘》由小说改编成戏剧，又把戏剧改编成四集电视连续剧。那年她已经 58 岁了，主演剧中的唱大鼓书的青年女子沈凤喜，风韵依然不减当年，给观众留下了深刻的印象。

魏喜奎将曲艺艺术带向世界。

1957 年，魏喜奎到苏联参加了世界青年联欢节。在那次联欢节上，她获得了金质奖章。后来，她又两次去美国、一次去日本进行访问、表演、讲学。当时海内外新闻媒体都用醒目的标题进行了报道。

值得提出的是，每次去美国参加活动，美国的《时代报》等大报刊都以醒目的标题，显著地作了报道。魏喜奎的名字和她的曲艺艺术，曾在美国风靡一时。现摘其精彩的段落，亦可见一斑：

1984 年 3 月 23 日，《时代报》报道："中国曲艺名家魏喜奎，昨离旧金山赴华盛顿，参加中国说唱艺术研讨会年会，并将赴美、加各大学访问。"

文中称："应邀来美参加《东方说唱研讨会》年会的中国著名曲艺家魏喜奎女士和弦师韩德福先生，在旧金山停留两天，于昨晚启程前往东部，参加自今日起一连三天在华盛顿举行的年会。今年的年会由哈佛大学教授赵如兰主持。魏喜奎女士除了在年会上报告中国曲艺界的状况之外，并将在会上表演她的曲艺，表演的项目和内容为:(一)单弦'杜十娘';(二)奉调大鼓'鞭打芦花'、'宝玉哭黛玉';(三)乐亭大鼓'王二姐思夫'。会后魏女士和韩弦师将在哈佛大学参观和讲学，停留约一个月。然后将应石清照教授之请，前往加拿大多伦多大学访问，并介绍中国曲艺发展。此外，并将应各电视、广播等单位之邀请演些访问节目。”

“昨天魏喜奎等由金山海韵剧社负责人赵柏溪和曲艺家吴召南安排，在旧金山会见了记者，世华电台并录制了魏女士的表演，将在周日晚间四十八频道播出。研究中国曲艺的美国著名教授白素贞，昨天也专程来旧金山参加聚会。魏喜奎女士是大鼓类曲艺硕果的前辈艺人，对延续和发展中国曲艺有光辉的成就。目前担任北京曲艺团的副团长，也是剧协副主席，全国文联委员。家庭生活非常美满。她丈夫周桓先生是北京剧院的编剧。女儿已婚，在外贸公司任职。”

相声大师侯宝林

著名相声演员侯宝林，1917年出生在北京的一个贫寒之家。他卖过冰核儿、豌豆和报纸，还要过饭。他12岁那年到天桥随天桥老艺人“云里飞”学简易京剧，演过生、旦、净、丑等不同行当“一人多角”的剧目。他同其师及师兄同搭“云里飞”戏班串妓院卖唱。侯宝林15岁时，卖唱之余常到鼓楼及西单商场各艺人的场子里观摩学习，由于受常宝臣、高德明、朱阔泉等相声老艺人的影响，对

侯宝林

说相声产生了浓厚的兴趣。在他 21 岁那年，正式拜朱阔泉（俗称“大面包”,20 世纪 40 年代后期贫困,其妻沦为下等妓女）为师，改习相声。这一时期，他除在北京，还到东北各地献艺。

抗日战争初期，侯宝林在北京待不下去了，他伙同天桥相声艺人郭启儒去天津燕乐戏院（著名杂耍场）、小梨园（正统的曲艺场子）、大观园（一流的曲艺场子）、群英等地演出达五年之久，通过剧场和广播，声誉大振，轰动了天津卫。当时他能和津门艺人常宝堃（艺名“小蘑菇”）平分秋色，艺术上也是各有千秋。1943 年曾在天津组织北艺话剧团，历时虽然只有两个月，但为相声吸取戏剧手法进行了有益的探索。回到北京后，他在凤凰厅等处继续卖艺演出，表演的相声《戏迷杂学》《闹公堂》《妓女打电话》《卖布头》等节目脍炙人口,家喻户晓。北京解放以后，侯宝林和在天桥卖过艺的相声艺人一起加入了中央广播文工团说唱团。从此，他这个饱经旧社会沧桑的相声艺人翻身得解放，在艺术上也进入了一个新的发展时期。

中华人民共和国成立后，他受到党和政府的关怀与重视，给了他很多的荣誉和地位。毛主席很爱听他说的相声，有位西班牙记者访问侯宝林后，写了篇报道 :《一个能使毛泽东发笑的人》。他曾多次到北京中南海去给毛主席说相声，最多时每周两次。毛主席是听他相声节目最多的人，他一共为毛主席说过 150 多个段子。党和国家领导人的关怀与重视对侯宝林是个极大的鼓舞。他积极学习政治、文艺理论，整理传统与演编新相声。他整理演出的有《改行》《戏剧杂谈》《戏剧与方言》《空城计》《关公战秦琼》

《一贯害人道》《杜鲁门画像》《夜行记》《离婚前奏曲》《种子迷》《醉酒》《百分迷》《婚姻与迷信》《阴阳五行》等，在群众中有着广泛的影响。1950 年 1 月，他与罗荣寿等 11 人发起并建立了北京相声改进小组，为改革旧相声、发展新相声做出了贡献。1951 年 3 月，他参加了中国人民赴朝慰问团，任总团文工团副团长。在朝鲜，他被志愿军战士英勇杀敌的精神所感动，从朝鲜归来后不久，他就创作出以抗美援朝为题材的《俘虏营》《狗腿子李承晚》两段新相声。他还根据云山战役的报道编写了《飞虎山》唱词。后来他受党的委托率领曲艺大队赴西北五省巡回演出，大力宣传志愿军的英雄事迹。

1951 年，他参加电影《方珍珠》（饰相声演员白二利一角儿）的摄制工作。1955 年又主演喜剧《游园惊梦》（讽刺社会上某些不讲公共道德的人）。所演曲目部分收入《侯宝林郭启儒表演相声选》和《再生集》（侯宝林所创作的新段子。其所以名为“再生”，意味着这位相声大师在粉碎“四人帮”以后艺术生命复苏）等书。此外《传统相声集》一书中收入了他整理的相声《戏剧杂谈》《戏剧与方言》《卖布头》《改行》《空城计》《三棒鼓》《关公战秦琼》《对春联》《捉放曹》计 9 篇，还有一篇是他和刘宝瑞两人口述、孙玉奎执笔的群活《扒马褂》。

侯宝林最大的特点就是他在继承传统时从不因循守旧，蹈袭旧辙，具有敢于破除旧的、树立新的与时俱进的观念。他一直热心于相声的革新与发展。在他所改编的作品中多具有自己独特的东西，如《婚姻与迷信》，在中华人民共和国成立后宣传《婚姻法》

运动中，发挥了积极战斗作用，有力地配合了党的方针政策的贯彻与执行。《阴阳五行》在提倡唯物辩证法、反对形而上学方面颇具现实意义。他使用语言简练流畅、生动形象，在说、逗上也有专长，如与郭全宝合演的《针麻新篇》《阴阳五行》《妙手成患》《猜谜语》等，都具有鲜明的特色。他使用代言体如《夜行记》《种子迷》等，既注意刻画人物在规定情景中的应有动作，又巧妙地运用了相声叙述与模拟相结合的特点，使观众深受到艺术形象的感染。

侯宝林工作之余热心从事各种政治活动，历任全国政协委员会委员，第四、五届全国人民代表大会代表。他曾当选为中国文联常务委员、中国曲艺工作者协会副主席，被高等学府北京大学聘为兼职教授。

侯宝林在长期从事曲艺理论的研究中著有《谈相声的形式、结构、语言》《我和相声》等书。他的《相声溯源》等文章散见于国内各报纸杂志。

新凤霞在天桥

新凤霞是我国著名评剧演员，她年轻时在天津唱戏，后来到北京唱戏，一落脚就是在天桥，而且她一炮打响也是在天桥。时间是 1949 年北京解放的前夕。

那年，新凤霞在师兄杨星星的陪同下坐火车由天津来到北京，住在南城天桥南边的一家小店里。那时艺人处处要靠朋友、靠江湖义气，每到一个地方都要去拜访同行的前辈艺人。杨星星带着新凤霞找到席宝昆大哥，席宝昆热情接待，答应鼎力相助。接着又获得评戏公会负责人同意搭班唱戏的要求。她初生牛犊不怕虎，决心在北京闯荡出来。她说："我来北京唱戏，就是为了见见世面，看看大演员的威风；学点儿能耐，长点儿本事。城里是大地方，能进去是我的奔头儿，进不去我也不'打顺头'（打顺头是戏班的行话，灰心的意思），我下苦功练出能耐……"在天桥落了脚，新凤霞先不忙唱戏，先去看看人家的玩意儿，于是上至城里的大戏园，下到天桥大棚、小场子，带着干粮一天连着看三场。同时她懂得，要想在北京站住脚儿，必须先唱好"八大出"。"八大出"是评剧的基础，它包括《开店》《开谤》

著名评剧演员新凤霞剧照

《花为媒》《打狗》《杜十娘》《桃花庵》《王少安赶船》《占花魁》，用它们打炮是定场子。

新凤霞头三天的打炮戏是城里三大主演的拿手传统戏《和睦家庭》《三笑点秋香》《樊梨花》《李三娘打水》《锁麟囊》《孔雀东南飞》。一进天桥就可以看到写着新凤霞名字的大红戏报，连天桥小贩吆喝的都是“天津来了个评剧小旦新凤霞……”天桥轰动了。

新凤霞演出时，天桥老艺人中头牌名角、马派演员梁益鸣坐在台下连看了三天戏。富连成名丑叶盛章、名小生叶盛兰也赶来助威。这些艺术前辈们观看演出对她是莫大的鼓励，新凤霞在天桥一炮打响，她在天桥成了大角儿。

新凤霞在天桥站住了脚，在天桥成了名。是天桥成就了她，新凤霞终生难忘。

北京解放了。新凤霞同广大人民一样满怀内心的喜悦欢庆解放。每天她在演出前加了一段对唱，杨星星穿一身白布褂蓝布裤，头上扎一条毛巾；新凤霞穿一身红袄绿裤，腰扎大红绸子，边舞边唱，都是新编的词：“解放区的天啊，人人喜欢啊！推倒压在身上的山啊，地主恶霸放下了鞭啊！不再受剥削，有吃又有穿啊！唱呀！跳呀！人人都喜欢呀……”新凤霞沉浸在一片翻身得解放、当家做主人的欢乐中。

中华人民共和国成立后的天桥小戏园还迎来了一批名演员、专家来看新凤霞的演出。他们是荀慧生、赵树理、老舍、欧阳予倩、周扬、洪深、郑振铎诸同志，大家都热烈表扬新凤霞，每场戏都喝彩不断。

新凤霞在天桥“万胜轩”小班儿一举唱红，也有艺术同行师兄们的大力支持。席宝昆、李福安、魏荣元、王度芳、陈少舫全都热情支持她，他们来天桥小班赶包，一下子就把新凤霞给捧起来了。新凤霞演新戏，王度芳在她的戏里都担任主要演员。如《刘巧儿》他演刘彦贵，《艺海深仇》他演言五，《杨三姐告状》他演县长，《祥林嫂》他演祥林。

那时，刚从美国回来的老舍也来天桥看戏，和新凤霞结下了友谊。老舍启发新凤霞学文化、学知识，后来又介绍新凤霞认识吴祖光，并为他们主婚。在新凤霞的结婚典礼上，老舍高兴地说：“新凤霞是解放后崭新的人，新的演员，建立新的家庭，祝她努力做出新成就。”

老舍在天桥“万胜轩”小班后台知道新凤霞的生日是腊月二十三日，与自己的生日是同一天，就买了“关东糖”送给新凤霞。他说：“不吃也得吃，这不是要粘上嘴，而是从心里甜……”多少年过去了，新凤霞始终没有忘记老舍对她的关心和体贴。每到生日那天，她总会想到老舍。

新凤霞演戏有时也会惹出麻烦。刚开始演古装戏《锁麟囊》时，报纸上有人提出批评，说这戏是宣传“阶级调和论”。新凤霞和有些同志心里很不服气，也确实有思想负担，是老舍在关键时刻出来帮她说了话：“请你们这些‘专家’高抬贵手，不要踩小苗……”他请了好多人来看这出戏，其中有很多领导同志，这才没受到报纸的影响。这真是“路遥知马力，日久见人心”啊！

中华人民共和国成立初期，新凤霞在演出之余，积极参加了各种政治活动。“镇压反革命”运动一开始，新凤霞和天桥的受压迫最重、苦大仇深的穷苦艺人们一道参加了诉苦大会。政府斗倒了统治天桥多年的地头蛇——“四霸天”“活阎王”“御皇上”；封闭了烟馆妓院，枪毙了女恶霸“黑牡丹”。新凤霞深感受教育匪浅，思想觉悟逐步在提高，她真正意识到自己真的当家做主人了。在“镇反”运动中，新凤霞和戏班的同志们一起斗倒了恶霸班主，成立了集体所有制的“首都实验评剧团”，新凤霞被选为团长。

在抗美援朝时期，文艺界掀起了向朝鲜前线捐献飞机的运动。新凤霞参加了全国青年代表大会并被推选为干部。会上，她向上级表态：捐献“青年号”飞机。王松声、张梦庚等同志带领剧团到各地厂矿、农村演出，筹集资金，提前完成了捐献“青年号”飞机任务。在捐献“妇女号”飞机时，新凤霞患了肺结核病，吐血不断，但她坚持带病演出，直到完成捐献任务。

1953 年初，新凤霞参加了中国人民慰问团，去朝鲜看望最可爱的人志愿军指战员们。在朝鲜为志愿军演出时，战士们点名要求看裘盛戎的《铡美案》和新凤霞的《秦香莲》，于是就有了一场史无前例的京剧与评剧珠联璧合的演出，受到彭德怀司令员特别关注。

1951 年底，军委政治部要成立评剧团，经萧华批准，新凤霞加入解放军评剧团，穿上了军装。1953 年，周恩来总理亲自指示，为照顾地方的文化生活，新凤霞从解放军评剧团转业回地方。她与喜彩莲和小白玉霜组建的“新中华评剧团”一起组成“中国评剧团”，即中国评剧院的前身，从此新凤霞走上了新的道路。

历史回眸篇

日本侵华时期的天桥

1937 年发生卢沟桥事变以后，北平沦为日本帝国主义的殖民地达 8 年之久。日本侵略军占领北平后，立即拼凑起汉奸组织北平市维持会和傀儡政权伪北平市政府。不久，又成立了伪中华民国临时政府，以王克敏为委员长。随之日本华北派遣军司令部也由天津迁到了北平，北平遂为日本帝国主义侵略华北的政治中心和军事中心。

日本侵略军对北平人民实行赤裸裸的殖民统治。人民的政治言论和民主权利被剥夺殆尽，他们动辄以“思想不良”等莫须有的罪名而遭逮捕和屠杀，北平人民每日每时都生活在法西斯的白色恐怖之中。

日本侵略军在北平推行杀人不见血的毒化政策，妄图使中华民族亡国灭种。日伪在北平各地设立了大量制造毒品的工厂，经伪北平市政府批准的鸦片批发零售商和鸦片烟馆近千家。同时，在日伪经营的洋行、旅馆、赌场、妓院等处也公开贩卖毒品。仅1942年至1943年3月，全市就售出鸦片烟（官土）1200万两。在日伪当局登记的鸦片吸食者达31万人，占当时全市人口的16%，还不包括“白面”吸食者。对此，连日本的进步舆论也强烈谴责。

铁蹄下的北平已实际上变成了人间地狱。在北平，大米、白面被规定为日本侵略军的军用粮，禁止中国市民食用。从1942年开始，实行市民粮食配给制度。配给的粮食不仅少、质量低劣，而且价格昂贵。1943年，配给市民的是由豆饼、树皮、草根等54种杂物制成的所谓“混合面”。1942年，北平市民为抢购粮食，一次就被踩死、踩伤30多人，酿成惨剧。仅在1943年一年内，北平每天平均死亡300多人。

天桥同北平其他地方一样，老百姓遭了难，汉奸、土匪却十分活跃。日寇首先在天桥西市场南侧的北纬路东段一带建起了兵营。日本兵到处巡逻，随意闯入民宅搜查，将老百姓的东西抄走。冬天寒冷，居民连煤火都生不起，而日军却要让大家给他们准备开水。

日军驻扎天桥后，外右五区警察署首先挂起了日本国旗，随后责令各店铺一律悬挂，还让使用“满洲帝国”傀儡政权发行的纸币。1937年深秋，天桥发生一桩惨案：两名日本兵在天桥西沟旁路南德兴公皮货局买狼皮褥子，该公司一伙计不收伪“满洲帝国”钞票，日本兵端起上了刺刀的枪一下子就扎进了这个伙计的腹部，伙计倒在血泊中含恨而死。

日本兵经常出入天桥的大小艺场、戏园、茶馆等处，盘查游客，稍觉可疑便带到南城日本宪兵队刑讯。据天桥老艺人朱国全回忆，1939 年夏天，日本一名宪兵大佐被一麻脸人刺杀。日本兵立即全城大搜捕，所有麻脸人均被逮捕监禁，遭严刑拷打。凡在天桥卖艺、经商、游逛、居住的麻脸人，无论男女老幼，一律带走。这其中就有朱国全的哥哥朱国良和“评剧皇后”白玉霜的“龙套”头儿宋富。白玉霜也因宋富被抓，当天该演的戏被迫停演。被抓的人在宪兵队里挨打、灌水（向受审者强行灌水，使之腹胀如鼓，继而踩之，使水从口鼻耳五窍迸如喷泉）等，因人而异，交替使用，惨不忍睹！日本兵判被抓的人分四类：一是“无罪释放”，二是罚金，三是拘役，四是判罪。但实际上“无罪释放”徒有虚名。真正想出来的人必须以现金或实物买通曹长或翻译等人，才能放出来。朱国良老人就是典卖一空才被放出来的。

北平被日军占领后，市民人心惶惶，度日如年，谁还有心思到天桥去逛游？天桥卖艺为生的艺人们就丢了饭碗。“云里飞”（白宝山）的“滑稽二黄”过去观众如堵，现在愣没人听；“筱金牙”（罗沛林）的“拉洋片”如今没人感兴趣。宝三的跤场，师徒们几乎把“看家的玩意儿”全使出来，也挣不到钱，以致饿跑了“日食斗米斗面”（形容饭量大）的张狗子。广大艺人有的人靠“打粥”、典当过日子，有的被迫改行做了小买卖。相声艺人孙宝才在前门老车站做了“脚夫”；滑稽大鼓艺人叶德霖（艺名“架冬瓜”）冒险去“背私酒”；满宝珍每天上午卖油茶（夏日卖扒糕），下午到跤场卖艺，才保住不饿肚皮。

1942 年秋天，一个荷枪实弹的日本兵闯入武术艺人朱国全的艺场，见朱氏武艺高强博得观众喝彩，竟抄起单刀向朱国全砍来。朱氏义愤填膺，遂用三节棍将日本兵打昏，连夜逃出北平，到济南、蚌埠、南京等处卖艺为生，直到日本投降后才返回故里。

摔跤艺人满宝珍回忆说："那时候，我们这些穷艺人生活没有保证，吃了上顿没下顿，住的房子除了底儿不漏，哪儿都漏，我的老伴就是那阵子得的半身不遂。卢沟桥打炮，日本人进城那年，有一次，我正在东安市场里摔跤，哐哐哐，大皮靴响，进来两个日本宪兵。其中一个生得五大黑粗，他一指我的鼻梁骨，'你的,跟我摔！'摔就摔,我这一百多斤也豁出去了！他一个穿裆靠，上前就背我。咱们中国式摔跤讲究以柔克刚,借力顺力,我一个'插闪'，紧接着又是一个'搓窝'，他'扑通'一声就趴下了。当时看跤的人多，小日本也没把咱怎么着！"

朱国全、满宝珍惩治了欺负中国人的日本兵，给中国人出了气，真是大快人心！

天桥的艺人们一面忍受着生活的煎熬，一面还要强颜欢笑地为那些杀人魔鬼进行义务演出。演出后，有些稍有姿色的妙龄女艺人总免不了被猥亵调戏乃至奸淫，在精神与肉体上蒙受耻辱与创伤。1938 年春天，高德明、高德亮、孙宝才、王长友等一批相声和双簧艺人被胁迫前往道口（镇名,在河南省北部,卫河南岸）日本兵营义务演出，长达半年之久。

在日军占领下，天桥卖艺和居住的妇女饱受侮辱与蹂躏。日本兵每遇街头的少女少妇必狞笑狂呼"花姑娘的有！花姑娘的有！”胆小怕事的妇女便被吓得魂飞魄散，来不及逃走的即被拖至先农坛北坛墙一带僻静处奸污。家住福长街五条一位名叫金凤的姑娘，因反抗日军轮奸，骂声不止，当场被击毙惨死。天桥医院的老中医徐柏年回忆说，他曾先后为 3 名被日寇强奸的姑娘与少妇配过堕胎药。被日寇奸污后走向绝路的刚烈女子不乏其人。天桥女艺人被日寇调戏、奸污之事屡见不鲜。坤伶每日清晨在天坛西坛根喊嗓时，经常遇到日本巡逻兵从身后走来，抚摸搂抱，纠缠不已。夜间散戏回家，常遭日寇跟踪，行至暗处角落便被强奸。坤伶一旦被日军军官看中，便会接到去东方饭店或惠中饭店“赴宴”的请帖，如果拒绝赴宴便被杀害，有的为养家糊口只得含恨忍辱而失身。

著名相声演员高德明

天桥也是日本人倾销大烟和白面儿的重点地区。一开始，日本人开设的烟馆和白面房子，不仅让人白抽大烟和白面儿，而且还另外饶上一盒“老刀牌”香烟。一些爱占小便宜的人，渐渐上了瘾，一日不抽就觉得浑身没劲儿，即便穷到了光屁股的境地也要想方设法抽上几口。天桥卖艺的艺人很多都染上了抽大烟、吸白面儿的恶习。相声演员高德明、高德亮，兄弟二人以艺术为观众销魂，自己却以白面儿销魂。刘德智因抽白面儿不过瘾，改为“扎吗啡”，可怜这位天才的相声艺人，临终时只穿着一件肮脏而又破旧的百衲衣。天桥一带的穷人一旦抽上这种毒品，不出仨月就要当卖一空，沦为盗窃抢劫犯，或倒卧街头。家道殷实的商人一旦染上这种嗜好，最终也会变成一贫如洗的穷光蛋。日本侵略者用毒品毒害天桥居民和广大艺人实乃罪恶滔天！

1943 年 7 月，一种旧时俗称“虎列拉”（霍乱）的急性传染病在北平迅速蔓延，使成千上万的无辜者断送了性命。日本鬼子对虎列拉患者一律“活烧”或活埋。他们把患病的人一律押送到天桥收容所。这种收容所在天桥有三处：一处在城南游艺园旧址，一处在天桥东北角儿山涧口内的十五间房（旧地名），一处在后坑。所谓活烧，就是用绳子捆住病人手脚，扔在石灰堆上以水淋之，石灰遇水碎裂，放出大量的热气，病人被烧得钻心疼痛，那种喊叫凄惨之声，令附近居民和路人闻之无不泪下。还有一些被病害折磨得非常虚弱的男女老幼，经不住痛苦的折磨，不消一日，便被活埋进右安门外的万人坑。

日本侵略者为了达到征服中国的战略目的，又在占领北平的第二年，在天坛附近的二道门内设立了细菌培养所。据说这个细菌培养所和当年在我国东北的日军 731 部队有联系，一本写日本 731 部队的书提到了此事。今天的北京自然博物馆传达室处原有一座日式砖木结构的小楼，据说是当时日军工作人员的宿舍。自然博物馆南部是药物鉴定所，它的前身就是日本人在这里搞实验的基础上建立起来的，至今单位内还有一些房子是那时遗留下来的。前些年，有一位当年在细菌培养所工作过的日本人的后代专门来到北京，在天桥调查过培养所的事情。

日本侵略者把细菌培养所培养出来的各种细菌运往战地和沦陷区，杀害我国抗日军民和无辜的百姓。据《传染病学》一书记载："1940 年 10 月 28 日，由石井亲自率领一支部队，到宁波市上空，由飞机散布鼠疫。这次带了 70 公斤的伤寒菌，50 公斤的霍乱菌，5 公斤染有鼠疫菌的跳蚤。"

5 公斤染有鼠疫杆菌的跳蚤，附在黍米、麦粒之上，从天而降，未及三天，便在宁波城造成了骇人听闻的惨案。据蒋廷龙所写的《宁波鼠疫惨案的调查》，文中说，疫区内一百几十户人家，先后死亡 103 人。为防止疫情蔓延，当局下令将疫区内 129 幢房屋全部焚烧。

天桥"四霸天"

在旧社会，生活在天桥地区的广大劳苦人民和卖艺的艺人们不仅要受反动政府的剥削与压榨，还要受社会上黑势力的欺负。当时市民吃水有"水霸"，街头上有"街霸"，就连淘厕所的都有"粪霸"管着，淘粪的不受管你连淘粪的差使都干不成。他们就是如此的"霸道"。艺人在天桥撂摊卖艺，不交给"街霸""保护钱”你休想在此卖艺，不然就把摊子给你踹了，时时找你的麻烦。老百姓恨之入骨，但又惹不起他们。老舍先生的话剧《龙须沟》，剧中的程疯子原是个相当好的曲艺艺人，他受黑势力的欺负不能卖艺，住在龙须沟的贫民窟破大杂院里还挨了“黑旋风”的爪牙冯狗子的打。老舍先生写《龙须沟》是有相当的生活基础的，人物都是现实生活中的人。那时，在天桥卖艺的人谁没受过黑势力的欺压呢？

旧日的天桥，流氓、地痞、恶霸、土匪横行无忌，称王称霸，没人敢管。其中，臭名昭著的“四霸天”，便是天桥黑社会势力的总代表。

东霸天，外号张八，本名张德泉。盘踞在天桥东侧菜市一带称霸。天桥民间曾流传过一首歌谣：“天桥菜市两头洼，不怕别人怕张八。”张八仗着他会武术而长期在天桥欺行霸市，对菜农及小商贩敲骨吸髓，恣意调戏、奸污妇女，欺压良善，无恶不作。

西霸天，外号富六，本名富德成，他长期把持天桥西侧的地皮，对艺人租地设场卖艺无不敲诈勒索，惯于奸淫女艺人。北平沦陷后，他极力勾结日本人，出卖华工，从中渔利，大发国难财。人称其为“皇上”。

南霸天，小名孙五，本名孙振山。他是天桥丹桂戏院老板。敌伪时期曾任天桥公平市场的里长，仗势榨取钱财，强奸女艺人，作恶多端。后又开鸿兴饭馆，素有“活阎王”之称。1949 年 4 月 14 日，北平市召开万人大会，控诉孙五在天桥一带的罪行。

北霸天叫刘祥亭，为天桥吉祥戏院老板。一向对穷苦艺人百般刁难，勒索财物，并有猥亵、奸淫女艺人之癖，凡在吉祥戏院唱京剧或梆子的坤角儿，大多深受其害。

作恶多端必自毙。中华人民共和国成立后，1951 年 2 月，中央人民政府颁布了《中华人民共和国惩治反革命条例》，当时的北京市军事管制委员会派出许多干部来到天桥，在艺人和居民中间广泛开展调查研究。广大市民纷纷检举盘踞在天桥的土匪、恶霸、特务、反革命分子和反动会道门的头子。罪大恶极、民愤极大的“四霸天”被依法逮捕、公审并处以死刑。

人力车夫砸电车事件

“北京的公共交通开办得更晚。1924 年 12 月，有轨电车才通车。据 1932 年的统计，当时只有六条线路：自天桥至西直门，天桥至北新桥，东四至西四，太平仓至北新桥，宣武门至崇文门，崇文门外至和平门外。

天桥有轨电车站

1929 年 10 月，北京的人力车工人因为电车通行夺走了他们的生计，愤而砸毁了 60 多辆电车，致使电车停行了 18 天。”（摘自《北京史话》）

这起具有政治色彩的人力车工人砸有轨电车事件，在北京的历史上也是一起极为罕见的事件。当年，因为天桥是大站，而且是穷苦的人力车夫聚集的南城，给当年北京人的印象还是挺深的。

北京传统的交通十分落后，主要是骡车、马车、轿子或人力车，而且为少数达官贵人所占有。民国时期，北京的城市交通工具，主要靠人力车和三轮车维持。民国初年至 30 年代为最兴盛时期，如 1922 年全市人力车达 6 万多辆。根据当时所发的牌照数目，最多的年份，约在 10 万辆左右。就是北京解放前夕仍有 2.1 万多辆。按当时北京市人口接近 200 万计算，最多的年份几乎每 20 人就有一辆洋车，这充分反映了北京市公共交通的落后状况。

最早的洋车，大多是由日本直接进口的，最初叫“东洋车”，后来简称“洋车”。以后才在天津和北京有了自制洋车的车行。

当年“车行”的概念，有两个意义：一是老板拥有洋车若干辆，出租给车夫，以吃“车份”，也叫“车厂子”。老舍先生写的小说《骆驼祥子》里的刘四爷开的“人和”车厂便是。北京内外城都有车厂子。车厂大的，如朝阳门大街“马六车厂”“繁华车厂”，崇文门外“五福堂”车厂等。另一种是制造洋车的车行，不过大部分都是很小的工厂，自制车厢、喷漆，以钢材锻打车轴，钢皮弯轮圈、电镀，加配各种铜饰件等。这类车厂有虎坊桥“西福星”车行，崇文门外上三条“东福星”车行，还有“起顺”车行、“双和顺”

车行、“德顺”车行、“悦来”车行等。洋车要“弓子软”是最重要的，即车厢下钢簧的弹力性能好，人坐上去震动频繁，拉起来才快而省力。车跑起来，拉车人不需用手攥车把，只用虎口压着车把杆，不让车把翘起来就行。拉跑车全靠这两根车把杆，行话叫作“拐棍”，因为没有这两根车杆的弹力，车是不能跑的。车上若是没有重量，就更跑不动了。在 20 世纪二三十年代，一辆崭新的高级洋车，售价在一百到一百二十银圆之间，按现在的价钱计算，也并不便宜。

人力车分黑白天两班出租。白天早晨出车，晚上六点收车。晚班车是晚上出车，到夜里十二点收车。拉车的交车时要缴车份儿（车租钱）。赁车的必须有铺保或人保，如果损坏、丢失、欠车份儿的，都由保人负责。拉包月的，本家有车，管吃管住，一个月的工钱，大概是七块钱。如果拉车的自带车，那得另外加钱。本家有饭局的时候，拉车的还可以得到客人给的两毛钱饭钱。拉散座的叫拉散儿，大多是每天到车厂赁车。他们全是在马路边儿上，或者是大胡同口上等人来坐车。

有的车还有脚铃、喇叭和电石灯。夏天有帆布篷，冬天有棉布篷。坐车的，风吹不着，雨打不着，太阳晒不着。拉车的，太阳晒着，汗水流着，西北风刮着，大雪下着，跑得上气不接下气，也不能歇一会儿。赶上瓢泼大雨，淋得落汤鸡似的，浑身打哆嗦。

民国十八九年，北京的人力车大约有数万辆。当时的警察局想了个生财之道，做了许多件号坎儿，上边印有号码，通令车主去买，不穿号坎儿的，不准拉车。号坎儿是用一尺多次蓝布做的，既小且薄，大个子车夫穿不下，只好搭在肩膀上。号坎儿卖完，穿与不穿，警察局也就不管了。一件号坎儿连工带料，不过三毛钱，警察局每件要五毛钱。号坎儿的钱出在谁的身上呢？车主有主意，以此涨车份儿，拉车的倒霉！

北京人力车的车牌是蓝地白字。可是东交民巷单有一百多辆白牌车，白地黑字，专拉外国人，不受北京警察局管理。不是白牌车，不准在东交民巷里放车揽座儿。

人力车夫在北京的大街小巷风里来雨里去，劳累一天都难得温饱，维持家庭生活更是困难。可是自 1921 年 6 月，由法国人、北洋军阀及大资本家联合筹办的北京电车股份有限公司在北京成立，由法国资本家控制公司大权，垄断承建电车的工程和高价出售车辆、机器、铁轨的特权。1924 年 12 月正式通车，到 1929 年全市主要街道已有 6 条电车路线，营业线总长 30 多公里，日行驶电车 80 多辆。电车行驶速度快，票价又低，致使人力车夫拉到的客座越来越少，使本来就困难的人力车夫的生活无异于雪上加霜。于是人力车夫与电车公司的矛盾日益加剧，大有一触即发之势。

事件的表面原因，固然是电车的出现，大大减少了人力车的客座，砸了许多人力车夫的“饭碗”，实际上是国民党市党部各派势力的内部倾轧。当时把持着市总工会的市党部委员张寅卿，势力逐渐在扩大。他的政敌遂借电车公司等基层工会要求市党部改选市总工会之机，准备将张寅卿驱逐出市总工会。张得知此信息后，十分恼怒，于是煽动人力车工会和市政工程队工会串联全市人力车夫及部分修路工人，准备捣毁各路电车及其修理厂。

10 月 22 日夜，数百名被动员起来的人力车夫手拿棍棒、铁镐等械具直奔天桥电车站，一声号令，蜂拥而上，将车站内的所有机车的门窗、座位以及照明设施砸得稀巴烂。他们还推倒车辆，将电车轨道撬毁。在同一时刻，前门、东单、西单、东四、西四、西直门等地也发生了人力车夫砸电车情况。天桥电车站内顿时一片狼藉。电车工人为保护车辆、站内财物及设施等，也与人力车夫展开了搏斗，终因人少而纷纷退却。双方经过一场激烈的格斗，虽各有伤残，还是电车公司损失惨重，多日不能恢复运营。

事件发生的时候，天桥一带的地痞、流氓及市民中的一些好事者闻风而至，车站内人山人海，秩序一片混乱，小偷扒手乘机打劫，窃取了大量票款及围观者的钱包。直至午夜之后，动乱才渐渐平息。

第二天，北京的各家大小报纸纷纷登出了人力车夫集结天桥、西单、北新桥等地砸毁电车的消息。广大市民见到报纸刊登的消息后，奔走相告，三五成群结伙前往天桥电车站观看砸电车后的景象。

砸电车事件发生后，国民党市党部下令解散人力车夫工会和工程队工会。全城大搜捕，先后逮捕了六百多名人力车夫。收押数日后，除几名要犯以外，其余一律释放。策动此事件的祸首张寅卿畏罪潜逃，其党羽陈子修和人力车夫工会首领马全璐等四人旋被缉拿归案，判词为“肆行暴动，扰乱社会治安”，在天桥被处决。

事件发生后，电车照常行驶，人力车夫的客座被电车争去了一大半，车夫的收入更少了，生活更加难过了。

人文景物篇

城南游艺园

老北京的天桥市场是以露天为主的，城南游艺园的出现，使天桥地区有了一个大型的室内游艺场所。

城南游艺园现在已不存在了。它的园址坐落在香厂路迤南约半里许，即今天的友谊医院及居民楼所在地，位置与香厂路平行，占地面积在两万平方米左右。园址为长方形，东西走向，园门设在东北角，面对香厂路。整个游艺园的格局可分为南、北两大部分。北半部为娱乐场所，南半部为长方形的花园。

其北半部为室内游乐场所，由西而东并排建有四大剧场。首先是坤剧场（有二层楼），依次为文明新戏场，再次为魔术场，最后为电影场。在最西端，横向开设一个具有广东风味的饭馆，叫“味根园”。在四个剧场的门外面，则是一条很宽阔的封闭式大通道（大走廊），通道内靠北设有各色的食品摊、水果摊、儿童玩具摊，五花八门，琳琅满目。在坤剧场的对面，即通道的南侧，还有弹子房（台球）等体育活动场所。在“味根园”的南侧（电影场斜对面）设有杂耍场。

据有关资料记载，城南游艺园始建于民国初年，由北洋政府时期军界人物、曾做过督军的李准投资兴建，广东人彭秀康任经理。

园内南半部被辟为花园。该花园是紧靠通道南面修建的，通道有几个出口直通花园。花园内种植有各种花草、名贵树木，园内堆砌有假山，建有凉亭，小桥流水，曲折的回廊，真乃是荷香柳影，清幽有致，可以说是一处市内适合于平民阶层休闲的好去处。小说家张恨水先生的小说《春明外史》中有主人公杨杏元偕友舒九成在花园中夜晚游园赋诗的情形即是以游艺园花园为背景的，也可以看出张恨水先生对天桥地区还是有一种特殊的感情的。

每年夏季的夜晚，花园中空地上经常放映露天电影，每星期六或遇有节日庆典，还在这里燃放礼花等大型花盒，以招徕游客。所谓“花盒”，是一种传统的烟火，呈圆台形或六棱台形。燃放时发出各种艳丽的火花，同时变幻出各种景物，最后变幻出一座襄阳城。此时，在杉篙架的对角处，又放出红、黄二色的火球，如同连珠般一齐射向襄阳城，直至景物消失为止，名叫“炮打襄阳城”。游艺园除白天外，夜晚特别热闹。华灯初上，园门外高大的彩牌楼，万盏明灯，流光溢彩，恍若仙境一般，游人趋之若鹜，颇极一时之盛。游客多为公务人员及其眷属，以及四九城的一些市民。门票定为大洋两角，儿童减半，入园后各剧场及花园都可随便出入，不再另收门费。

曲艺场中，有鼓界大王刘宝全演唱的京韵大鼓和金万昌的“梅花大鼓”（又称“清口大鼓”）。刘宝全以《长坂坡》《华容道》三国书最著名。此外，还有名噪一时的荣剑尘的单弦曲词、焦德海的相声和汤金澄的口技。

文明戏场中，有我国早期电影明星韩兰根和殷秀芳等演出的《啼笑因缘》《雷雨》《钦差大臣》《和睦家庭》《家》《空谷兰》等话剧。

杂技场有魔术大师韩秉谦表演的《枪打活驴》等精彩节目。所谓枪打活驴，是将一头活蹦乱跳的真毛驴放进一只木柜中，四名助手移动木柜，让观众看清木柜里的四面均无漏洞，再打开柜门，让大家看清楚毛驴确实站在柜里。就在二次关上柜门的一刹那，只见韩秉谦举枪瞄准柜门，“砰”的一声枪响，打开柜门再一看，毛驴已踪影皆无。全场观众无不纳闷儿不已。此时韩秉谦微笑着请几位观众代表到后台去看，那头毛驴正在后台悠然自得地吃着草料呢！此节目和“大变活人”有些相似。

韩秉谦的这手绝技，每月只表演一次，从未传人，故其奥秘至今不解。韩秉谦早年赴欧美演出，曾与外国魔术师切磋过技艺，交流过节目。他善于钻研，集中外魔术之大成，熔于一炉，创造了独具特色的韩派魔术，在魔术杂技艺术界知名度还是挺高的。

电影场上放映的影片大多是外国的武打片，美国的居多，如《神鞭大侠》《无影儿郎》等。此外，少数的一些科教影片和美术片也不时出映。早期的电影全是无声的，虽然没声音，但当时的老百姓是感到很新奇的，因此上座率还是蛮不错的。

我国的戏剧一开始没有女角演出，女角全是由男人扮演，较早的“同光十三绝”全是男演员，梅兰芳、张君秋等演员全是以演女角而出名的。所以在清末民初时，各戏园、茶园演戏无一不是以男角为主。民国元年（1912 年）农历正月十五，著名京剧武生俞振庭在香厂路北侧建起了第一座简易戏棚，约请直隶梆子女演员孙一清搭班合作，并连场爆满，从此开北京地区男女演员同台演出之先河。

当时女演员唱戏还寥寥无几，俗称坤角戏为“髦儿戏”，男女角演出亦划分清楚，绝不同台合作。城南游艺园建园伊始，就能顺应时代发展潮流，罗致了当时有名望的坤角于一堂，成立了坤戏场，开风气之先，因此是有独具特色的，开演之后，颇有号召力，赢得了观众广泛欢迎。

坤剧场中所有的角色，除文武场面和跟包的以外，生、旦、净、末、丑，乃至龙套，一律由女角扮演。

场内的座位也安排得很特殊，为增加营业收入，场内的池子座都用一米高的木板分隔成若干方形的围栏，每个格栏内安置有四五个座位，即所谓的“包厢”，另行收费，楼上也是如此。没有订包厢的观众，坐在两廊或池子后排的散座上，在开戏之前，一般观众只能预先占座，一开场便无虚席了。

坤戏场的演出角色，以旦角为主，担当大轴。须生、武生、花脸为辅，多演压轴或开场戏。在戏场演出的著名旦角有琴雪芳、福芝芳、碧云霞、雪艳琴、孟丽君、蓉丽娟、云飘香、苏莲舫、梁秀娟、金友琴等；著名须生为李桂芬、杨菊芬、筱兰芬、徐东明、郝文尉、徐淑贤等；铜锤花脸为王金奎、张子寿等；武生为韩月樵；小生为梁桂亭；丑角为梁花农，搭配十分齐全。

坤剧场演出的剧目，可谓丰富多彩。这些女演员并不拘泥于传统的老戏，不断推陈出新，排演一些新编剧目。如琴雪芳曾排演过大型神话戏《斗牛宫》，切末灯彩，满堂生辉，轰动一时。碧云霞常演出的有《狸猫换太子》《墓中生太子》《大香山火烧白雀寺》（带火彩）、《三戏白牡丹》《春阿氏》等，并有新颖的布景，均能符合当时观众的胃口，场场爆满。雪艳琴演出的剧目有《红楼梦》故事《黛玉归天》，《镜花缘》的故事《廉锦枫》等。其后孟丽君更喜出演连台剧目，如《再生缘》及《汉光武走南阳》等，均为当时少见的剧目。尤其是孟丽君在《再生缘》中饰剧中人物孟丽君，真孟丽君演孟丽君，一时成为趣谈。须生戏较早而名噪一时的是李桂芬，嗓音高亮圆润，戏宗刘鸿升，能戏颇多，大都是传统剧目。其后另一须生为杨菊芬，当时虽年轻，但很有根底，除单挑演出一些传统戏外，还常与孟丽君合演《汉光武走南阳》，在剧中饰刘秀，用须生腔饰小生，扮相英俊可观。唯一的武生韩月樵，经常演出的是《摩天岭》《英雄义》《挑滑车》等。铜锤花脸王金奎等经常上演的剧目有《探阴山》《铡美案》《草桥关》等折子戏，声调厚重，堪为坤净之中的佼佼者。小生梁桂亭是唯一的扇子生，台风清俊，一般只与各旦角配戏，很少露演单挑戏。

城南游艺园还曾是我国不少仁人志士从事革命活动的场所。1920 年，新文化运动的倡导者陈独秀、共产党早期主要领导人李大钊曾在此散发过《北京市民宣言》，陈独秀当场被捕，李大钊乔装成商贩混入人群而逃脱。

城南游艺园已成为历史，然而老天桥的人有谁不记得它呢？它永远留在了老北京人深深的记忆里。

城南公园

城南公园作为在天桥地区的一个地名的公园确实存在了一个时期，不过那已是七八十年前的事了，现在的年轻人是一无所知，也许少数上了年纪的老天桥人还有印象。城南公园在当时的北京城内是仅次于中央公园（今天的中山公园）的第二大公园。

其实，城南公园的主体就是先农坛。清亡后，民国建立，先农坛收归国有，原有的祭神功能皆被废除了。当时的国民政府考虑到“西人均以办建公共游览之地为文明象征”，而先农坛古柏参天，殿堂林立，旷野清幽，确实是一个好去处，于是经过一番整治，于 1915 年端午节正式开放接待游人，定名为“先农坛公园”，成为南城一处最大的游览场所。

1917 年，由于先农坛的北外坛有城南游艺园、新世界等游乐场所及许多商铺摊位，北洋政府内务部决定辟北外坛为城南公

城南公园遗址

园。第二年又因先农坛、城南公园二者紧邻并存不易管理，决定合二为一，1919 年正式统称为城南公园。

城南游艺园我们已有介绍，这里只说一说“新世界”。

新世界在香厂路，坐落在华严路西口与万明路南口交界处。它是一个和城南游艺园不相伯仲的大型游乐场所。1913 年由中国商人投资、英国人包工建造，为五层洋式楼房，形状颇似一条航行中的大轮船，在当年的天桥地区有如鹤立鸡群。新世界仿照上海“大世界”的经营方式，在门口售票，票价为三十六枚大铜子，购票后进门可自由游览观光。游人当时对新世界里最感兴趣的是楼下设置的四面新奇的“哈哈镜”。镜子是由凸凹不平的玻璃面组成，人在镜子中能留下各种奇形怪状的人像，有高、矮、胖、瘦之形，既滑稽又可笑。无论是男女老幼，都愿看一看自己的怪相,无不笑得前仰后合。仅此一项就能招来不少人。楼下还有“套圈儿”、打气枪等游戏，总有不少人前来试着游玩，以图能得着一份奖品。还有测验拉力、计量体重、拳击、算卦等，花一个大铜子就可以参加游戏。

新世界的二、三楼设有戏场和电影场，凭门票随意观赏。当时北京富连成科班第四科学生孙盛甫、陈盛荪、许盛玉等在此加演夜戏，剧目有《八本得意缘》《四进士》等。新世界女演员有孟小冬、福芝芳、金友琴、程艳芳等，她们的演出颇受欢迎。楼顶上有屋顶花园，陈列着各种奇花异草供游人观赏。盛夏时节，楼顶设有茶座，约上三五朋友，围桌而坐，一壶清茶，慢慢品味，兼以谈天说地，赏名花，观异草，晴空万里之日，尚可遥望西山

新世界

秀色，偶有凉风吹过，其喜气洋洋者矣！

新世界设有电梯，这在当时的北京尚属罕见之物，来逛新世界的人，都要坐坐电梯，开开眼界，享受享受。那时，除北京饭店有电梯外，其他地方还没有听说有电梯。这也是新世界的招牌之一。不过，坐电梯也出过麻烦。新世界开业不久，因观众争坐电梯，拥挤不堪，曾挤死一个游客。后经新世界游乐场托官方出面调处，给死者家属一笔恤金作为补偿，方了此事。

新世界后来在商业激烈竞争中倒闭停业，个中原因与对手城南游艺园竞争作梗不无关系。新世界倒闭后，久失修葺，但其建筑基础坚固，曾为香厂路小学分校，一部分楼房由天桥印刷厂使用过。五层以上的屋顶花园，为安全起见，被拆除。进入 20 世纪 80 年代，为建设用地之需要，新世界大楼完全被拆除，从此在天桥地区消失。

1920 年，北洋政府内务部突然决定裁撤城南公园，转而成立“先农坛事务所”。这以后，名义上城南公园已不复存在。但事实上先农坛仍借公园的形式开放。“城南公园”之名，直到 20 世纪 30 年代末才逐渐消失。

水心亭

小说家张恨水先生在其小说中对北京天桥有过精彩的描写，给读者留下了深刻的印象。这对于老北京天桥的宣传无疑起到了重要的作用。据说当年不少来北京的外地人，无论来京时间多紧，也要到天桥逛一逛，感受一下是否有如像恨水先生小说中写到的那种心情。他们一到天桥就四处打听：“劳驾问一下，水心亭在哪儿？”

那么，当年的天桥水心亭究竟具体在何处呢？

《北京市宣武区地名志》对历史地名“水心亭”有记载：“……民国初年，香厂路新世界游乐场建立（该楼已于本世纪 80 年代拆除），又有人投资修建了水心亭（在今公平胡同）和城南游艺园（今友谊医院一带）。”

《地名志》中明确地告诉了我们，水心亭在今公平胡同。公平胡同“位于宣武区东部，天桥街道办事处辖域东南部，呈东西

昔日位于先农坛东北隅的水心亭

走向。西起新农街，东至永定门内大街，向西向东与公平西胡同、公平东胡同相交。长113米，宽6米。沥青路面。门牌：1—25号，2—48号。该胡同原为公平市场内的街巷，1965年整顿街巷地名时，改为公平胡同。现为居民住宅区。出口往东可达永定门内大街，有17路、20路、25路、45路公共汽车通行或乘106路无轨电车”。“……至民国五年时，这里兴建了茶肆、水心亭商场，还设有赛马场，开始热闹起来。但不久，发生火灾，将商场、茶肆等化为灰烬。”

民国以来，北京天桥虽然有了天桥平民市场，喧闹非凡，然而无自然景观，且喧嚣过甚，实非消夏的好去处。于是当时的步军统领会同警察总署提出建议，在城南开辟出一人工消夏避暑之处。常人春先生在《日下回眸》一书中专门写有《水心亭》一文，文中提到：

民国六年（1917年），北京外右五区署长高尔禄与该区界绅董辅泉共同集资，在先农坛东墙外跑马场之东，以人工开挖了四个池塘，岸上广植桃柳，池内分别种植莲藕、慈姑、荸荠。池塘以外则环绕水渠，四面各架木桥一座。桥上支棚，由警察把守，游人购票进入。当时票价也极低廉，仅铜圆两枚。

入园后则有石甬路铺砌，左右是杂花夹道。渠内白萍碧藻与金丝荷叶互相掩映，并有小舢板，游人可资泛舟，然而水域太小，仅能环渠一周而已。水渠四角依水建亭，状颇朴素，仅为彩椽白茅。池塘之间，招商营业，茶社有环翠轩、绿香园，杂耍馆有天外天、藕香榭，饭馆有厚德福、皆美善等。中心盖有凉亭式大棚一座，谓之“水心亭”。内设几椅，供应茶点，游人可于棚内小憩。棚内筑有高台，每于午后，烦请八阜名花，轻吟小唱，余则莲花落、什不闲、八角鼓每日弦歌不辍，以侑游人之清兴。如有游人善唱而“玩票”者，均可随意消遣，无论西皮二黄、大鼓、单弦，均有人妥为张罗，然而需付以相当代价，谓之“场面钱”，故子弟老爷们往往因嗓子发痒而至此来耗财买脸。

但一近中元（阴历七月十五日），不止莲花池中的水心亭生意跌落,就是城南一带茶棚亦逐渐萧条。于是又请来民间香会（今称花会）表演杂技，借以招揽游人，然而亦不过最后的一针强心剂而已。

自从城内北海、中南海、社稷坛（中央公园）相继开放后，莲花池水心亭自然就被淘汰了。

如今天桥的水心亭早已踪迹全无，成为历史的陈迹。但是那些老北京又怎能忘得了它呢？它曾给他们带来过享受。想来张恨水先生写小说前肯定是光临过水心亭的，还应该感谢恨水先生为我们留下了对水心亭的写照。

老天桥的坤书馆

“坤”为妇女的代称。乾为天，坤为地，为母为妻。性别上如此，妇女所用之物也是如此。妇女的鞋子称坤鞋，用的提包称坤包，女自行车称坤车。触类旁通，唱戏的女角称坤角，唱大鼓书者为坤书，演唱之地为坤书馆，又称落子馆。“落子”当是女鼓书艺人的通称。《辞海》解释“落子”是唱莲花落的，属于民间歌曲的一种。以槌鼓，或以竹四片摇之以为节，远在宋代就很流行，为乞丐行乞时所歌。清乾隆后出现专业艺人，演唱内容渐以民间传说为主。这种曲艺，是从华北、东北一带传入北京的。清末北京东便门外二闸，每当春夏，运粮船络绎不绝，唱落子的女艺人便在船上卖艺，赖以谋生。光绪年间，位于前门外大栅栏西边的石头胡同里有四海升平茶园，请落子艺人在室内演出，从而开了落子艺人在京师登“大雅之堂”的先河。此乃是北京最早的落子馆。到民国三年（1914）之后，天桥也有了坤书馆，民国五年（1916）坤书馆兴旺起来，从两三家发展为数十家。天桥最早出现的落子馆是常星斋、庆云轩、安乐轩等三四家。每家有六七名坤角儿演唱，故称坤书馆。后来水心亭一处就有落子馆环翠轩、绿香园、藕香榭、天外天、水心花亭等五家，另外城南商场有德意轩和德昌茶社，西市场有合意轩，公平市场有春华茶园，先农商场内有楼外楼，西市场西街有爽心园，还有中华园、振华园、二友茶社等，每个坤书馆都是座无虚席。

坤书馆和杂耍园不同，都是清一色女鼓书艺人，每天下午和晚上演唱大鼓书的姑娘居多。坤书馆内设有二三十个茶座，不卖票而卖茶，听众边喝茶边听大鼓书。除点曲子的人付以一定的曲资外，另有杂役持小笸箩下场打零钱。坤书馆门外挂有“水牌”，书写着演员的艺名，也有贴戏报子的。坤书馆内有管事的伙计，俗称“提活的”，由他们介绍演员所唱的节目，有钱的人在这里摆阔，点五或十个段子，至多听一两段就走，照数给钱，这叫“捧角儿”。邓友梅的小说《那五》就写有没落子弟那五被人雇用在天桥的坤书馆内摆阔捧角儿的情节。和他互相摆阔的是位大老板，

坤书馆

他最终让那位大老板将上千元钱扔在了坤书馆。那五在那次作的“局子”中当然也得到了一些回报，可后来在晚上坤书馆散场后，那五让人给“劫”了，浑身上下被扒了个精光，在坛根儿的松林里活活挨了一夜的冻。

到了 20 世纪三四十年代，天桥的二友轩、得意轩、春华园、楼外楼等坤书馆均改为白天营业了。

坤书馆内的节目，主要有京韵大鼓、单弦、河南坠子等。曲目内容大都来自《三国演义》《水浒传》《红楼梦》等，也有应时的现代题材，如《十女夸夫》《枪毙王有全》等。

主角儿演唱时，先请听众戳活。此时递活者手持一把写满曲目的折叠式“彩扇”，巡回展示于听众眼前，请大家随意点唱曲目。观众每点一曲，递活者便高喊一声“有题目”，随即有相应的角儿登台演唱，根据观众要求，或唱梅花大鼓，或唱京韵大鼓，或唱梅花调反串京韵调，或唱京韵调反串梅花调，甚至可以反串京剧二黄及西皮调。总之，艺人要完全按照听众的意志演唱，满足了听众的要求，才能挣到较多的钱。

天桥的各家坤书馆内，都供有周庄王的牌位。传说周庄王曾周游列国，沿途击鼓唱书，劝人务农耕，守本分，罢干戈，修朝政。于是后来凡说评书及唱大鼓的艺人，都把周庄王当成祖师爷，供其牌位，焚香顶礼膜拜，以示虔诚。

每家坤书馆的演员，少则五六人，多则十几人，各有所长，分工合作。开场时，先由一名男角儿唱《发四喜》，又名《拉架子》。所谓《发四喜》，就是唱四句吉祥喜庆的词句，内容不固定，

二友轩

穿插变化，不拘一格。有时唱“招财进宝，日进斗金，开市大吉，万事亨通”；有时唱“加官晋爵，官运亨通，子孙满堂，福寿康宁”，有时唱“久旱逢春雨，他乡遇故知，洞房花烛夜，金榜题名时”。唱罢“四喜”后，由正在学艺或刚出师的小坤角演唱，如同京戏中的“帽儿戏”，是为主要演员起陪衬与烘托作用的。

坤书馆的女艺人们，由于艺术水平和所在的馆子设备不同，故听众点曲的价格也不同。其价格分别是大洋二角、四角、五角、一元不等。唱罢一曲，演员下台打钱，当日分红，除付馆子房屋及桌椅等租赁钱外，所剩大数款项按劳分配。递活人的“份儿钱”，由演员和馆主各摊一半。

坤书馆的坤角艺人大多数家中贫困，备受流氓、恶霸的欺辱。她们有时为生活所迫还要跑到下处（妓院）去唱曲，到有钱人家去为老爷、太太们祝寿等喜庆活动，俗称“走堂会”。

先农坛体育场

旧中国的体育事业非常落后，参加国际性的体育运动会连参加的资格都不具备，更甭提拿名次了。那时外国人嘲笑我们中国人是“东亚病夫”，真是奇耻大辱。可那时国家不富强无地位，人民不能当家做主，又有什么办法呢？

中国国内是这样，北京也是如此。到了20世纪30年代，北京还没有一个像样的正规的体育运动场。1934年春，当时的北平市市长袁良（武术爱好者）决定在先农坛西坛（即今陶然亭游泳场）开始筹建“北平市立体育专科学校”。由此，北京才第一次有了一所专门培养体育专业人才的学校。也正是有了如此的举动，沉寂了五百年的古先农坛才有了生气。这年秋末，第十八届华北运动会在天津闭幕。大会议决：第十九届华北运动会将由北

先农坛体育场

平市承担举办任务。当时北平连一个正规的公共体育场都没有，第十三届华北运动会是借北平私立汇文中学运动场举行的，难道还去借吗？当时东北、华北一些省的省会，均先后由于主办华北运动会修建了正规的运动会比赛场地。北平当时正处在日寇进犯的前夕，对于承担这项任务不太热心，但又无法推辞不办，只好把一年一届的规程修改为三年一届，第十九届华北运动会可以延至 1937 年在北平举行。市长袁良在万般无奈的情况下，于 1934 年 11 月 1 日市立体专开学典礼散会后，亲偕主管教育的社会局局长乐永年、体育督学李洲，去先农坛东坛进行勘察，并当即决定，在该处修建北平市公共体育场。

修建体育场，可以说一波三折。丧权辱国的“何梅协定”签订后，华北一带的国民党嫡系部队撤出，改由宋哲元部进驻。秦德纯接替袁良当市长。袁良是以黄郛的秘书长的身份继黄郛出任北平市市长的，袁良的离职则是因日本人制造华北特殊化、排挤南京嫡系势力的结果。修建公共体育场的工程由于受到人事变动的影响，一直拖到 1936 年春才正式奠基。

自 1928 年北伐之后，北京一度改变建制而称“北平特别市”。到 1937 年“七七事变”，近十年间，前后担任市长的有何其巩、黄郛、袁良、秦德纯等数人。平心而论，这些市长似乎还就数袁良多少为北平干了点儿事。如拆除皇城城墙，清除各处垃圾脏土，修北京最早的柏油马路；除城内外，市郊区还修了西直门直通颐和园的马路，尽管路面不宽，在当时就算不错了。当时汽车不多，清华、燕京两校的老式大型客车，日日奔驰于这条路上，确实给大学师生带来不少方便。这些工程，都是在 1933 年到 1935 年袁良任上完成的。

体育场工程由北平公和祥建筑厂承包。社会局委派北平市体育委员会委员焦嘉诰（曾任台北师范学院体育系主任）及全迺森（20 世纪 30 年代北平市篮球代表）两人监工。到 1937 年"七七事变"前夕，工程基本完工。当时的看台，由于缺乏科学的计算，每层台阶过高，走道也太宽，浪费许多空间，所以仅能容纳 15 000 人。

日寇占领北平以后，北平市由汉奸江朝宗为首组成了"地方维持会"。他们对公共体育场不屑一顾。直到 1938 年春，"地方维持会"撤销，才由北平市教育局批准，委任焦嘉诰为场长，周炳麟、戴式增为管理员，进驻场内办公。1938 年 4 月，东大门悬挂起"先农坛公共体育场"的匾额。从此，北平市的体育运动才有了一块公共的训练比赛场地。

先农坛体育场免费为附近的中、小学来场上课和进行课外活动，为大、中型运动比赛准备场地，还主办中、小学各项球类比赛。另外，北京市体育专科学校校友组织的先农坛田径队和先农坛篮球队也利用这里的场地开会、训练和对外比赛。先农坛田径队在 1941 年 11 月举办过冬季田径运动会，参加者达二百余人。

1940 年春，敌伪"华北运输公司"占用先农坛体育场大部分地面囤积粮食，只剩下田径场及东大门内几块篮、排球场。他们在东大门设有门卫，大大影响了体育场的使用。

北平沦陷时期，先农坛体育场除北平市中、小学运动会（由北平市教育局主办）、全市运动会（由"新民会""北平体协"主办），以及由“新民会华北体协”主办的“华北都市交流体育大会”以外，日伪各事业、企业单位的运动会也在这里召开。每当日军侵占了我国的大城市之后，这里还是用来召开所谓的“庆祝大会”的场地。

1942年，京津地区的一些慈善家们，为了给灾民募捐，特地邀请广州足球队与意大利水兵足球队（当时由于意大利是轴心国家成员，与日本关系密切，所以他们的水兵仍驻在东交民巷内）在先农坛体育场进行义赛。这是一场轰动京津的盛举。中华人民共和国成立前，足球运动完全是港、沪、粤的天下，北方的几支强队如平、津、辽宁队只能算二流球队。所以每当南方的足球队北来，就立刻轰动平、津。当天先农坛体育场的看台之上，挤了将近两万人，光是骑自行车来的观众就有三四千人。

抗战胜利后，国民党接收大员和大批部队来北平，先农坛体育场成了兵营，被辎重汽车22团占据。运动场地被毁得一塌糊涂，上面停满了卡车，整天马达轰鸣，噪音不绝。看台下面的房屋被毁，一片杂乱无章的样子，简直是遭了一场浩劫。运动场被大兵们占据着，不仅大型足球和田径比赛无法在此举行，就连想进来锻炼身体的学生和老百姓也被持枪的国民党兵挡之门外。

中华人民共和国成立后，北京市政府对先农坛体育场进行改建和扩建，投入了大量的资金。20世纪50年代初，把外场修建成两个标准足球场和一个田径投掷场，可以在这里进行国际性比赛。内场的看台进行了加高和扩建，容纳观众增加到3万人，并修建了四个40米高的照明铁塔。这四个铁塔成为乘火车来京的旅客看到城区的一个重要标志。

1957 年，女子跳高运动员郑凤荣在先农坛体育场举行的一次田径比赛中，以跨过 1.77 米的优异成绩打破了当时女子跳高的世界纪录，为我国的体育事业谱写出新篇章，为先农坛体育场增添了光彩。

20 世纪 60 年代，先农坛体育场又陆续修建了篮球、排球、乒乓球、网球和体操训练馆，逐渐成为北京市的综合训练基地，进入它的辉煌时期。

为迎接第十一届亚洲运动会，1986 年 10 月，先农坛体育场再次进行改扩建。目前体育场占地总面积 15 万平方米，各种体育场馆总建筑面积 17 594 平方米。全场包括：能容纳 3 万人并配有大型彩色显示屏、联合音响及服务设施功能齐全的体育场一座，足球比赛、训练场三个，400 米塑胶跑道田径比赛场一个，200 米塑胶跑道室内馆一座，网球室内、室外比赛、训练场 17 片，

先农坛体育场

篮球、排球、乒乓球馆、体育技巧馆各两座，举重馆一座。另外，体育场中心还拥有现代化、规格多样、功能齐备的各种健身器械以及水按摩、蒸汽浴、桑拿浴、保健按摩、医务监督等全面的运动恢复、运动医疗设施和设备。

先农坛体育场拥有100多名专业体育技术人才，其中高级专业人员20多位，中级专业人员40多位。在他们的指导下，经常有三四百名田径、举重、自行车、足球、篮球、乒乓球、网球、体操、技巧等专业运动员长年在这里接受培训，培养出众多的著名优秀选手。排球运动员郎平、篮球运动员宋晓波、乒乓球运动员庄则栋、滕义，足球运动员沈祥福、李辉，田径运动员吴浮山、李伟男、张成、周忠革、郑丽娟、韩青，自行车运动员汤学忠等，都是从先农坛体育场走出来的。先农坛体育场已成为国家培养优秀运动员的著名摇篮之一。

先农坛体育场在培训运动员的同时，还以它完善先进的设施和优秀的服务工作向社会各界提供各种服务。通过各种比赛，举办各种体育培训班，各类体育健身、康复、体育娱乐活动，为开展群众性的体育活动，提供优越的环境场所，更好地为人民丰富多彩的生活做贡献。

行业篇

天桥的菜市

天桥的菜市历史久远，清代及民国逐渐繁盛起来。天桥的菜市就在永定门内先农坛附近。

老北京市民吃菜全靠四郊的菜农种菜供应。明、清时期，四郊以西郊和南郊为主要菜区。如今右安门外的万泉寺、菜户营、祖家庄、三路居一带都是祖辈种菜的老菜区，菜户营还是专门负责供应宫廷皇家食用菜的菜户。这个地名相传至今。明朝，北京作为都城，人口密集，少则二十几万人，多则达七八十万人。为供应市民及各行各业人员及军队吃菜，京城四郊开始出现了大片的专门种菜的菜田。不少农民由种庄稼五谷改为种菜。那片片菜田修整得四四方方，整齐美观。广安门、阜成门、右安门外的菜田用凿井汲水灌溉，所以每隔数十畦挖一口水井，安有桔槔或辘轳以灌菜园。北郊和东郊的菜田主要是靠护城河的水浇菜田。据明末清初人孙承泽的著作《春明梦余录》载道，说当时北京的蔬菜品种很多，长得很茂盛。蔬菜中以白菜和萝卜最有名，白菜中尤以箭杆白出名，其特点是个儿大、肉嫩、味美。所以明代北京一入冬，家家户户挖菜窖，贮存大白菜，可见北京人冬贮大白菜是由来已久了。四郊所种的萝卜有红萝卜、水萝卜、白萝卜、青萝卜、胡萝卜五种。这些萝卜的特点是质脆、水多、味鲜美，俗话说“心里美萝卜赛梨甜”。因此，萝卜和白菜一样，是人们吃馅、凉拌、咸腌的常备菜。

明朝前期，天桥一带还是郊外，种植庄稼和菜蔬。到嘉靖年间，增修了环抱南郊的外城，使原来在城外的天坛和山川坛被包入了外城之内，也使北京城的图案成了“凸”字形。明世宗朱厚熜修筑外城（又称外罗城）是为了防止蒙古兵南侵加强北京城防的军事防御。然而正是有了外城这个军事设施，才使天桥一带逐渐形成平民化商业区域。

蔬菜是人们的生活必需品，每天谁也离不开它。随着商品经济的发展，老北京城在一些交通便利的城乡接壤地区，逐渐形成了几处蔬菜集散市场，天桥便是其中之一。

长期以来老北京的蔬菜集散地主要有三处。第一处为广安市场，又叫北市，位于广安门内大街菜市口附近。历史最为悠久。这个市场经营的以细菜为主，如蒜薹、广韭、黄瓜等品种，从业人员多数是回民。第二处便是天桥菜市，历史上又叫南市，位于永定门里先农坛附近。这里主要经营的是大路菜白菜、萝卜等。第三处为阜成门外菜市，又叫西市，位于阜成门外月坛附近一带。经营的也是大路菜。北京除了这三大菜市之外，在西直门外、德胜门外、安定门外、东直门外、朝阳门外等处城乡接壤处也有菜市，但这些地方是属于季节性的市场，每年 3 月至 6 月，蔬菜生产旺季时开始营业，到 8 月以后生意就萧条了，到冬天就歇业了。市场交易也就随之没有了。

过去有钱人家的大宅门和官宦之家几乎全居住在内城，居住条件优越，生活富裕，食菜当然以细菜为主，因此这些人家都是上广安菜市上去买菜的。当时生产细菜的产地集中在西南郊的丰台十八村一带。细菜生产费工费时，冬天几乎全是“洞子货”，成本自然高得多，明朝曾有“一两黄金，一根黄瓜”的说法，平民百姓根本连想都不敢想。清时，有的王府买了“洞子货”的黄瓜等去孝敬宫廷里的皇帝。邓之诚在《骨董琐记》一书中说：“京师人烟繁密，号称百二十万。日食猪六百头，羊八千头，年节则倍之。鱼虾皆来自津沽，过一日即腐臭，而价特昂，售者渥之以冰，故冰之用周四时。蔬菜、瓜、茄、菘、菰之类，每日自关厢入城者，小车相属于道。丁巳、庚申之变，九门昼闭，居民不得蔬食。平时园丁皆能移植，四方名蔬异种，春初焙火炕，种瓜茄，故价昂十倍，富人争购之。说部称，岁除日一王瓜值五十金，非过夸也。”居住在天桥一带的居民，几乎全是卖苦力出大汗的劳动阶层，多是吃了上顿没下顿的贫苦人家，细菜不敢奢望。天桥菜市经营大路菜也就在情理之中了。后来，随着时代的变迁，经济逐渐繁荣，细菜的出售仍仅是极少量的。

过去在天桥菜市上活动着一种特殊的人群——菜牙子。

郊区菜农们每天凌晨将自己辛苦种出来的蔬菜挑担或推车运到天桥菜市，和菜贩自由交易，得到少得可怜的一点儿血汗钱以去养家糊口。久而久之，有些人见有利可图，乘机垄断，为买卖

天桥菜市场外景

双方说合并从中抽取佣金，就形成了“菜牙子”这种盘剥菜农的特殊行业。

明朝初年，政府严禁牙行垄断，到明中叶以后禁令方松动。清代为了收税，则规定由顺天府的通判负责管理牙行事务，在确定牙行数目以后，根据“一牙一帖”的原则，给每户牙行发“牙帖”，作为营业凭证，没有官方“牙帖”的一律不准经营。菜牙子以包税方式取得经营权之后，随即获得世袭特权。到了清朝末年，北京各大小菜市上就有 70 余家持帖的蔬菜牙行。民国四年（1915 年），京兆地方财政分厅又在原基础上重新填发了“牙帖”，再次肯定了菜牙的专营权。这种特权一直延续到北京解放初期。

天桥菜市的“菜牙子”是怎样进行“业务”的呢？

菜牙子借用菜市中的一块公地，搭几间房子，置备几杆秤和几口大号的水缸，即可“开业”。前来销售的卖方是菜户，他们一早从永定门外、丰台等地运菜过来。前来采购的是菜商，包括零售坐商、摊商和油盐店。每天早晨四五点钟开始交易，包括验质、检斤、定价，即所谓“一手托两家”，成交后要提佣金 10%。交易每天到早上九十点钟基本上结束。他们坐在那里，钱就来了，真是“得来全不费工夫”。他们是以各种卑鄙手段剥削菜农和小菜贩的：

1. 垄断菜价：交易价格全由菜牙子们控制。开市时哄抬价格，以便多收佣金；收市时压低价格。所以造成价格波动，引起顾客极为不满。2. 暗码交易：菜牙们不用公开商议和明码标价的方式定价，而是做手势、讲黑话，以暗码交易，俗称“调坎儿”，使局外人莫名其妙，外行人极易上当受骗。3. 笼络菜农：以拉世交、套关系和“返水”（将少部分佣金送给菜农）等手段拉拢菜农，以便达到控制货源的目的。4. 盘剥小菜贩：他们通过“吃水”（将蔬菜浸入备好的大水缸中，泡上一遍再捞出来，以加重分量），给“小秤”（分量不足）等手段坑害小菜贩。

菜牙子有相当一部分是借封建黑势力在天桥菜市称王称霸，欺行霸市，为非作歹。中华人民共和国成立后，北京市人民政府对菜牙子进行了有计划、有步骤地社会主义改造。1951 年，天桥菜市展开了反霸斗争，斗倒了菜霸，取缔了菜牙子，废除了盘踞天桥菜市数百年的封建牙行专卖制度，允许私营菜行重新登记，合法经营。1954 年，由北京市供销合作社菜蔬经理部全面接管了蔬菜批发业务。天桥菜市获得了新生。

天桥的炒锅业

天桥是老北京的四大炒锅业产品集中销售地之一。其他三处在德胜门内、果子市、朝阳门外。

老北京炒锅行业很兴旺，产品也很多，单是花生、瓜子就有许多名目，诸如“喜庆果仁”“香酥果仁”“五香瓜子”“怪味瓜子”“炒葵花子”“炒西瓜子”“炒南瓜子”，还有“炒松子”“炒榛子”等等。当时的炒锅业大多是个体经营，人员少，品种单一，产量也少，分散在北京城内，但销售却比较集中。谁带着孩子来天桥逛逛，别的不说，买包花生瓜子，边吃边玩儿边看，孩子也挺高兴，大人也很惬意。

干炒锅业的小生产者们大多本小利薄，没有多少钱进货。比如花生、瓜子，大多是直接到农村去买原料，有些人就直接与农村种花生的人家订下收购合同，这样总比从市场上或货栈那里进货要便宜得多。还有到了秋后，总有一些大兴、宛平、通州、顺义的农民，赶着小驴驮着几口袋花生，或推着小车将花生送到天桥炒锅业的生产者手里，他们可以漫天要价，就地还钱，成交后各走各的路。

炒制食品可是个需要技术又要有力气的活儿，累的程度不亚于车站上扛大个儿的。因为花生、瓜子、蚕豆、松子、榛子这些土产品无一不沾着土裹着灰，麻袋进麻袋出，再加上支锅、点火、拉风箱，挥动铁铲在锅内来回搅动，哪个作坊里不是暴土扬烟的？一动手，很快就成为“土猴儿”。而且无冬历夏，全得在当院里干活儿。炒锅业的食品有不少讲究，归纳起来有五点：色、香、味、酥、脆。色，讲的是颜色，颜色必须漂亮。货卖一张皮，买主一看，瞧着喜兴，吃过的还想买，没吃过的就非得买上一包尝尝不可。香，是进了嘴以后，香味要醇厚、适口，不然放在嘴里一嚼挺难受的，人家下次肯定不买你的了。味，是说特点，甭管加的是什么作料，不能丢掉主体香，不能失去原来的味儿。同是炒瓜子，你炒出来的另一个味儿，让人吃了还想着下回。几种瓜子往那一放，各有特点，别人没法不想要。土特食品一经炒锅，讲究是个酥、脆，皮了吧唧的东西是没人过问的。

炒货要有绝招儿，产品要有自己独此一家的特点。货出手，坐商、小贩抢着要，买主买的凶，成了抢手货。久而久之，在炒锅业中便成了无人可以替代的货色，甚至是一个产品的独创之人。老北京的炒锅业出现过不少名人，有名气的如“瓜子韩”“炒锅李”等是炒锅叫得响的主儿的状元。

天桥的炒锅业都聚集着许多经营炒锅食品的小贩。那时候，有许多店铺资金雄厚，在经营其他商品的同时，也经营一些炒锅食品。有点儿资金的小贩，买进炒锅食品后，就利用自己店铺的门脸儿，或在门前摆个小摊出售。那些没资金的小贩，既无进货的能力，也无设摊点儿的能力，只能现趸现卖，赚点儿蝇头小利。有的甚至靠赊销经营。赊销要有人作保，不用人作保的，只有是建立信用的人。那些小贩挑着担子，或背个褡裢，里面装上些大花生、五香瓜子、酥皮铁蚕豆，行无定址，在天桥附近的大街小巷沿街叫卖，风里来雨里去，确实不容易。有时货趸来卖不出去，还不上钱，便算失了信用，等于饭碗没了。

中华人民共和国成立后的头几年，天桥的干果市场还存在。1954 年以后，市场的规模逐渐缩小。国家实行统购统销之后，制作炒锅业的土特产食品原料越来越少。以后出现了政策上一刀切，天桥的炒锅业也就消失了。

“百年牢”龙顺成

在天桥东边的鲁班馆、大市、东晓市一带过去曾聚集着大小手工业作坊数十家，其中不少是桌椅柜箱铺和木材厂。在众多的作坊中，“龙顺成”是出类拔萃的，成为享誉京华的百年老字号。

龙顺成大约是在清朝同治初年（1862 年）出现的。当时有个姓王的木匠师傅在大市路南同兴和硬木桌椅铺东边开办了一个小木材厂，几年下来，生意不火。王师傅就找来两个徒弟做桌椅卖，逐渐在同行中站住了脚，遂将小作坊起名“龙顺”。光绪二十五年（1899 年）王掌柜扩大营业，吸收吴姓、傅姓两家入股，将字号改成“龙顺成”。此后龙顺成买卖越来越红火，经营品种也扩大了，有八仙桌、六仙桌、二屉桌、架几案、条案、橱柜、钱柜、立柜、连三、方凳、条凳、官帽椅子、箱子等等，职工有十五六个人。

据说某年前门外有家饭馆，顾客因言语不和打起架来，双方盘碗乱飞，椅凳相砸。一场恶战后，摔坏不少桌椅，而唯独龙顺成字号的桌凳，除了油漆有破损外，结构完好，从此龙顺成名声大振。那时北京中等人家的市民及京郊各县农村的地主家庭，均以家中能摆有龙顺成出品的榆木擦漆家具为荣耀，风行了数十年。

龙顺成一贯以“质量第一、信誉至上”为己任。严把质量关，选料、制作都有专人检查。每做成一件产品，制作人要在产品上写上自己的工号，以便负责到底。为了取信顾客，龙顺成在产品的明显处，像桌子腿、大柜的左侧或立柱上，写上“龙顺成”三个字，用漆涂好，作为永久的标记。龙顺成卖出的产品都有保单。

三年之内，除去使用不当外，如有脱漆、变色、虫蛀、开裂等质量问题，无偿保修、保换、保退。有一年，京西蓝靛厂一顾客，买了一张八仙桌，使用已近三年，桌子腿部受了虫蛀。龙顺成不仅给换了新桌，还付给用户运输费。因此顾客宁肯多花钱也买龙顺成的桌椅，说它们“百年牢”。

龙顺成用的人都是本店的学徒。他们都是河北省南部深县、武邑、南宫、枣强、饶阳、武强等地人。这一带土地贫瘠，灾情多，生活苦，人们都吃苦耐劳。他们托人到北京来学徒，什么罪都能受。那时作坊的学徒除参加生产劳动外，还要搞卫生，给作坊主铺床、叠被，倒尿盆儿，甚至看孩子。学徒都管饭，每天伙食都是三顿窝窝头、二米粥（大米和小米）、咸菜、白菜汤。学徒期限为三年零一节。其间不挣工钱，柜上管饭，衣物自理。年终时，掌柜的赏个块八毛的算是馈送。学徒每天早晨六点起来干活，晚上六点收工。有时赶上活忙，还得加夜工。一天要干十四五个钟头。平时没有休息日，只有五月节（端午节）放假一天，八月节（中秋节）放假一天，春节放假六天（除夕至初五）。龙顺成木匠的生活比一般作坊更苦，他们劳动强度大，衣、食、住的条件更差。

1946 年，龙顺成大多数工人学徒的家乡衡水、枣强等地得到解放，掀起了减租减息运动。解放区贫苦农民生活的改善对龙顺成的工人学徒们是个极大的鼓舞和启发。于是以陈书考为首的几名工人团结学徒们搞了一次“挂队”的斗争。他们罢工，要求掌柜改善工作条件：“一天干活不得超过十二个小时，每天伙食必须有一顿白面，要有新鲜菜吃。”掌柜、工头等人对解放区的土改情况十分清楚，当时又由于订货多，一天不干活，损失很大，于是答应了他们的要求，龙顺成工人学徒的罢工斗争取得了胜利。

1956 年，龙顺成同鲁班馆地区的同兴隆桌椅铺、同兴和硬木家具店、义盛桌椅铺、六丰成桌椅铺、宋福禄木厂等大小 35 家联合参加了公私合营,取名“龙顺成木器厂”。名义上合营并厂，但生产和销售还是分散的，也就是说还是各干各的。

1963 年，为了发展硬木家具生产，龙顺成迁往永定门外大街路东一处的宽阔地带。这样，龙顺成分散在各处的车间可以集中在一起，开始研究新产品。1966 年改产硬木家具，又改名为北京市硬木家具厂，1984 年改名为北京市中式家具厂。

现在全厂有各类机械化设备 100 余台，生产都是机械化和半机械化。该厂生产的仿明式“京作”硬木家具、红木珐琅圆绣墩、花梨石面六角花台、花梨石面圆花台、红木套器几、红木二屉三节柜等产品，畅销二十多个国家和地区，在国际市场大有声望。

穿堂院与十八狱

过去老北京人经常说北京的四九城有“东富西贵，南贫北贱”的说法。由此可知南城是最贫穷的，而天桥地区又恰是南城的贫穷之最。

穿堂院是个不起眼儿的地方，一般人不大理会它，可旧时北京卖苦力的穷人中却没有人不知道它的。其实它离天桥很近，就在北边的山涧口内。

穿堂院的名气出在了有成群的“伙房子”上。穿堂院里的“伙房子”都是一些临街破烂的小店。别瞧又脏又旧的破门上写的“中元店”“福顺店”“合顺店”等各式又喜庆又吉祥的字眼儿，进去一看就傻眼了：一股热烘烘的浓烈异味儿扑面而来，能熏得人翻肠倒胃。除进门一块巴掌大的空地，四周全是大土炕，一张张炕席没有一张是完整的，从磨得锃光发亮的浅红色颜色上看，肯定是许多年都没换过。沿炕有一条半尺高的矮砖台，那是睡觉的枕头。黑漆似的旧墙皮上，挂满一条条臭虫血迹，屋顶上一层厚厚的塔灰，布满了蜘蛛网。

这里说是“店”，一般人没有上这里来住的。住“伙房子”的人，大多是在天桥撂地卖艺的无家可归的人，还有那些卖苦力拉洋车、拉排子车、抬轿子、抬杠的、捡破烂、要饭的人。这些人无家可归，没家没业，又没有多少钱。他们夏天还可以在外露天过宿，到了冬天就不得不找个避避风寒的地方，别的地方住不起，只有这里“伙房子”店钱最少。住“店”的人被褥都赁不起，几个人在炕上合盖一条破被子。本来这些人生活就很苦，拉排子车的拉一天才挣个窝头钱，抬杠、抬轿子的往往一天不开张，要饭的就更难了。可晚上睡觉也踏实不了，地方上的警察怕“伙房子”窝藏“坏人”，三更半夜查店，凶恶得很，哪个起晚了一会儿，不是挨一顿嘴巴，就是往身上泼凉水。

每天早晨，穿堂院街上就出现一些推车子、挑桶的，这是卖“杂烩”的来了。只要他们捂耳朵喊一声“杂烩”，各个“伙房子”的破门敞开，从里边出来各种打扮的人：披麻袋片的、披草帘子的、身上捆张牛皮纸的、腿上绑“戏报子”的，一个个抱着肩，夹着碗，冻得哆哆嗦嗦，把卖“杂烩”的围了个风雨不透。这里卖的“杂烩”，实际上是剩泔水，都是饭馆里有钱人桌子上的汤汤水水，里面鸡骨头、鱼刺、剩饭剩菜、剔牙棒儿、擦碗纸全有，汇集在桶里。卖“杂烩”的弄回家后，再往里剁些烂菜帮子，放在火上热热，然后挑到穿堂院来卖。因为价钱便宜，有时运气好，往往还能碰上一块半块的肥肉，那真是运气啦！所以“杂烩”在穿堂院深受欢迎。

住“伙房子”的人，如果有了病干不了活儿，拿不出店钱，准是不等断气，就被店掌柜拉出门外。冬天的夜晚，这里不断传来撕心裂肺的哀号，用不了多久，也就无声无息了，因为已成了“倒卧”。穿堂院每到十冬腊月，街上常有十几具赤条条一丝不挂的“倒卧”。到了白天，这些“倒卧”就被拉进“贫民流民养病所”。

“北平市外五区贫民、流民养病所”就设在穿堂院。说是“养病所”，其实就是处理“倒卧”的专门机构。

“养病所”里有六七间北房，门框上钉一块小白木板，有的写“轻病室”，有的写“重病室”。再往南走，靠墙有个宽大的铁板棚子，这里是放死尸的地方，七个人一排，往上堆积成垛。冬天是死人的旺季，铁棚下码得满满的，所以穷人把这里叫“阎王殿”。这里对“病人”和死尸处理非常残酷。收尸的为了维护市容，三天两头到街上收尸，把带气的、不带气的“倒卧”用车拉回“养病所”，不带气的直接就码放在后边的铁棚子里，带气的“病人”扔进“轻病室”或“重病室”，完事大吉。“养病所”名为养病，可是病人千呼万叫，也休想得到一口凉水喝。实际上是拉到这里来等死，快到断气时，把病人身上仅有的一些钱或衣物，扒得精光，把破衣等物换钱打酒喝。为了好装车，往往在头一天晚上，用凉水泼尸，使“倒卧”冻得笔挺。不等天亮，用排子车把尸体拉到永定门外二郎庙一带的乱葬岗子上。那里吃人的野狗成群，只要尸车一到，红了眼的恶狗，蜂拥而上，抢食人肉。于是，当时北京流传着一句歇后语：“二郎庙的狗——红眼了。”

“十八狱”为天桥地区另一处贫民窟。地点在穿堂院附近稍北的刷子市中间，是由十八户人家组成的大杂院。因全部房屋皆用破木料及碎砖头建成，矮小阴暗，故以“十八狱”比况。“十八狱”乃“十八层地狱”，从名字上看您就能可想而知了。

贫民窟遗迹

十八狱居民的状况是：拉人力车者四户，拉排子车者一户，杠夫两户，扛肩夫一户，皮匠一户，开鸡毛店者一户，妓院捞毛一户，卖纸烟、糖葫芦、烂果子、水萝卜等小贩五户，捡破烂者一户，要饭的一户。

这十八家住户，除鸡毛小店掌柜与妓院捞毛者能够勉强维持生活外，其余十六户人家则衣不蔽体，食不果腹，只得靠“打粥”“哭丧”“缝穷”“打执事”以及“上会”、借贷等手段弥补生活之不足。十八狱男女老幼共计 43 人，由于贫穷和疾病的折磨，这些人有的夭亡，有的倒卧，有的沦为盗窃贼、诈骗犯、赌博者或卖淫，从而对社会造成一定的破坏性。

其实天桥地区的贫民窟不止此两处，居住在龙须沟两侧的住户，还有灵佑宫、铺衬市、福长街等胡同内的劳苦大众，他们的生活状况比穿堂院、十八狱也强不了多少，天桥简直是一个大型的贫民窟。

古地新貌

中华人民共和国成立后，天桥一带的广大艺人、摊商小贩、劳动大众彻底翻了身，成为国家的主人。北京市人民政府取缔了妓院、反动会道门，斗倒了骑在老百姓头上的恶霸，涤荡了社会上的污泥浊水，风气大为改变……

1949年2月3日，中国人民解放军举行北平入城式，北平市民夹道欢迎中国人民解放军解放北平。12日，北平二十余万人集会游行，庆祝北平和平解放。北平获得了新生，天桥的历史也翻开了新的一页。1949年7月1日晚上，北平市人民3万多人在先农坛体育场举行盛大集会，热烈庆祝中国共产党成立二十八周年。这是北平解放后第一次公开庆祝党的生日，毛泽东、周恩来、朱德等领导人出席。

中华人民共和国成立后，天桥一带的广大艺人、摊商小贩、劳动大众彻底翻了身，成为国家的主人。北京市人民政府取缔了妓院、反动会道门，斗倒了骑在老百姓头上的恶霸，涤荡了社会上的污泥浊水，风气大为改变。妓院被取缔，使长期被迫卖淫的妇女跳出了火坑，经过教育改造，成为自食其力的劳动者。为改善广大劳动人民的居住条件和环境卫生条件，1950年市人民政府对金鱼池、龙须沟一带进行大规模建设改造。1965年在金鱼池一带建了居民楼群，又脏又臭的龙须沟改建为地下水道，还新建了楼房小区，在原龙须沟迤南，沿天坛北墙根，修建了一条宽阔的沥青马路，命名为天坛路。

中华人民共和国成立初期，活跃在天桥的穷苦艺人们被组织起来，参加各种政治活动，参加诉苦大会，斗倒了“四霸天”和恶霸班主，成立了自己的组织。他们提高了思想觉悟，真正感到做了国家的主人。著名评剧演员新凤霞担任首都实验评剧团团长；梁益鸣也和其他艺人一起组织鸣华京剧团，担任团长兼主演。曲剧表演艺术家魏喜奎后来还把曲剧艺术介绍到了国外。在天桥跤场摔跤的宝三后来成为国家裁判。相声大师侯宝林和天桥卖过艺的相声艺人一起加入了中央广播文工团说唱团。其他天桥的艺人们也先后加入了剧团、杂技团等艺术团体，每个人都有了一个圆满的归宿。

1950 年，美帝国主义发动了侵略朝鲜的战争，将侵略战火烧到了中国的家门口。唇齿亡寒，中国共产党和中国政府发表严正声明，“抗美援朝，保家卫国”。10 月 25 日，中国人民志愿军赴朝参战，与朝鲜人民军并肩作战，抗击美帝国主义的侵略。从此，全国掀起了“抗美援朝，保家卫国”的运动。北京人民也和全国人民一道，展开生产竞赛，以实际行动支援抗美援朝。天桥地区的广大老艺人纷纷慷慨解囊，参加了向朝鲜前线捐献飞机的活动。他（她）们参加了捐献“青年号”“妇女号”飞机。不仅如此，新凤霞、侯宝林、魏喜奎等一大批优秀艺人几次参加了中国人民赴朝慰问团，去朝鲜慰问中国人民志愿军指战员们。在朝鲜战场上，他们冒着生命危险为志愿军表演节目。在慰问演出中，有的文艺界演员就牺牲在朝鲜战场上，比如著名相声演员艺名“小蘑菇”常宝坤就是其中的一个。1951 年 6 月 2 日，北京市举行隆重的追悼会，悼念赴朝慰问中牺牲的廖享禄、常宝坤、程树棠、王利高四烈士。

天桥地区在对老艺人进行思想改造的同时，也对在天桥地区的坐商、摊贩进行整顿。取消对蔬菜市场的“牙帖”封建制度，逮捕了一批欺行霸市的首恶分子，保护了广大菜农的经济利益。教育从业人员公平交易、文明经商。市政府将众多的摊商集中在公平市场、民生市场（三角市场）、天元市场、人民市场等处进行买卖，并允许郊区的农民在市场上出售自己的农副产品，这对活跃市场经济，在社会主义新时期重新发挥它联系人民、繁荣天桥起了一定的作用。

20 世纪 50 年代中期，国家的粮食统购统销政策使个体商贩自行消失，各式各样的天桥小吃也不复存在。1956 年以后，活跃在天桥的各种杂耍艺人陆续参加了北京市和全国各省市的国营剧团、曲艺团和杂技团，离开了天桥。从此，天桥的繁华景象随之烟消云散。

然而天桥也和北京其他地方一样，在市政府的整顿再造中焕然一新，发生了巨变。天桥地区大道纵横，四通八达，绿树葱茏。当年的西沟旁已变成宽阔的马路。旧时的城南游艺园改建为苏联红十字医院，后改称北京友谊医院。它是北京解放后最早的一批市属综合性医院，也是北京市重点医疗科研基地。从前的新世界游乐场旧址出现了高楼大厦；曾为天桥刑场的空地，已成为全国

20世纪60年代的天桥南大街

天桥百货商场新貌

闻名的具有民族建筑风格的天桥百货商场。在天桥东南侧原歌舞台、燕舞台、乐舞台的旧址上，出现了一座仿俄式外观的宏伟建筑，它就是我国第一个以生物陈列为内容的北京自然博物馆，建筑面积 16 356 平方米。

在永定门内大街路东今天的天坛西里 6 号，原有国民政府第三十一后方医院，1949 年以后，先改为华北人民医院，后又改为卫生部中央直属第一医院。1956 年改为北京市天坛医院，1984 年又改为北京天坛医院。该院占地面积 85 000 平方米，建筑面积 92 790 平方米。该院是卫生部指定的全国神经外科培训基地，是世界卫生组织神经科学协作中心，在神经外科方面有特殊贡献。

永定门内大街 1 号，1953 年为北京市百货公司天桥批发部，1956 年改为崇文区天桥百货商场，1983 年改名北京市天桥百货股份有限公司。1989 年公司开始翻建，为一栋高六层的琉璃瓦大屋顶的民族传统建筑的大厦，占地面积 1890 平方米，建筑面积 16 000 平方米。经营品种达万种以上，40％为小商品。该公司 1959 年被国务院授予全国红旗单位称号，成为全国商业战线的一面红旗。2008 年 10 月 15 日，拥有 50 年历史的天桥百货商场开始集中清仓甩货，然后进行装修改造，商场转型为经营民族特色商品、民俗工艺品、老北京特色小吃、旅游工艺品等。

与北京天坛医院毗邻的是北京市口腔医院。该院是建于 1945 年的原名北平市牙科医院。1949 年更名为北京市人民政府卫生局口腔医院，1989 年改为现名。医院占地面积 20 000 平方米，建筑面积 19 123 平方米，五层门诊大楼坐落中央，北侧为四层教学楼，东部病房为“王”字形平房。建筑物之间有绿化区相间，在天坛

永定门大街

公园西南隅，环境优美宜人。该院为市级口腔科专科医院。

天桥地区的交通逐年在发展，除市内的公共汽车、无轨电车逐渐增加线路外，天桥的长途汽车站是连接郊区城乡的纽带。天桥长途汽车站始建于1959年，是北京市长途汽车公司运营站中唯一设在市区的乘车站，是京西汽车客运的主要干线。当时其建筑规模、设施、环境均属较好的长途汽车运营站。

随着首都经济建设与文化事业的飞速发展，天桥一带已逐渐演变成居民区。

1978年12月18日至22日，中国共产党第十一届三中全会在北京召开。三中全会确定把全党工作重点转移到社会主义现代化建设上来。

在党中央的对外开放对内经济搞活的方针政策指引下，北京天桥地区由于有过去的基础和较为适应的环境，因此许多投资者的眼光首先盯住了这块地方。一时间曾多年不见的书茶馆重新开放，在天桥大街两旁出现无数做服装、土产、百货、食品生意的个体商贩的货摊，天桥北边的十字路口处出现了“仿唐饭店”这种较有规模的饮食业店铺，颇为引人注目。据统计，当时从事商业、饮食业的个体工商户在天桥地区鳞次栉比，仅开设的大小饭馆就达五十多个。这些大小饭馆虽然比过去的老天桥传统风味差了一些，但毕竟是向前走了一步，符合北京市民的心愿，在经营中逐步改进是令人满意的。在活跃经营、繁荣市场方面天桥地区走在了前面，堪称首都之最。

党的十一届三中全会后，《北京市建设总体规划方案》形成，它预示着随着改革的深入发展，北京市城市的各项基本建设将逐步得以实施。

天坛北门的金鱼池，在20世纪50年代初，尚有数处大的水塘，市政府在整治其附近的龙须沟工程之后，对金鱼池的消失虽是一个无奈的遗憾，但广大居民改变了住房居住条件，再也没有破房漏雨之忧，还是值得的。特别是在近几年的危房改造建设中，更多的居民圆了祖祖辈辈的老北京人想也不敢想的住房梦，他们在北京市有关领导视察危改小区时向领导表达了他们感谢党和政府帮他们圆了住房梦的心愿。

2004年北京市市政交通部门新开辟了一条从王府井南口至天坛北门的宽阔平坦大道，这条新大道的开通不仅缓解了南城交通拥挤堵塞的状况，也方便了金鱼池地区居民们的出行。

北京市在房地产开发和危房改造中，天桥地区成为重要的地域之一。在原宣武区政府管辖的天桥南大街西侧的大片区域大规模地进行了开发和改造利用，一座座结构新颖、装饰独特、耸入云天的现代化高楼大厦拔地而起，与古老的天坛、先农坛交相辉映，各呈异彩。

在天桥地区的开发改造中北京天桥投资开发公司发挥了举足轻重的骨干作用，因为在开发改造中主要建设工程项目大部分是该单位承建开发的。据有关部门统计，从20世纪90年代初期以来，天桥地区仅危房改造的工程项目占地面积达到了20公顷，动用拆迁了3000户居民的住宅房屋。古老的天桥地区在改革开放的深入发展中不断地改变着面貌，用“日新月异”“旧貌换新颜”

来形容它，一点儿也不夸张。

2004 年五一黄金周期间，装饰一新的“天桥乐”茶园重新开张营业。

北京“天桥乐”茶园是由始建于 1933 年的天桥戏院改建而成的，建筑面积 1300 平方米，可接待 200 名观众。改革开放初期，“天桥乐”茶园由日本人经营过，他们经营了十几年。现在则是由北京市河北梆子剧团承包经营。据茶园总经理王亚勋介绍，他们将在承包经营中充分发挥“民俗艺术团”的优势，再现当年“天桥八大怪”时的演出风貌。另外还有民间艺术团的民俗大串演在这里演出，使来到这里观看演出的人都能享受到浓郁的老北京生活气息，还能了解到老北京的风俗风情。

天桥乐茶园

“天桥乐”茶园在接待普通老百姓的同时，也接待外国客人。茶园在每周六、日的上午 10 时开放百姓专场，演出分曲艺、杂技、绝活儿、戏曲四大类，大轴以京剧或河北梆子为主，百姓专场的票价为 10 元、20 元。

“天桥乐”茶园完全按照过去老北京戏园的经营方

式经营业务。戏台上表演着摔跤、变戏法、打把式等节目，台下的观众坐在八仙桌子边上，桌子上放着北京风味的小吃如糖耳朵、绿豆糕、驴打滚儿等，一边喝着香茶，一边品尝着北京风味小吃，服务员在喊堂声中飞舞着手巾把儿……整个茶园弥漫着浓郁的老北京风味儿。若是你坐在其间，仿佛又回到了那令人留恋的老天桥时代。

天桥是老北京民俗文化的发祥地之一。从晚清到 20 世纪 50 年代，老天桥荟萃了各种民间艺术。据史料记载，相继在天桥地区学艺、卖艺、传艺和生活的民间艺人达五六百人之多。

历史在前进，时代在发展，但是老北京所遗留下来的特有的民间文化，特别是老天桥所留下来的绝活儿是不能丢掉的。因此挖掘整理、挽救老天桥的民俗文化是时代赋予我们的任务。北京市的市、区领导部门也早已将这项工作纳入了工作范围，出台了“民族民间文化保护办法”的措施。

专业人员深入基层单位、社区，广泛收集濒临失传的文化项目素材，走访民间老艺人、绝技传承人。他们通过现场笔录、照相、录像等方法，留取资料、绘制曲谱、图解，采写调研报告。区图书馆为天桥民间文化的传承创造了条件，他们组织招收新学员拜

曹禺先生为天桥乐茶园题额

师学艺，为绝技的展示与交流搭建舞台。改革开放的纵深发展给古老的天桥地区带来无限勃勃生机。我们相信，明天的天桥会更加美好，更加光辉灿烂。

北京自然博物馆

北京自然博物馆在永定门内大街路东，天桥剧场对面。它的主建筑色调恬静柔和，朴素实用，在 20 世纪 50 年代初，是天桥大街上极为瞩目的建筑物。这是中华人民共和国成立后我们依靠自己的力量建立起来的第一座大型自然科学博物馆。

旧中国贫穷落后，谈不上科技事业的发展。在 20 世纪初，中国大地上个别大城市才出现现代意义的博物馆。40 年代末，中国的几个自然博物馆全是外国人在华所建。中华人民共和国成立前夕，北京地区的博物馆萧条冷落，只剩下历史博物馆和故宫博物院勉强维持。中华人民共和国的成立为中国博物馆事业的发展创造了新的环境，中国人用自己的手建立自己的科学博物馆是多少老一辈科学家多年的梦想！中华人民共和国的成立为实现这个梦想创造了条件。

北京自然博物馆的前身是中央自然博物馆筹备处。1949 年 1 月，北平刚解放，老科学家裴文中等人积极呼吁，新中国应该建立自己的科学类博物馆，党中央和人民政府积极支持他们的主张。

自然博物馆外景

中华人民共和国成立之初，百废待兴，国家在经济力量极其困难的情况下，决定拿出有限的资金，发展我国的博物馆事业。

1951 年 5 月 17 日，中央自然博物馆筹备委员会在故宫博物院召开了第一次会议。筹备委员会由当时的文化部副部长丁西林任主任委员，国家文物局有关领导、中国科学院、清华、北大、师大等高校的专家、教授裴文中、郑振铎、王冶秋、郑作新等 11 位委员出席了会议。丁西林代表文化部在会上指出 :“博物馆是教育广大群众的最好场所。苏联等先进国家都非常重视。我国过去的博物馆事业不是帝国主义侵略中国的工具，就是装点门面的点缀品。我们应该将旧有的加以改造，缺少的加以筹建，这样才能配合新中国建设的伟大事业。”他强调 :“中国旧有的自然博物馆在过去是帝国主义举办的，是为他们服务的。我们新中国所需要的是要表现中国的物产丰富、锦绣河山、多民族的大家庭有着悠久灿烂历史的伟大国家，要面对群众，很好地配合我们的爱国主义教育，完成我们中国人民自己的中央自然博物馆的筹备工作。”

一切从零开始。先借用故宫博物院东华门传心殿、文华殿作为办公和展出场所。使用面积 1990 平方米，清史大库、马厩、上驷院等为工作储藏和福利用房 2415 平方米。全体职工 99 人。裴文中带领大家开始了艰难的创业历程。

首先在全国范围内征集标本。1951 年，原文化部科普局所属的标本制作和中央人民科学馆全部职工并入中央自然博物馆筹备处。同时接收南京博物院的一大批鸟类标本和珊瑚标本、北海大众自然博物馆的一批标本，以及河北省的一批古脊椎动物化石标本等。到 1952 年，自然博物馆筹备处基本具备了举办大型展览的能力。

为了配合新中国的经济形势和政治形势，同时为了在实践中培养干部，筹备处先后举办了“中国自然环境与矿产资源展览”“中国农业资源展览”和“解放台湾展览”大型展览。这几次展览在中华人民共和国成立初期的首都引起了极大的轰动，每月参观人数达三四十万人次。党和国家领导人朱德、董必武、陈云、彭德怀、邓小平、聂荣臻、陈毅等同志及当时的各部部长都进行过审查或参观过展览。

1955 年由政府拨巨款建设的新馆在天桥动工兴建，1958 年竣工。当年博物馆由故宫迁到天桥现址。工作人员立即投入了紧张的展览布展工作。古生物、动物、植物等标本陈列，于 1959 年 1

自然博物馆内景

月开始陆续向观众推出。为纪念新馆落成，1959 年 4 月 1 日，邮电部发行中央博物馆纪念邮票一套 2 枚，首日封 1 枚。

1958 年中央自然博物馆下放归北京市领导，1962 年定名为北京自然博物馆。

自然博物馆的管理范围，按照首都城市规划，天桥南大街一带为绿化区，馆址中轴线面对天桥剧场，背向天坛祈年殿，位于绿化区中心，北至山涧口，南至天坛西大门。规划中的动植物试验园在天坛内外墙北（后）半部，占地约 30 万平方米（450 亩），建筑面积 6000 平方米。在第二个五年计划内，除于 1961 年建筑暖房 1000 平方米外，已做好建园的准备工作。第三个五年计划建筑陈列厅 8000 平方米，标本仓库 5000 平方米，动植物园 5000 平方米，计有动植物房、苗圃室、研究实验室、动物围栏、动物用池塘、温室、饲养室，其他附属用房及两园有关一切设备等。已于 1963 年施工，于 1967 年完工。

高大宽敞的展厅内共有四个基本陈列，即古生物陈列、植物陈列、动物陈列和人类陈列。这四个陈列构筑起一个地球上生命的发生、发展的全面图形。另外还有“人体真奇妙”展览。“恐龙世界”和“水生生物馆”三个专题馆。

古动物陈列——生命的历程 总陈列面积 1400 平方米。围绕“生命的历程”这个主题，共分为 4 个展厅，即“生命的起源和早期演化”“无脊椎动物的繁荣”“恐龙的进化”和“哺乳动物大发展”。

这个展览从 150 亿年前的宇宙大爆炸开始，将目前科学界比较认同的观点展示给观众，同时还介绍了几种其他较有影响的关于生命起源的假说。高科技手段在展览中的运用，给观众带来耳目一新的感觉。观众从电动图版的演示中，看到科学家们所推测的在遥远的 35 亿年前地球生命起源过程；栩栩如生、千奇百怪的澄江动物群成员在原始的海洋中穿梭游弋。

在无脊椎动物展厅，最引人注目的是一块巨大的群体鹗头贝化石。世界上的动物绝大多数是无脊椎动物，它们的演化在整个生命进化过程中起着举足轻重的作用。陈列品中有选择地展出了多个比较精彩的无脊椎动物群体化石，如三叶虫化石板、三叠纪期的海百合化石等。为了介绍近 20 年来我国古生物界在热河生物群的发现和科学研究突破性进展，陈列对这一部分作了突出展示。

在恐龙进化厅，一条硕大无朋的恐龙化石凸现在眼前。展厅中央是一群形形色色的恐龙化石骨架，专门设计的高台可以让观众从多种角度欣赏它们几千万年前的雄姿。同时展出的还有大量的恐龙蛋和恐龙足迹的化石。750 平方米的陈列详细介绍了以恐龙为代表的脊椎动物的起源和演化。

在哺乳动物大发展部分，是专门用一个大厅展示哺乳动物的繁盛。其中通过对灵长类的了解，让观众感受到我们人类祖先早期进化的漫长历程。闻名的黄河象化石及其他古哺乳动物化石在陈列中得到了充分的体现。

植物陈列——绿色植物是地球上的生命之源，是生态系统的基础。陈列在介绍了绿色植物在生态系统中的重要作用后，分三个层次介绍植物的多样性，即物种多样性、遗传多样性和生态系统多样性，以及这些多样性与自然经济生活的关系。除了绿色植物以外，按照生物分类的三界说，陈列也给生物界中数量众多的菌物一定的展示面积，介绍菌物类的分类地位、形态结构、在自然界中的作用和与人类的关系。

动物陈列——2001 年 7 月，经过重新修改开幕的动物陈列包括：序、无脊椎动物、鱼类、两栖爬行动物、保护动物、昆虫世界和动物之夜等 7 个主题单元。新的动物陈列以更好地宣传动物科学知识、展示动物多样性和提高人们保护珍稀野生动物的意识为设计指导思想，运用符合世界博物馆陈列展示趋势的展示方法，在保证全面介绍动物系统知识的基础上，配以很多反映动物野外生活状况的生态景观和丰富多彩的观众动手娱乐的项目。

陈列强调以科普为中心，以观众兴趣为重点，运用丰富多变的几何图形和大量的动物标本、实物、景观、模型等多种展品，以及多媒体电脑和各种现代化声光电技术，充分体现出展览的可视性、娱乐性、参与性、知识性、科学性和思想性。

人类陈列以“人之由来”为主题。陈列从系统发育和个体发育介绍了人类的演化历程。重点是系统发育部分。前五个部分从自然历史角度出发，以人体体制形态的发展为主线，展示了作为生物物种之一的人是如何由动物界脱颖而出，从而完成通常所说的“从猿到人”的进化历程。第六部分从人的受精卵开始，通过一系列不同时期的胚胎标本，展示了人的个体发育历程。并用模型、图表、照片对我国基本国策——计划生育作了科学的诠释。“人之由来”陈列除标本、化石、模型、图表、照片外，在有关展柜采用了先进的全息照相技术，使观众能看到展品的三维结构，达到较好的效果。

“恐龙世界”馆内陈放的恐龙是有“皮”有“肉”、能动会说的机械恐龙。配以当时地质年代的景观，使观众参观时犹如进入史前的恐龙世界。“恐龙世界”建立后，每年都有改进。机械恐龙由自动感应启动到观众手动控制。厅内拟太空舱可把观众带到史前时期，有多台电脑供观众查询和知识测验。有恐龙股骨、恐龙蛋及不同地质年代的枭头贝、菊石供观众触摸。有模拟电梯可把观众带到地下 50 米深处。在展示解说方面，采用了感应自动讲解耳机和专家咨询等高科技手段。恐龙世界与原有的古生物馆一动一静，一老一新，相得益彰，为观众营造一个丰满生动的史前世界。

“人体真奇妙”馆陈列是以人体的整体标本、人体八大系统

博物馆内景

及重要器官的标本为主体，配合图片，全面展示了奇妙的人体，并根据人体各器官的结构和功能，介绍了一些与之相关的保健和防病知识。

水生生物馆分为“演化”“淡水”“海水”三个厅。分别饲养部分水生动物，（包括鱼、两栖和爬行类）这是第一次把活的动物引进自然博物馆。另外结合演化展示，还陈列有部分鱼类标本，其中有科摩罗总统访华时赠送我国领导人的拉蒂曼鱼标本，属于世界最珍稀的鱼类标本。

北京自然博物馆的科技工作者把编写、出版图文并茂的科普读物作为自己的责任。该馆主办的大型科普杂志《生物史图说》和甄溯南研究员撰写的《中国恐龙》、周国兴的《人之由来》被评为全国优秀科普读物。由关键研究员等撰写的《恐龙时代》一书被作为优秀图书推荐给读者。22 集大型系列科普丛书《恐龙》《环球绿色行》等书深受欢迎。馆内的有关专家还直接参与了《中国大百科全书》《中国植物志》等书的编纂工作。

改革开放以来，博物馆与世界各国友好交往愈加密切，与国内外合作项目连续不断。“中国恐龙展”先后在新加坡、中国香港、马来西亚、韩国、日本、瑞典、芬兰、美国等许多国家和地区展出。1993 年，在瑞典哥得堡的“中国恐龙展”轰动了这个 50 万人口的城市，观众达 42 万人次之多。1997 年引进了“澳大利亚特有动物展”；1996 年引进了台湾台中自然博物馆的“鲸的故事展”；1997 年与香港海洋公园联合举办了“白鳍豚展览”。

这些展览，扩大了同这些国家和地区的文化交流，也使观众对这些国家和地区加深了解，提高了北京自然博物馆的知名度。

北京自然博物馆被中共中央宣传部命名为“全国爱国主义教育示范基地”，被全国科普大会确定为“全国科普教育基地”，被北京市政府确定为“北京市青少年教育基地”。被联合国教科文组织中国组委会命名为“科学与和平教育基地”，2009 年被国家文物局评定为国家一级博物馆。2016 年 9 月，北京自然博物馆入选“首批中国 20 世纪建筑遗产”名录。

万胜剧场

旧时天桥小戏园子很多，万胜剧场就是当时众多的小戏园留下来的有数的几个。它坐落在天桥市场95号，西、北两面临天桥市场，东距天桥南大街约百余米，南临北纬路东口。

万胜剧场原先叫万盛轩，是座茶楼，原在东经路西一块空地上搭建，是南城旧游乐园内的茶馆之一，卖茶附带说评书。清朝光绪末年（1908年），光绪皇帝与慈禧相继去世，按大清朝律例规定，皇帝、皇后死后一百天之内禁止歌舞、彩唱及锣鼓等文娱活动。这种规定叫“断国服”。天桥卖艺的那些老艺人都不许卖艺了，只得改行转业，于是游乐场败落了。“断国服”解禁以后，民国初年，一些专事组班的掮客，纷纷来到天桥出资重建新园。1912年农历正月十五，著名京剧武生俞振庭在香厂路北侧建起第一座简易戏棚，名“振华大戏棚”，开始组班唱戏。很快，各式

老舍先生为“万胜剧场”题额

各样的小型戏园便如雨后春笋般在天桥陆续出现，像升平舞台、中华舞台、吉祥舞台、振仙舞台、共和舞台，及稍后一些小小戏园，如丹桂戏园、荣合园、天乐园、小桃园、德盛轩等。万盛轩就是在这次兴建小小戏园的热潮中出现的。

这些小小的戏园子，都被较固定的戏班占用，有的戏园子专唱京剧，有的专唱评剧，有的专唱梆子，也有的是梆子皮黄“两下锅”。而万盛轩是上演评剧的。1931 年以后，德盛轩、小桃园等小戏园也增添了评剧，四月鲜、小玉凤以及后起之秀新凤霞，都是曾一度活跃在天桥而受广大观众欢迎的评剧艺人。尤其是新凤霞，由于天资聪颖又有戏剧的功底，十五六岁即主演《花为媒》《杨三姐告状》等传统剧目。她在小桃园、德盛轩都演出过，而主要是在万盛轩。中华人民共和国成立后，新凤霞在万盛轩曾演出过《小女婿》《刘巧儿》等新戏，在评剧界产生了极大的影响。

过去，北京的戏剧演出地点有“街南”“街北”之分。

“街”是以珠市口大街为界：珠市口大街以南，称为街南，珠市口大街以北，称街北。街南主要就是天桥一带。在街南演出的，都是被认为不能登大雅之堂的小班社；在街北演出的，都是所谓的大班社。长期在街南演出的班社，是没有资格到街北演出的，街北的班社也不会到街南去演出。只有珠市口大街上的开明园（后改名开明戏院、民主剧场、珠市口电影院）和华北园（曾易名华北戏院，后改为丰泽园饭庄）稍有特殊，既被看作是街北的演出场所，评剧的个别名角也来演出。白玉霜、芙蓉花二位演员经常在这两个园子上演。这种现象，自评剧名角喜彩莲来京后稍有改变，她以带灯光布景的新评戏，演出于街北的各戏院。中华人民共和国成立后，自新凤霞开始，街南的演出团体陆续有来街北演出的，大多是市文化部门安排的。但街北的剧团仍以到街南演出有损声誉而从不涉足。

十年动乱之后，天桥的万盛轩经过翻修，改称万盛剧场，才开始接待一向在街北演出的戏曲团体演出，万盛轩是打破旧日南北界限的首处场所。

1949 年后沿用的万盛轩戏院名，到 1965 年改称万胜剧场。剧场占地 1200 平方米，建筑面积 1900 平方米，砖木结构两层，观众厅座椅 1050 个。改革开放以来，有 300 英寸大屏幕录像放映设备及台球、电子游戏机等设备配合开展活动。1997 年对万胜剧场进行了翻建，在保持民族特点的同时，又吸收了欧式建筑风格，建筑面积达 1200 平方米。剧场内的 300 个宽大沙发座椅和二楼的老式包厢，构成了万胜剧场大舞台独特的观赏效果。2004 年更名为天桥杂技剧场，是为北京杂技团的专业杂技演出剧场，北京杂技团常年在此演出杂技节目。

天桥杂技剧场

天桥演艺区

首都演艺中心区北京天桥演艺区位于北京中轴线上的天桥地区，总占地面积 2.07 平方公里，东起前门大街、天桥南大街、永定门内大街，西至虎坊路、北纬路、太平街，南以永定门护城河为界，北至珠市口大街，规划构建“一带三区”（演艺剧场带、演游商互动区、商业活力区、文体娱乐区）的总体空间布局，打造成以演艺产业为特色，集演艺总部、文化演出、文化展示、休闲体验等功能于一体的具有国际水准的首都演艺中心区。天桥演艺区是落实“人文北京”的重要地区，是宣南传统文化发祥地之一，是西城区传统文化重要展示地区。天桥演艺区的功能定位是：中华民族传统文化和现代艺术相结合的国家级文化演艺集聚区。现仅在天桥南大街这一带，就有天桥艺术中心、天桥剧场、天桥杂技剧场、德云社等多个大小不一的剧场。2015 年落成的天桥艺术中心和天桥艺术大厦，前者填补了北京南城没有大型剧场的空白，以高质演出剧目成为北京文化新地标；后者主要是为天桥演艺区服务，吸引文化企业、文化名家入驻该区。

北京天桥艺术中心

北京天桥艺术中心位于西城区南中轴路西侧，占地 1.65 公顷，建筑面积 7.5 万平方米，地下四层，地上三层，于 2012 年 3 月开工建设，于 2015 年 11 月正式对外营业。天桥艺术中心是一个现代化的剧场群，包含四个剧场，包括一个综合性大剧场，是北京首家大型音乐剧的专业剧场，可容纳 1600 位观众同时观演，除此之外，还有一个 1000 座的中型剧场、一个 400 座的小型剧场和一个 300 座的多功能剧场，可满足不同演出项目的需求。

天桥艺术中心以音乐剧为主，演出国际经典音乐剧、国内知名原创音乐剧，并包含话剧、舞剧、儿童剧、魔术、演唱会、芭蕾及交响音乐会等多种演艺形式。

北京天桥艺术中心依托音乐剧专业剧场，广泛引进国际巨制和制作国内音乐剧经典。依托青年艺术家计划，寻求中国传统文化与现代艺术生活的碰撞与交融，推动音乐剧在中国的普及和发展。

北京天桥艺术中心作为首都演艺文化发展的新名片，定期举办艺术沙龙、行业研讨、高峰论坛等活动，以学术专业性服务行业发展，以市场化运营树立品牌形象。此外，北京天桥艺术中心还策划组织了多种艺术普及活动，为艺术爱好者提供接触艺术、学习艺术、享受艺术的平台。并将重点打造“周末艺聚”品牌系列活动，包括艺术讲座、大师课、工作坊、剧目探班、演前导赏、演后谈等多种形式的艺术活动及小型演出。同时，天桥艺术中心

北京天桥艺术中心

作为艺术人才的培训基地，为舞台艺术的学习者、爱好者、工作者提供成长、交流、展示的平台。

天桥剧场

天桥剧场位于北京中轴线前门大街南端，东临天坛公园，与自然博物馆隔街相望，南有先农坛，北与琉璃厂文化街相连，西接中央芭蕾舞团、中国歌剧舞剧团。

天桥剧场始建于 1953 年，是中华人民共和国成立后的第一家剧院。1991 年，在原址上重新翻建了天桥剧场，并于 2001 年建成，是一家专业演出芭蕾舞、歌剧、交响乐的剧场。其建筑声学、灯光、电声设计可以满足大型歌舞、戏剧和交响乐的演出要求。

天桥剧场自东向西分为文化广场、大堂、观众厅、舞台四个部分。剧场内部分为前厅、观众厅和贵宾休息厅三个部分，前厅为挑空三层大理石建筑的大堂，天顶为双层中空玻璃制作；殿堂宽敞，墙面为铜雕墙面。观众厅分为三层，共 1215 个软席座椅，一层 719 个座位；二层为露台包厢席，共有各式包厢 9 个，159 个席位；三层有座席 337 个，还配有多功能厅，可容纳 50 人。一层和二层各有贵宾休息室一套，包厢配有包厢休息室。剧场共有化妆间 11 间，可供 80 位演员同时化妆。乐队休息室在乐池下，可供四管制乐队休息和候场使用。

天桥剧场新貌

北京天桥艺术大厦

北京天桥艺术大厦位于北京天桥演艺区内，紧邻南中轴路，总建筑面积约4.6万平方米，分为A、B两座，拥有190米的中轴路展示面。作为园区率先启动的重点项目，大厦聚集国内外演艺文化公司、演艺协会、产业联盟、交流展示平台和版权交易中心等核心机构，从而吸引相关产业入驻办公，逐渐形成具有文化演艺产业公共服务平台功能的全演艺产业链聚集基地。其开发建设主体为金融街投资集团。

北京天桥艺术大厦

天桥市民广场及天桥印象博物馆

新建的天桥市民广场占地5000平方米，它建在天桥剧场的东侧，与北京自然博物馆隔路相望，北边与天桥杂技剧场、中国人寿保险公司北京宣武区支公司相邻。广场内现已复建老天桥的标志性建筑——四面钟。原四面钟建于中华民国初年，后被毁。古建专家王世仁依据老照片、按原状设计出图纸，于 2003 年复建。此次复建位置有所移动，高度有所降低。广场内还塑有“天桥八大怪”的人物雕塑像，以展现老天桥固有的风物风貌，还天桥一个本来面目。市民广场地下建有天桥印象博物馆，面积近 3000 平方米，是天桥演艺区形象展示的重要环节之一。博物馆以“彰显与传承天桥地域优秀文化”为核心，包含“固定展陈、文化体验、活态展陈”三个主题空间，未来将通过“博物、传习、文创、设计、阅读、互动”多维度运营。现已于 2018 年 2 月正式对外开放。

四面钟原貌

复建后的四面钟

天桥八大怪

天桥八大怪

天桥印象博物馆

南中轴线历史文化区

南中轴路的整治

自明代建筑天坛于1998年被定为世界文化遗产项目之后，北京市整治北京中轴路的项目工程工作也在有计划地加紧施行。

为了更完整地显示出古北京城中轴路独有的建筑特色，北京市决定恢复永定门城楼。“永定门城楼复建工程”项目于2003年正式动工。众所周知，永定门城楼是北京城中轴线上的一个不可缺少的典型古建筑，在过去拆城墙、拆城楼中被拆掉了。永定门的瓮城是1950年被拆掉的，城楼是1957年被拆的。“永定门城楼复建工程”弥补了历史上造成的缺憾，是一项“顺民心，符民意”的工程。永定门城楼的复建，使老北京城中轴线向北延伸，即永定门、正阳门、天安门、端门、午门、紫禁城三大殿、神武门、景山、鼓楼、钟楼，南北相望，中轴线的顶点进一步延伸。

整治中轴路的工程还包括清理天桥南大街南段两侧的店铺及建筑物，使天坛和先农坛的坛墙“亮”出来。现在马路两侧距离近百米的空地上种上了绿草及树木，将败坏的坛墙重新垒砌一新，古色古香，壮观齐整，笔直如线，地面芳草如茵。

复建的永定门城楼

天桥历史文化景观带

天桥历史文化景观带北起永安路，南到南纬路，长约600米。原天桥位于天坛西北，南北向跨过龙须沟。天桥在历史上专供天子到天坛、先农坛祭祀使用，故称之为“天桥”。天桥建于元代，经历代多次改建，至1934年被全部拆除，但天桥作为一个地名一直保留了下来。

2013年底天桥历史文化景观带北段沿中轴线恢复并迁建了新天桥景观，两侧新建仿制的“乾隆御制碑”和“正阳桥疏渠记碑”，修建了自北向南贯穿的御道，结束了天桥有名无桥的历史。

南段景观共分为三段，分别是天桥文化广场相对的北端广场、中间区段和南端点广场。其中，北端广场节点位于天桥历史文化景观带北段与南段相接处，广场上种植银杏形成林荫广场，与天桥剧场和自然博物馆共同构成东西向城市的公共空间轴线，既是周边市民休闲的去处，也是演艺区观众停留休憩的场所。景观带的中部是休憩广场，与天桥艺术中心和自然博物馆新馆形成对景。而位于景观带南端点处的南端广场，则是天桥历史文化景观带的终点，一条御道向南铺设至永定门公园，广场南部与人行道相连，行人可进入广场休息停留，广场上设置树池座椅，为人们提供休闲空间，同时也为周边居民和艺术中心观众提供游赏区域。

南中轴线是明清两代皇家祭天的必经之路。每年冬至，皇帝经午门出紫禁城，一路向南穿正阳门、天桥，至现在的南纬路，左转进入天坛。这次新建御道的南端就落在南纬路，恰是当年皇帝转入天坛的节点。

重建的“天桥”景观

正阳桥疏渠记碑

乾隆御制碑

天桥与双碑

永定门公园

永定门公园位于北京市永定门东滨河路 18 号，建于 2004 年，为开放式带状公园。北起南纬路，南至永定门，处于天坛与先农坛之间，属北京重要的历史文化街区，占地 28.5 公顷，南北长 1000 米，永定门城楼是中轴路绿地南线的标志和起点，公园也因此而得名。

永定门公园绿化总面积 13.8 万平方米，整体绿地呈船形，采取成排成行的树阵形式；公园通过一系列小型广场地面铺装来体现文化内涵，一条中间石板、两侧灰砖铺装的人行步道贯穿南北，与紫禁城的御道相接，成为南中轴的标志。地面铺装及休息设施

永定门公园中轴线御道

永定门公园与复建的永定门

与天坛坛墙风格一致，采用灰砖、青瓦等自然材料，融入南中轴“平正大方，古朴自然”的整体风格。

公园结合永定门城楼复建及文物保护进行了中轴线御道修建，在绿地的原址复建了“佑圣寺”和“观音寺”。建成后的南中轴绿地尊重并延续了历史文脉，保护再现了古都风貌，形成了具有浓郁北京特色的文化旅游街区。2006 年被评为北京市精品公园。

燕墩

燕墩又称“烟墩”，是一座上窄下宽、平面呈正方形的墩台，据《日下旧闻考》记载，“燕墩在永定门外半里许，官道西”。位于今北京市东城区永定门外铁路桥南侧。台底边长 14.87 米，台面边长 13.9 米，台底至台面高约 9 米。台顶四周原有高约 1 米的女墙，现已毁。墩台西北角有石门两扇，入门后拾阶可登，历 45 级，通达台顶。台顶正中是一座正方形石坛，坛上立方石碑一座，高约 8 米。碑下部为束腰须弥座，台座四周各雕花纹五层，分别为云、龙、菩提珠、菩提叶等图案，束腰部分用高浮雕持法精雕出 24 尊水神像，均袒胸裸足趺座于海水之上，形态各异，栩栩如生，充分显示出古代工匠精湛的雕刻技艺。 碑上部覆盖四角攒尖顶方形碑盖，四脊各雕出一龙，龙身作波曲奔腾状，龙昂首上扬，似欲飞奔夺宝顶。碑身每面宽 1.58 米，高 7.5 米，南、北碑面四周刻以云状花纹。碑体南、北面分别镌刻清乾隆十八年（1753 年），汉、满文字对照的《御制皇都篇》和《御制帝都篇》，皆出自乾隆皇帝手笔；燕墩碑文是记述北京幽燕之地的徽记，堪称为北京的史记篇；是北京著名碑刻之一。

燕墩简介

燕墩始建于元代，始

建时，只是一座土台，元、明两代北京有五镇之说，南方之镇即为燕墩。因南方在“五行”中属火，故堆烽火台以应之。至明嘉靖三十二年（1553 年）北京修筑外城时，才用砖予以包砌。在清代，燕墩成为民间燕京八景（燕京小八景）之一——石幢燕墩。

1984 年燕墩被列为北京市级文物保护单位。1987 年燕墩被划定保护范围及建设控制地带，保护范围系燕墩本身。1990 年对台顶部分进行维修，并对石碑碑身进行了防护处理。2004 年辟为燕墩公园。2012 年，燕墩与北京中轴线上其他建筑一起参与北京中轴线申遗工作。2017 年开始规划建设燕墩博物馆。

燕墩现状

作家、画家笔下的天桥

民国初期的北京，处在北洋军阀统治之下，战乱频仍，天灾迭起，北方劳苦大众处在水深火热之中，大量农村破产的农民纷纷背井离乡，流落北京街头，靠乞讨度日。天桥地区此时已成北京南部出入的交通要道，因为永定门外设有马家堡火车站，进出北京的旅客全在那里上下车，过往客商多在天桥歇脚……

民国初期的北京，处在北洋军阀统治之下，战乱频仍，天灾迭起，北方劳苦大众处在水深火热之中，大量农村破产的农民纷纷背井离乡，流落北京街头，靠乞讨度日。天桥地区此时已成北京南部出入的交通要道，因为永定门外设有马家堡火车站，进出北京的旅客全在那里上下车，过往客商多在天桥歇脚。而且马家堡车站还一度移到了天桥附近。铁路交通的变革总也没有离开天桥，这样，客观上形成了天桥比以往越加“繁荣昌盛”的景象。

长期以来，天桥成为北京下层劳动大众聚集娱乐之地，更多的是于此作为谋生度日的场所，被有产阶级称之为“下九流”之地，为其所不耻。他们自己不愿意到这里来，而且更不许自己的子弟们涉足，怕他们“学坏”。然而无论管得多么严，禁锢是禁不了的。人们的观念在逐渐改变，越来越多的人喜欢上了天桥，成了大家愿意涉足的地方，成了文人笔下的摄取点，以至于被小说家写入了他们的作品中。据说，老舍先生是想写一本《天桥》的小说的，但老舍先生“文化大革命”开始时受迫害而死，过早地离开了我们，也就看不到他的《天桥》的小说了，这终是一个遗憾。在众多的小说作者中，张恨水先生是公认的小说大家，他的小说《啼笑因缘》是影响较大的一部，深得广大读者的喜爱，直至后来《啼笑因缘》被搬上了戏剧舞台和银幕。

张恨水与《啼笑因缘》

张恨水

张恨水先生是我国新闻界的老前辈和中国文学史上应占有一席之地的著名作家，安徽省潜山县人。他一生光小说就写了 124 部，3000 多万字，可谓名副其实的著作等身的高产作家，在报界也应是数一数二有才气的了。

据说他在工作之余曾同时为六家报纸撰写六部长篇小说，每天要为这些长篇小说各续写几百至一千字，而不致发生“张冠李戴”的差错。一个作家，没有高超的文字驾驭能力和娴熟的写作技巧是很难做到这一点的，能同时写六部小说，在文坛上亦可称凤毛麟角。纵观张恨水先生的小说作品，他能将缠绵悱恻的言情小说和惊险紧张的武侠传奇熔于一炉；他又能将中国传统章回小说和西洋小说新技法融为一体，因此能迎合不同读者之所好。这样熔于一炉的“通俗化的三鲜汤”的新手法开了我国小说创作的先河。

张恨水先生的小说《啼笑因缘》写于 20 世纪 20 年代末至 30 年代初，叙述一个以江南杭州青年学生樊家树来北京考大学，在北京复习功课中间所产生的与沈凤喜、何丽娜以及关秀姑多角恋爱故事，中间穿插了关寿峰父女扶弱除强的武侠传奇。小说以古城北京为背景展示了当时北京市民文化、风土民俗、名胜古迹，尤其是将天桥描绘得淋漓尽致，给读者留下了深刻的印象，这正是小说《啼笑因缘》与其他小说不同的地方。

请看《啼笑因缘》中是这样写天桥的：

张恨水《啼笑因缘》

樊家树平常出去游览，都是这里的主人翁表兄陶伯和相伴，到底有些拘束，今天自己能自由自在地去游玩一番，比较的痛快，也就不嫌寂寞，坐着车子直向天桥而去。到了那里，车子停住，四围乱哄哄地，全是梆子胡琴及锣鼓之声。在自己面前，一路就是三四家木板支的街楼，楼面前挂了许多红纸牌，上面用金字或黑字标着，什么“狗肉缸”“娃娃生”，又是什么“水仙花小牡丹合演《锔沙锅》”。给了车钱，走过去一看，门楼边牵牵连连，摆了许多摊子。就以自己面前而论，一个大平头独轮车，车板上堆了许多黑块，都有饭碗来大小，成千成百的苍蝇，只在那里乱飞。黑块中放了二把雪白的刀，车边站着一个人，拿了黑块，提刀在一块木板上一顿乱切，切了许多紫色的薄片，将一小张污烂旧报纸托着给人，大概是卖酱牛肉或熟驴肉的了。又一个摊子，是平地放了一口大铁锅，

《啼笑因缘》插图——主人公樊家树

锅里有许多漆黑绵长一条条的东西，活像是剥了鳞的死蛇，盘满在锅里。一股又腥又臭的气味，在锅里直腾出来。原来那是北方人喜欢吃的煮羊肠子。家树皱了一皱眉头，转过身去一看，却是几条土巷，巷子两边，全是芦棚。前面两条巷，远远望见，芦棚里挂了许多红红绿绿的衣服，大概那是最出名的估衣街了。这边一个小巷，来来往往的人极多。巷口上，就是在灰地上摆了一堆的旧鞋子。也有几处是零货摊，满地是煤油灯、洋瓷盆、铜铁器。由此过去，南边是芦棚店，北方一条大宽沟，沟里一片黑泥浆，流着蓝色的水，臭气熏天。家树一想：水心亭既然有花木之胜，当然不在这里。又转回身来，走上大街，去问一个警察。警察告诉他，由此往南，路西便是水心亭。

原来北京城是个四四方方的地方，街巷都是由北而南，由东而西，人家的住房，也是四方的四合院。所以到此的人，无论老少，都知道四方，谈起来不论上下左右，只论东西南北。当下家树听了警察的话，向前直走，将许多芦棚地摊走完，便是一片旷野之地。马路的西边有一道水沟，虽然不清，倒也不臭。在水沟那边，稀稀的有几棵丈来长的柳树。再由沟这边到沟那边，不能过去。南北两头，有两架平板木桥，桥头上有个小芦棚子，那里摆了一张小桌，两个警察守住。过去的人都在桥那边掏四个铜子，买一张小红纸进去。这样子，就是买票了。家树到了此地，不能不去看看，也就掏了四个子买票过桥。到了桥那边，平地上挖了一些水坑，里面种了水芋之属，并没有花园。过了水坑，有五六处大芦棚，里面倒有不少茶座。一个棚子里都有一台杂耍。所幸在座的人，还是些中上等的分子，不作气味。穿过这些芦棚，又过一道水沟，这里倒有一所浅塘，里面新出了些荷叶。荷塘那边有一片木屋，屋外斜生着四五棵绿树，树下一个倭瓜架子，牵着一些瓜豆蔓子。那木屋是用蓝漆漆的，垂着两副湘帘，顺了风，远远地就听到一阵管弦丝竹之声。心想，这地方多少还有点意思，且过去看看。

家树顺着一条路走去，那木屋向南敞开，对了先农坛一带红墙，一丛古柏，屋子里摆了几十副座头，正北有一座矮台，上面正有七八个花枝招展的大鼓娘，在那里坐着，依次唱大鼓书。家树本想坐下休息片刻，无奈所有的座位人都满了，于是折转身复走回来。所谓“水心亭”，不过如此。这种风景，似乎也不值得留恋。先是由东边进来的，这且由西边出去——过去却见一排都是茶棚。穿过茶棚，人声喧嚷，远远一看，有唱大鼓书的，有卖药的，有摔跤的，有弄口技的，有说相声的。左一个布棚，外面围住一圈人；右一个木棚，围住一圈人。这倒是真正的下等社会俱乐部。北方一个土墩，围了一圈，笑声最烈。家树走上前一看，只见一根竹竿子，挑了一块破蓝布，脏得像小孩子用的尿布一般。蓝布下一张小桌子，有三四个小孩子围着打锣鼓拉胡琴。蓝布一掀，出来一个四十多岁的黑汉子，穿一件半截灰布长衫，拦腰虚束了一根草绳，头上戴了一个烟卷纸盒子制的帽子，嘴上也挂了一挂黑胡须，其实不过四五十根马尾。他走到桌子边一瞪眼，看的人就叫好，他一伸手摘下胡子道："我还没唱，怎么样就好得起来？胡琴赶来了，我来不及说话。"说着，马上挂起胡子又唱起来。大家看见，自是一阵笑。

家树在这里站着了好一会子，觉得有些乏，回头一看，有一家茶馆，倒还干净，就踏了进去，找个座位坐下。那柱子上贴了一张红纸条，上面大书一行字："每位水钱一枚。"家树觉得很便宜，是有生以来所不曾经过的茶馆了。走过来一个伙计，送一把白瓷壶在桌上，问道："先生带了叶子没有？"家树答："没有。"伙计道："给你沏钱四百一包的吧！香片？龙井？"这北

《啼笑因缘》插图——关寿峰与关秀姑父女

京人喝茶叶，不是论分量，乃是论包的。一包茶叶，大概有一钱重。平常是论几个铜子一包，又简称几百一包。一百就是一个铜板。茶不分名目，泡过的茶叶，加上茉莉花，名为“香片”。不复泡过，不加花的，统名之为“龙井”。家树虽然是浙江人，来此多日，很知道这层缘故。当时答应了“龙井”两个字，因道：“你们水钱只要一个铜子，怎么倒花四个铜子买茶叶给人喝？”伙计笑道：“你是南边人，不明白。你自己带叶子来，我们只要一枚。你要是吃我们的茶叶，我们还只收一个子儿水钱，那就非卖老娘不可了。”家树听他这话，笑道：“要是客人都带叶子来，你们全只收一个子儿水钱，岂不要大赔钱？”伙计听了，将手向后方院子里一指，笑道：“你瞧！我们这儿是不靠卖水的。”

家树向后院看去，那里有两个木架子，插着许多样武器，胡乱摆了一些石墩石锁，还有一副千斤担。院子里另外有重屋子，有一群人在那里品茗闲谈。屋子门上，写了一副横额贴在那里，乃是“以武会友”。就在这个时候，有人走了出来，取架子上的武器，在院子里练练。家树知道了，这是一般武术家的俱乐部。家树在学校里，本有一个武术教员教练武术，向来对此感到有些趣味，现在遇到这样的俱乐部，有不少的武术可以参观，很是欢喜，索性将座位挪了一挪，靠近后院的扶栏。先是看见有几个壮年人在院子里，练了一会儿刀棍，最后走出来一个五十上下的老者，身上穿了一件紫花布汗衫，横腰系了一根大板带，板带上挂了烟荷包小褡裢，下面是青布裤，裹腿布系靠了膝盖，远远地就一摸胳膊，精神抖擞。走近来，见他长长的脸，一个高鼻子，嘴上只微微留几根须。他一走到院子里，将袖子一阵卷，先站稳了脚步，一手提一只石锁，颠了几颠，然后向空中一举，举起来之后，往下一落，一落之后，又往上一举。看那石锁，大概有七八十斤一只，两只就一百几十斤。这向上一举，还不怎样出奇，只见他双手向下一落，右手又向上一起，那石锁飞了出去，直冲过屋脊。家树看见先自一惊，不料那石锁刚过屋脊，照着那老人的头顶直落下来，老人脚步动也不曾一动，只把头微微向左一偏，那石锁平平稳稳落在他右肩上。同时，他把左手的石锁抛出，也把左肩来承住。家树看了，不由暗地称奇。看那老人，倒行若无事，轻轻地将两只石锁向地下一扔。在场的一班少年，于是吆喝了一阵，还有两个叫好的。老人见人家称赞他，只是微微一笑。

这时，有一个壮年汉子，坐在那千斤担上笑道："大叔，今天你很高兴，玩一玩大家伙吧。"老人道；"你先玩着给我瞧瞧。"那汉子果然一转身双手拿了木杠，将千斤担拿起，慢慢提起，平齐了双肩，咬着牙，脸就红了。他赶紧弯腰，将担子放下，笑道："今天乏了，更是不成。"老人道;"瞧我的吧。"走上前，先平了手，将担子提着平了腹，顿了一顿，反着手向上一举，平了下颏，又顿了一顿，两手伸直，高举过顶。这担子两头是两个大石盘，仿佛像两片石磨，木杠有茶杯来粗细，插在石盘的中心。一个石磨，至少也有二百斤重，加上安在木杠的两头，更是吃力。这一举起来，总有五六百斤气力，才可以对付。家树不由自主地拍着桌子叫了一声"好！"

那老人听到这边的叫好声，放下千斤担，看看家树，见他穿了一件蓝湖绉夹袍，在大襟上挂了一个自来水笔的笔插。白净的面孔，架了一副玳瑁边圆框眼镜，头上的头发虽然分齐，却又卷起有些蓬乱，这分明是个贵族式的大学生，何以会到此地来？不免又看家树两眼。家树以为人家是要招呼他，就站起来笑脸相迎。那老人笑道：“先生，你也爱这个吗？”家树笑道：“爱是爱，可没有这种力气。这个千斤担，亏你举得起。贵庚过了五十吗？”那老人微笑道：“五十几？——望来生了！”家树道：“这样说过六十了。六十岁的人，有这样大力气，真是少见！贵姓是……”那人说是姓关。家树便斟了一杯茶，和他坐下来谈话，才知道他名关寿峰，是山东人，在京以做外科大夫为生。便问家树姓名，怎样会到这种茶馆里来？家树告诉了他姓名，又道：“家住在杭州。因为要到北京来考大学，现在补习功课。住在东四三条胡同表兄家里。”寿峰道：“樊先生，这很巧，我们还是街坊啦！我也住在那胡同里，你是多少号门牌？”家树道：“我表兄姓陶。”寿峰道：“是那红门陶宅吗？那是大宅门啦，听说他们老爷太太都在外洋。”家树道：“是，那是我舅舅。他是一个总领事，带我舅母去了。我的表兄陶伯和，现在也在外交部有差事。不过家里还可过，也不算什么大宅门。你府上在哪里？”寿峰哈哈大笑道：“我们这种人家，哪里去谈‘府上’啦？我住的地方，就是个大杂院。你是南方人，大概不明白什么叫大杂院。这就是说一家院子里，住上十几家人家，做什么的都有。你想，这样的地方，哪里安的上‘府上’两个字？”家树道：“那也不要紧，人品高低，并不在住的房子上。我也很喜欢谈武术的，既然同住在一个胡同，过一天一定过去奉看大叔。”

寿峰听他这样称呼，站了起来，伸着手将头发一顿乱搔，然后抱着拳连拱几下，说道：“我的先生，你是怎样称呼啊？我真不敢当。你要是不嫌弃，哪一天我就去拜访你去。”又道：“说到练把式，你要爱听，那有的是……”说时，一拍肚腰带道：“可千万别这样称呼。”家树道:“你老人家不过少几个钱,不能穿好的，吃好的，办不起大事，难道为了穷，把年岁都丢了不成？我今年只二十岁。你老人家有六十多岁，大我四十岁，跟着你老人家同行叫一声大叔，那不算客气。”寿峰将桌子一拍，回头对在座喝茶的人道：“这位先生爽快，我没有看见过这样的少爷们。”家树也觉着这老头子很爽直，又和他谈了一阵，因已日落西山，就给了茶钱回家。

自小说《啼笑因缘》问世之后，形成了一股不息的狂热。诚如严独鹤先生为《啼笑因缘》一书作序时介绍的那样：“一时文坛竟有‘啼笑因缘迷’的口号。一部小说，能使阅者对于它产生迷恋，这在近人著作中，实在可以说是创作小说界的新纪录。”广大读者这种狂热的迷恋，客观上在国内起到了提高北京天桥的知名度与地位的作用。另一位小说家张友鸾先生在介绍张恨水先生和其作品时也写道：“……南方人非常向往北京。恨水小说里，把北京的风貌，介绍得活了。许多人读了《啼笑因缘》，都恨不得立刻到天桥看看，大鼓书怎么唱法，卖武的怎么打法；以至北京人的生活起居，北京地区的名胜古迹;借这一部小说，可以‘卧游’。而且,北洋军阀的暴虐横行,肆无忌惮,在北方是‘司空见惯’

了，南方却觉得很稀奇。南方的小说作者，背景离不开上海、苏州、杭州、扬州等地，读者自然感到狭隘，忽然改在北京，他们有许多‘闻所未闻，见所未见’的事，怎么不大表欢迎呢？”

《啼笑因缘》插图——沈凤喜坛根唱大鼓

另外，张恨水先生在《啼笑因缘》中用很多笔墨写天桥之时，也对天桥的周边地区进行了描述。比如对天桥一侧的先农坛和沈凤喜的住家水车胡同就是如此。显然凤喜和她叔叔每天在天桥弹弦子唱大鼓，走着来去，一定离天桥不会太远。先农坛是小说中描述较多的地方。樊家树与沈凤喜第一次相见就是在先农坛内古柏中间，直立着一座伸入半空的钟塔。钟塔下面有一片敞地，沈凤喜和沈三弦就在钟塔的台基上唱大鼓书。接着樊家树与沈凤喜于一天清晨在先农坛柏树林定情相会，谈话中樊家树答应供沈凤喜上学。就是后来沈凤喜被军阀刘德柱将军霸占后，樊家树计划约沈凤喜一同逃走，也是约定在先农坛会面。会面后，樊见沈变心，演出了一场"裂券飞蚨绝交还大笑"的悲剧。张恨水先生在小说中将古柏森森、花草遍地的 20 世纪二三十年代的先农坛公园活灵活现地展示在读者面前。

小说对当时北京社会各阶层之人对天桥的看法也有所流露并表示了作者对天桥的鲜明看法。樊家树的表兄、在外交部供职的陶伯和明确表示不同意樊去天桥那种地方和结交关寿峰之类的人，主张他去玩要去西山，而他的表嫂主张他去舞厅跳舞，并说："去一次两次，那是没有意思的，但是去得多了，认识了女朋友之后，你就觉得有意思了。无论如何，总比到天桥去坐那又臊又臭的小茶馆里强得多。"

身为陶府仆人的刘福虽赞成樊家树到天桥去玩，但不赞成他和关寿峰那样的人打交道。请看书中下面两段叙述便知：

刘福道："我知道表少爷是爱玩风景的。天桥有个水心亭，倒可以去去。”家树道：“天桥不是下等社会聚合的地方吗？”刘福道：“不，那里四周是水，中间有花有亭子，还有很漂亮的女孩子在那里清唱。”家树道：“我怎么从没听到说有这样一个地方？”刘福笑道：“我决不能冤你。那里也有花棚，也有树木，我就爱去。”

……那个听差刘福进来伺候茶水，便问道：“表少爷，水心亭好不好？”家树道：“水心亭倒也罢了，不过我在小茶馆里认识了一个练武的老人谈得很好。我想和他学点本事，也许他明后天要来见我。”刘福道：“唉！表少爷，你初到此地来，不懂这里的情形。天桥这地方，九流三教，什么样子的人都有，怎么和他们谈起交情来了？”家树道：“那要什么紧！天桥那地方，我看虽是下等社会人多，不能说那里就没有好人，这老头子极爽快，说话很懂情理。”刘福微笑道:“走江湖的人,有个不会说话的吗？”家树道：“你没看见那人，你哪里知道那人的好坏？我知道，你们一定要看见坐汽车带马弁的,那才是好人。”刘福不敢多事辩驳，只得笑着去了。

尽管陶家的人都不愿意樊家树去接近属于“下九流”的关寿峰，但全都没有想到的是，樊家树考上春明大学之后去西山骑驴秋游，中途被绑匪绑了票，竟是关寿峰父女俩闯进匪窝将樊家树从匪徒手中救出，完好无缺地将樊家树送到陶宅。还是关寿峰自己对陶家下人刘福说得好：“朋友，你们表少爷交我这老头子，没有吃亏吧？你别瞧在天桥混饭吃的，九流三教，什么都有，可是也有不少够朋友的！以后没事，咱们闹两壶谈谈，你准会知道练把式的，敢情也不错。”

值得一提的是，由于《啼笑因缘》深受读者喜爱，狂热程度经久不衰，大家纷纷要求张恨水先生写续集。当时张恨水先生的态度是明确的，他说：“凡是一种作品，无论剧本或小说，以至散文，都有适可而止的地位，不能乱续的。”最后，他“归结一句话，我是不能续，不必续，也不敢续。”可是当他挡不住别人去续作的潮头时，也只好来写《啼笑因缘》续集了。

张恨水先生的《啼笑因缘》除他自己写了续集外，还有惜红馆主的《续啼笑因缘》和徐哲身的《啼笑鸳鸯》(亦名《反啼笑因缘》)较为有典型性。我们中国给小说写续集，自古以来就是有的，众所周知的曹雪芹所写的《红楼梦》续书就不少，什么《红楼复梦》《红楼圆梦》《红楼真梦》《补红楼梦》《红楼梦补》《续红楼梦》《红

《反啼笑因缘》

《续啼笑因缘》

楼梦影》《后红楼梦》《红楼幻梦》《增补红楼梦》等等，不下数十种。对于种种续书，虽不能说全是狗尾续貂，毕竟能符合原书本意的是不多的。小说续书继《红楼梦》之后，大概是非张恨水先生的《啼笑因缘》续书而莫属了。

话剧《龙须沟》

话剧《龙须沟》是我国文学巨擘老舍在中华人民共和国成立以后所写的歌颂新社会的文艺作品。老舍原名舒庆春，字舍予，1899 年 6 月他出生于一个贫寒的满族旗人家庭。父亲是个旗兵，收入颇微。老舍身居京城，饱尝世态炎凉、人情冷暖。他在北京师范学校毕业后，20 世纪 20 年代至抗战前先在英国的大学里教学，后在国内齐鲁大学、山东大学任教授兼从事文学创作。抗战

老舍

胜利后在美国讲学并进行创作，全国解放后应召回国。曾任政务院文教委员会委员、历届全国人大代表、中国文联副主席、中国作协副主席、北京市文联主席等职。

老舍主要是以北京为题材写小说的作家，长篇小说《四世同堂》和《骆驼祥子》是他的代表作。写剧本是抗日战争爆发后尝试写的，剧本《龙须沟》是他解放后最先写的一部剧本。

老舍为什么要写剧本《龙须沟》呢？他自己是这样说的："龙须沟是北京有名的一条臭沟。沟的两岸住满了勤劳安分的人民。多少年来，反动政府视人民如草芥，不管沟水（其实，不是水，而是稠嘟嘟的泥浆）多么臭，多么脏，多么有害，向来没人过问。不单如此，贪官们还把人民捐的修沟款项吞吃过不止一次。1950年春，人民政府决定替人民修沟。在建设新北京的许多事项里，这是件特别值得歌颂的。因为，第一，政府经济上并不宽裕，可是还决心为人民除污去害。第二，政府不像先前的反动统治者那么只管给达官贵人修路盖楼房，也不那么只管修整通衢大路，粉饰太平，而是先找最迫切的事情做。尽管龙须沟是在偏僻的地方，政府并不因为它偏僻而忽视它，这是人民政府，所以真给人民服务。"（老舍：《龙须沟》写作经过）

显然，中华人民共和国成立以后，老舍和龙须沟的人民一样，从心里感觉到共产党领导下的政府，是真心实意为人民办事的好政府，他要热爱它，用自己的笔歌颂它。

《龙须沟》是通过居住在沟旁的一个小杂院的几户人家的人物变化来写修沟造福人民的。剧中主要人物：三轮车夫丁四一家。

他家的小女儿丁小妞在解放前一年掉进龙须沟被淹死。王大妈和女儿二春一家。程疯子和妻子程娘子一家。程疯子是因从前在城里头作艺，不肯低三下四地侍候有势力的人，教人打了一顿，后到天桥来下地，不肯给胳膊钱，又被恶霸打得半死才疯了的。孤老头、当泥瓦匠赵老头家。这几户人家在修沟时有的主动去做工，有的去送开水给修沟工人喝，都纷纷出动，做力所能及的事，展示了他们出自内心的喜悦。

剧中有一场修沟时下大雨，政府怕沟两旁的住户人家房屋破漏，砸伤人，组织人将居民安排在旅店中的情形。大家将年老的人背到店中安置，情节感人，催人泪下。剧中还穿插了一段过去横行在天桥一带的黑势力恶霸黑旋风指使爪牙冯狗子在市场上拿程娘子卖的香烟不给钱，欺负程娘子，殴打程疯子，小杂院几户人家与冯狗子做斗争的场面。后来政府将黑旋风和冯狗子绳之以法，大快人心，歌颂了人民政府惩恶扬善、保护人民享太平的壮举。

《龙须沟》后来被拍成了电影，很多镜头都是在天桥地区实地拍摄的，比如程娘子卖香烟在天桥路口，黑势力爪牙们活动在坛根儿等。今天这些地方的风貌都不存在了，但电影《龙须沟》给我们留下了可贵的真实的天桥实地素材。

继《龙须沟》之后，老舍又创作了《春华秋实》《茶馆》《女店员》《全家福》《神拳》等剧本和小说《无名高地有了名》及其他形式的文艺作品歌颂新社会，党和人民给予他“人民艺术家”的称号。

《魂断金鱼池》

《魂断金鱼池》

《魂断金鱼池》是一篇中篇小说，全文2300余字。作者崔金生是工人出身的作家，与其他作家不同的是崔金生自小在天桥附近的贫民窟中长大。他十几岁就在私人小作坊里学徒，旧社会的天桥和童工生活，他有痛苦的切身经历，因此他的作品有不少是反映老北京人和童工生活的。北京解放初期，党和政府在劳动人民文化宫举办了青年作家培训班，崔金生和李武魁、李甡、韩忆萍、李学鳌、张宝申等一批工人出身的同志是最早的成员。他是中国作家协会会员，著述颇丰，退休之前组织了北京职工老作家协会，任副会长兼秘书长。他还是原宣武区作家协会监事长。作品有长篇小说《七个光棍汉》，中篇小说《天桥轶事》《神钻图》《藏珍》等八部以及《京韵杂述》《北京礼俗》等书。近年又出版了散文集《谈松话柏说名树》。

小说《魂断金鱼池》塑造了两个悲惨苦难的母女俩，她们的

崔金生

一生反映出旧社会天桥地区劳苦下层人民的血泪经历，控诉了天桥社会的暗无天日。

艳芬妈，一个36岁的标致女人。前夫被抓兵死在战场上，带艳芬改嫁到金鱼池东坡一座破落的长条院里。艳芬的继父张顺也是二婚，前妻病故，留下个男孩叫张龙，比艳芬大15岁。这张龙馋得要命，懒得出奇，油瓶子倒了也不扶，人叫他“懒龙”，和一个比他大5岁的女招待鬼混在一起，住在天坛根独门独院里。张顺婚后没几年，得暴病归西。死的那天，娘俩把懒龙找来了，结果他不管不说，还抄了几件像样的东西拿走了。母女俩磕响头，向街坊“钻官吊”（大家帮忙办丧事），买了个大匣子埋了张顺。

艳芬妈生活又没了着落，只得托人在大市华丰泰皮货庄取皮活缝，挣几个钱母女俩度日。发皮活的工头“丁大拿”，他满肚子坏水，他发活看人下菜碟儿，凡是年轻有几分姿色的姑娘、媳妇，让他亲一口，摸摸奶子就多发整活，碎活都给那些姥姥不疼、舅舅不爱的妇女。他一见艳芬妈心里就一动，心想，还没有见过这么漂亮的缝皮子的女人，因此总挑整活给她。他拉拢艳芬妈是有目的的，他利用发活要挟艳芬妈跟他胡来，蹂躏这个可怜的女人。艳芬妈为生活所迫，含泪被迫接受了。后来艳芬妈得了脏病，趴了炕。无钱医治，一天清晨，她撇下女儿艳芬，跳进了金鱼池寻了短见。

艳芬妈死后，艳芬在邻人的劝导下，只好跟着所谓大哥懒龙去天坛根街哥嫂家住。为了不拖累哥嫂，她从早到晚没闲工夫，洗衣、做饭、收拾院子。然后去东晓市丹凤火柴公司装洋火，站一天回来，晚饭后开始缝皮子……在她 17 岁那一年，生活放荡的嫂子让艳芬去当女招待。艳芬本不愿意，迫于哥嫂的压力，勉强答应了。但是她抱着洁身自好的心理，卖笑不卖身。因为她心里恋着正在金鱼池大街祥义旋活工厂做徒工的童年小伙伴于占雄。占雄也答应她学徒完后，手艺学到手，就娶艳芬成家。艳芬希望于占雄早日娶她，到时小两口永远在一起生活。美好的愿望支撑着她生活下去。

然而在那样的社会没有善良人的出路，艳芬小心谨慎地在饭庄当女招待，含泪卖笑，还是得罪了土混混头儿“震前门”。原来是艳芬在饭庄招待“震前门”时，“震前门”将艳芬拉入怀里乱亲乱啃，又用大手把艳芬下巴托住，然后嘴对嘴吐酒。艳芬挥手将酒盅打飞，一个鲤鱼打挺，哭着跑了出去。“震前门”勃然大怒，扬言五月节那天再来饭庄算账。为了避免“震前门”找茬报复，嫂子“万人迷”找到自己的老相好侦缉队长胡大麻子，并让艳芬认胡大麻子做干爹。艳芬万没想到躲过了狼又引进了虎。胡大麻子在饭庄制服了“震前门”的寻衅闹事后，却将艳芬带到一家饭店，折磨艳芬两天三夜，夺去了她的贞操。这期间，艳芬两次上吊，三次跳楼都被发现。第三天一早，胡大麻子让伙计找辆双人包厢三轮车，送她回家去。

饱受凌辱的弱女子艳芬含着冤恨走了她妈的老路。红桥东南的乱葬岗子上，多了三座新坟。它述说了一对痴情男女双双跳金鱼池自杀的故事，还有一个得单相思病的小伙子……

小说人物刻画得十分细腻生动，除艳芬妈和艳芬外，尚有淳朴善良的占雄和他的师兄弟们，“震前门”、胡大麻子的凶狠、霸道，嫂子“万人迷”的放荡也都入木三分，更有那浓郁的老北京风情、民俗，手工业作坊学徒们难忍的学艺生涯，都给人留下了深深的印象。这一切都是天桥地区深厚的文化底蕴给崔金生提供了丰富的创作土壤。

《天桥演义》

长篇章回故事小说《天桥演义》是蒋寒中（本人真名沈家和，工人日报的编辑）于 1987 年写成的。故事以天桥地区为背景，通过唐二寻找妻子唐杨氏、女儿唐忠翠的曲折经历，反映出当时的天桥坏人当道，欺压人民和广大穷困卖艺人的悲惨情况以及在地下党的领导下同黑暗恶势力做斗争迎接北平解放的历史片段。时间发生在 1948 年夏天至 1949 年 1 月下旬这一段时间，不过半年左右。

小说主要写了几户人家：唐二一家；卖黄土为生的刘老头、

《天桥演义》

刘大娘、刘大海、秀兰一家；范老妈子、巧贞一家；张贺新、张袁氏一家；龚茂春、龚菩萨、二菩萨一家；共五户人家。小说以几大事件即刘老头杀死了害他家破人亡的恶霸陆大肚子，自己也自刎事件；范家的巧贞被西霸天朱六以家中盖房缺人手做饭让巧贞去帮厨为由，借机霸占了巧贞，他的未婚夫大海也被朱六指使人打伤的事件；西霸天朱六阴谋侵吞公记料器厂，逼死老板张贺新和老板娘二夫人张袁氏的事件；朱六与南霸天孙平九合谋，为抢占龚家大武术班的表演场地，指使三天王和四天王下毒手将班主龚茂春用绝户脚踢死的事件；唐二的女儿忠翠随母天桥投亲不遇，被朱六卖给董寡妇先在天桥卖艺，后被孙少帅霸占又被卖到通海妓院沦为妓女，直到病危了才得以与唐二相见的事件。作者通过几户人家的几大事件贯穿起来，演绎出一曲催人泪下的章回小说——《天桥演义》。

作者不是对发生在天桥的几大事件的简单图解，他塑造的人物、故事产生的效果，诚如陈钧的读后感说得好："恨魔怪之乱舞，哀民生之多艰，赞生花之妙笔，惜美好之今天。"

这几句评语概括的全面、中肯。在小说的情节进展中，在几户人家的正面人物唐二、唐杨氏、忠翠、刘老头、刘大海、刘大娘、刘秀兰、巧贞、范老妈子、张贺新、张袁氏等人之外，天桥

《天桥演义》插图——唐杨氏、唐二、唐忠翠

《天桥演义》插图——刘老头、刘大海、刘大娘、刘秀兰

的穷苦艺人以“天桥八大怪”为代表是人物刻画塑造的重点。书中写的“天桥八大怪”为“小金牙”焦德池、“大兵黄”黄仁义、“云里飞”柏保川、“活济公”周德江以及“蹭油的”等人。他们是以卖艺养家糊口才在天桥撂地摊的，他们虽穷，但都讲义气，对穷人有一副热心肠。当刘老头一家遭难和龚茂春被人踢死后，他们都伸出了救援之手，全都站在了受害人的一边儿。“大兵黄”骂大街替刘老头申冤出气：“不骂天，不骂地，咱骂贪官和污吏！天桥一霸陆鸿奇，吃了一刀头落地！为民除害刘老头，英灵升到九天里……”小金牙也利用自己的职业把刘老头的遭遇编成《冤魂泪》小曲在拉大片时唱出来：“您往里头瞧呀往里头看，京南

有个村在官道边。村西边有片松林坟，看坟的就是刘老汉。刘老汉有二男和二女……这幕幕惨景我亲眼见。我拔刀相助救翠兰，不料她逃出龙潭又落虎口，遭土匪蹂躏死得好惨。我心如刀绞问苍天，冤魂儿的冤情谁给断？……”他要让天下人都知道刘老头的冤情。当龚茂春遭歹人暗算命丧黄泉后，小金牙十分了解龚茂春的为人和功夫，对这位老人的被害，很伤心。他把老人的经历又编成段子，唱给人们听：“有个好汉本姓龚，出身本是穷百姓。自幼苦练功力门,古刹求艺拜高僧。艺高胆大威名远,武林人称‘功力龚’。……‘功力龚’的人品誉九城。‘功力龚’惨遭恶人害,‘功力龚’的英灵化彩虹。那彩虹化作昆仑剑，斩尽天下害人精！”

“天桥八大怪”的一言一行，同仰人鼻息的无耻《燕南日报》主笔卞国砚那篇登载报上颠倒黑白污蔑刘老头的文章形成了鲜明的对比。作者以传神之笔将祖辈流传的天桥中的穷苦的卖艺之人一个个鲜活的面容呈现于读者面前。

与此同时，在人物安排中也巧妙地穿插了一些市井风情、掌故习俗的描写，不仅丰富了人物的性格，而且渲染了典型环境，给人以人物活动自如、情景交融之感。如在第二十二回中写道：

原来，天桥这儿打小鼓的也有贵贱之分，住小客店的那些打鼓的，全都本钱不大或没有本钱，找茶馆掌柜的或放高利贷的人借一点钱便上街，当天借当天还，借一块出一毛钱利钱。这些人全是打软鼓的。而孙平九的干儿子草鬼子干的是打硬鼓的，打硬鼓的人一般穿着干净的长衫，挟一个小青布包，敲打着牛皮小鼓走街串巷，但他们吆喝的是“散银子买，首饰买，玉器珠宝也

《天桥演义》插图——黎翔、朱六、孙平九、赵八

买……”这些人本钱多，本事也大，必须有一定的鉴赏能力，主要收珠宝玉器、古书古画、细毛皮货和硬木家具。他们经常跑妓院、买卖家和有钱有势的大宅门。他们收回货来卖给金银首饰铺子、古玩铺子或大估衣铺子，甚至还有与外国人合伙干走私买卖的。这些人平时上街身上常带着二三百元，但有大宗买卖，几千、几万的他们也拿得出来，因为他们后头一般都有大商号、老字号或有钱人做后盾。不过，打鼓行中，打硬鼓的人只有极少数。孙平九和他干儿子合伙打硬鼓，他们的后台是有钱有势的孙少帅，他们收下好东西，先请孙少帅过目，只要是孙少帅看中了的，他们也就不再出手给别人了。孙平九有时下两趟街，还为了看看世面，会会地面上的小偷、扒手头目，得些孝敬。当然，要论打硬鼓的本事，论对古玩玉器鉴别能力，孙平九还真行。孙平九好歹算是让唐二明白了什么叫打硬鼓的了，然后拍拍唐二的肩膀，很亲热地说：“伙计，你别犯嘀咕，我不会让你入股的，你怕我算计你那几十块盘缠钱不是？没那宗事儿！我一不让你出本钱，二不让你担风险，你就给我当个‘儿溜子’就行了，赚了钱有你一份儿，

赔了钱我一个人兜着，这还不行吗？今儿个草鬼子没露面。干脆着点儿，你干不干吧？”

这段的人物描写中穿插了一段有关北京风情中“打鼓的”知识，显然作者事前对“打鼓的”一类做了考察和了解。

还有当时天桥各行各业的描写亦时而可见，如第二回中的一段：

春华园坤书馆是在天桥中心市场的南边，范老妈子的缝穷摊在先农坛市场曹麻子数来宝场子的旁边。这中间光戏园子就有万盛轩戏院、丹桂戏园、葵花舞台；说相声的、练把式的、唱大鼓书的杂耍场子一个挨一个。最多的是那些卖吃喝的小摊子，这些做小本生意的主儿，支上两块铺板，摆上几条凳子，弄上一副挑子就齐了。为了适应逛天桥的各路人的口味，他们全想法子翻出新花样，争着“卖新鲜”。你顺着中心市场、三角市场和先农坛市场中间的过道一遛，肚子不饿也叫你饿了。什么猫耳朵、拨鱼儿、干崩儿、贴饼子、羊双双、豆汁儿、爆肚……这么说吧，连那些老天桥也不准说全了天桥的小吃到底有多少种。还没等你数全了呢，他那儿又翻出新花样来了，就是凭新鲜劲儿招徕吃主。在各个小摊前，吃主还真不少，一片脑袋动，一片嘴巴响。

这段描写再现了昔日天桥的景象，使人如在其中。

小说结尾的环境描写给人以一片光明即将来临的感觉：

当唐二来到前门通永定门的大马路上时，他顺天坛北墙向东一看，只见东方已经发白，天快亮了！黎明前的黑暗就要过去了！

从永定门外很远的地方，传来沉闷的大炮声。唐二知道，这炮声是从丰台附近解放军的阵地上传来的。

唐二深深吸了一口气，望着东方，久久地站在那里。他只觉得自己的心在胸膛内剧烈地跳动着，他只觉得无比激动，无比兴奋。

那震撼天地的炮声，继续在古老的北平上空轰鸣着，轰鸣着……

小说之前作者为了使人阅读前对人物先有一个初步的印象，列出了一个主要人物表，对人物简单概括了身份、经历和结局。正反两方面的人物计有 74 人之多，这部七十一回的章回小说有 920 页厚，可谓洋洋大观矣。

小说描写了地下党领导天桥的斗争。作为党的基层领导人，杨明这个人物是在后来才出现的。他以开鞋铺为掩护，这个地下党领导人的形象塑造与《野火春风斗古城》中的杨晓冬是同样一种角色。杨晓冬受上峰指示来古城策划伪军官关敬陶起义，后被人出卖而被捕，他目睹了母亲在敌人面前英勇斥敌，壮烈牺牲。他在地下党营救下出狱，圆满完成了策反任务。同杨晓冬比较，杨明显得苍白单薄一些。他对天桥地下党的成员们所布置的“抓住

《天桥演义》插图——傅钧、杨明、刘世才

孙少帅这两件事，进一步把天桥的艺人、做小买卖的商贩发动起来，保护公共设施，迎接北平解放”指示，也只是个计划，并未见之于行动。作为小说的首要人物唐二是作者重点塑造的对象。他千里迢迢来到北平天桥寻找因躲避村里土财主逼害而到北平天桥投亲的妻子和女儿，历尽千辛万苦，在地下党的帮助下，他终于找到妻子和女儿。直到小说发展到六十六回，我解放大军围城时，他被邢旅长安排当了国军的营长时，才向杨明说：“俺要参加你们那个党，俺这是真心！”这样安排，时间似乎晚了些。因为直到小说结束他也没有成为共产党员，似有入党成为点缀之嫌。诚然，要想在时代背景仅半年的时间将人物塑造丰满也是勉为其难。

总之，瑕不掩瑜，《天桥演义》这部小说不失为一部好书。你要想知道过去的天桥是个什么样子，《天桥演义》都会告诉你。

《梦断天桥》

《梦断天桥》是黄宗汉主编的“京都文化丛书”之一，是赵其昌同志所写的电视剧本。反映历史上老天桥的文学作品很多，但是以大型电视连续剧的形式来表现的还不多，电视连续剧定名为《天桥梦》。

电视剧本是运用我国传统的文学写作形式章回小说写出来

《梦断天桥》

的。中国人民十分喜爱章回小说，百看不厌。我国著名的古典四大名著《三国演义》《水浒传》《西游记》和《红楼梦》无一不是章回小说。章回体裁的好处是每个章节前以对仗的形式有上下联题目，不仅辞藻优美，而且能概括出本章节的主要内容，使读者未读其文而知其梗概要义。我国明、清时期小说普遍采用此种形式。小说大家张恨水是写章回小说的老手，他的反映老北京天桥风情的小说《啼笑因缘》不仅以章回形式写出，而且运用了西方文学的写作技巧，将章回小说有所发展，形成了具有浓厚北京风土风情特色的家喻户晓的小说。

书中的《序言》是北京市文化局原局长王松声写的。据他在《序言》中说，《梦断天桥》是贾楠整理编写的文学故事，叙述故事的笔调有极强的抒情性。故事是以主人公程天钧先后与四位女性的感情纠葛，以历史上的老天桥为背景展开情节，娓娓道来，感人肺腑。是王松声建议，可将《梦断天桥》改成一部章回体的说唱大书，还亲自推荐了北京曲艺团编剧赵其昌来完成此书的改写任务。

赵其昌业余酷爱曲艺，颇有深厚的文学功底。他熟悉多种曲艺形式，曾发表过不少作品，他在北京曲艺曲剧团是专业创作员。

赵其昌不负领导的期望，非凡的创作能力在他所改编的《天桥梦》中充分显示了出来。

一般的章回小说大都是每节开头以“话说……”言起，结束时是“欲知后事如何，且听下回分解”。这是惯例。而赵其昌却打破了传统的章回小说写法，每章节的结尾都安排一段曲艺，以说唱形式概括了章节内容。如第一回结尾是：“正是：怪事年年有，没有今年多。谁人曾见过，泥胎娶老婆。下面请看快板书《城隍庙泥神娶亲》。”第二回《贾阿哥派人缉逃　小兄弟智救甜妹》结尾写道：“花开两朵，各表一枝。此时，甜妹和桩子他们几个孩子到什么地方去了呢？请看西河大鼓《小兄弟智救甜妹》。”第三回《寄庄家双双避难　投名师兄妹学艺》结尾为：“正是：只因心有鲲鹏志，千辛万苦不畏难。欲知桩子是如何学艺的，请看河南坠子《投名师兄妹学艺》。”

纵观全书，赵其昌根据共同商定的总体艺术构思将《天桥梦》中适合演唱的部分加工成京韵、西皮、乐亭、梅花、奉调、滑稽大鼓、单弦、拆唱八角鼓、联珠快书、北京琴书、山东琴书、河南坠子、新梅花调、时调小曲联唱、评弹开篇、二人转、快板书、山东快书等十八种形式，共四十二段。为使韵脚变化多端，运用了江阳、姑苏、人辰、发花、怀来、言前、一七、灰堆、乜斜、苗条、梭波、中东、由求十三道大辙及小人辰、小言前儿两道小辙儿，唱段之间运用韵文说白，起承衔接，观之娱目，听来悦耳。唱段儿与说白部分加在一起，共为四十二回，自成一部完整的大书。使人读后真乃耳目一新，别开生面，百看不厌，不忍丢下。

浓郁的京都风貌以老北京天桥为中心背景延及市内其他地方，是《天桥梦》的又一大特色。书中描写到的坤书馆、城隍庙、天桥游乐园、昔日天桥桥头风光、井窝子……一一再现了历史的风貌，以及市内的六国饭店、市郊闻名全国的古桥卢沟桥，还有王爷府、报馆等处无一不给读者留下了深刻的印象。《天桥梦》从开头到结尾始终散发着老北京的泥土芬芳的京韵京味儿。

《天桥梦》的语言京味十足，是文笔上的特色。人物刻画栩栩如生，各有特点，正面人物与反面人物形象分明。主人公程天钧的刚毅勇敢，玉莲被抢后精神上的郁郁寡欢，天钧亡妻慧珍的贤惠和反面人物庄老道的阴险奸诈，贾阿哥的蛮横霸道，以及妓女的放荡、爪牙们的狗仗人势等人物无不刻画得入木三分。

《天桥梦》足具特色，为古老的天桥平民文化底蕴又加上了浓重的一大彩笔。

王大观的《旧京环顾图》

王大观生前爱北京，爱老北京的民俗风情达到了痴迷的程度，他的画笔没有停过，总是画北京的城墙，画老北京的民俗风情。我在20世纪80年代初曾在《燕都》杂志上看到过他的画作《中秋赏月图》《踏青图》，知道了他的名字，但不认识他。在他70岁那年，出版了老北京历史长卷——《旧京环顾图》画册。这是他

王大观工作照

倾注了自己的一生心血的传世之作，给我们留下了一笔不可多得的展示老北京风俗民情的巨大财富。

王大观 1925 年 4 月出生在北京东城芝麻胡同的一户贫苦的回民家庭。他的家因生计所迫在 10 年中搬了 10 次家。他的童年是在贫民窟中度过的。苦难的童年在他幼小的心灵中打下了深深的烙印。家中虽穷，食不果腹，但他热爱生他养他的北京。他对北京的市井生活，以至每一条大街，每一条小巷，每一条胡同，他都了如指掌，他从小就爱看北京的城门楼子和城墙，用他自己的话说是“遛城根儿”。他有时间就去“遛城根儿”，因此，昔日老北京的风尘岁月牢记在他的脑海里，也总在他的心中翻腾。

王大观 8 岁入贫民小学读书，因家中生活条件不允许，他时断时续地念了 4 年书，总算高小毕了业。他爱画画，没有人指导他，13 岁之前都是他自学的。自学是艰难的，全靠自己摸索研究。

一次意外的机会使他有幸看到了故宫太庙的藏品，接触到众多画家的画风。他对夏圭的《长江万里图》和张择端的《清明上河图》情有独钟，他喜爱画中的景物和情节。心中产生了要像《长江万里图》和《清明上河图》那样，用自己的画笔创作出一系列展现老北京民俗风情的巨幅手卷。

他 14 岁那年进了铁路，当过杂工、印刷工和临时工，三年之中两次失业。他 20 岁那年在北京站当站夫，在中国共产党的领导下，他积极进行罢工斗争，虽取得了胜利，但自己被开除。在失业期间，他曾用画笔画小人书，靠卖小人书生活。20 世纪 50 年代，他作为一名工人干部，参加了铁路部门的文化宫和工会组织的工人美术活动，给了他更多的接近群众的机会。后又被推荐到中央美术学院进修，开始了正规的专业美术绘画学习，曾从师于著名画家李斛和叶浅予先生。在李、叶二先生的悉心指导下，终于成为一名中国画研究院的画家。

王大观的绘画创作态度是严肃的。他的巨幅长卷《残冬京华图》用了 10 年的时间！“文化大革命”中，他被下放到干校劳动。晚上，别人都休息了，他独自一人在灯下揣摩、构思人物造型。他年复一年的构思，年复一年的默写，年复一年的修订，千幢万幢建筑，千株万株树木，千个万个人物，千种百种行业，最终才形成画面，真是一人一物都是血，十年辛苦不寻常。

《旧京环顾图》画册总分为三大部分：一《旧京环顾图》，二《夏京回望图》，三《旧京天桥一览图》。

《旧京环顾图》全卷为 22000mm × 260mm，所画内容包括：

东望通州、吊丧、东岳庙、东大桥、古观象台、大宅院、放风筝、朝内南小街、婚嫁、米市大街、东单菜市场及豫王府、东便门及角楼、八里桥。

《夏京回望图》全卷为 6564mm × 312mm，所画内容包括：通州远望、朝外护城河、二闸消夏娱乐场所、旧京内外前三门、远望天坛、东岳庙前日坛。

《旧京天桥一览图》全卷为 2300mm × 385mm，所画内容包括：远眺永定门、市井百业、民间百艺、旧天桥。

诚如李起敏在王大观的长卷巨作题跋中写道的："北京，千年古都，百代重镇，襟带风华，雄峙燕赵。右拥太行，左注沧海。抚中原，正江淮，枕居庸，奠朔漠，派玉泉，通金水，萦畿带甸，

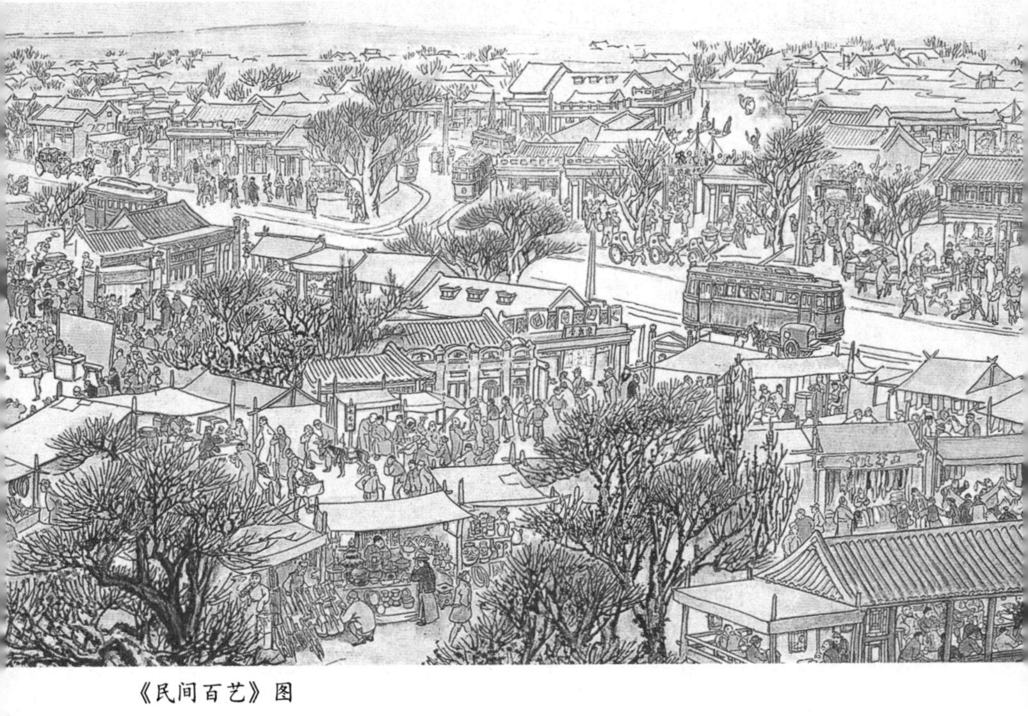

《民间百艺》图

负群山而引九河，独得天时地利。泰岳龙蟠于东，华岳虎踞于西，黄河万里奔来膝下。有嵩为几，匡庐脚踏，风云际会，在此一都。长城北屏，重岗叠阜。平临星斗，俯瞰燕云。南挹河济，万帆漕运，形胜甲于天下。常驰风云于九州，气吞万里。或传羽于天下，号令中国。曾几代兴盛，几代凋敝。赤县丰泽，本是物华天宝之地；神州钟秀，尽是人杰地灵之域。历商周，经汉唐，又金、元、明、清四朝经营，精华荟萃集五千年古国文明。泱泱大都，成举世罕见之名城。记其风俗，传其胜概者虽代不乏人，而赋诸丹青，绘其风采现其全貌者，却凤毛麟角旷古未闻。”

王大观将千年古都北京的旧风貌“赋诸丹青，绘其风采，现其全貌”，实在是功不可没，《旧京环顾图》画册真可以与《长江万里图》《清明上河图》相比美。

《旧京环顾图》画册中的第三卷《旧京天桥一览图》是 1991 年王大观应北京市宣武区政协之请而创作的，可以说是大观的晚期作品了。纵观全卷，展现在人们眼前的是一种深沉悠远，气势磅礴的雄浑气象。显然作者运笔是居高临下，从天桥的桥址往南画去而形成的一幅广阔无垠的景观。作者首先抓住了天桥地区的特点，尽南处有气势雄伟的永定门城楼和其左侧的古老的天坛祈年殿，使人一眼就能认出这是历史悠久的老天桥地区。从天桥往南，通往永定门的大道上，画有三辆行驶在轨道上的有轨电车，还有三匹骆驼以及只有在那个时代才有的四轮马车、二轮的轿车和小汽车、人力车等，无一不是反映那个时代的特色的。据史料记载，天桥地区出现有轨电车是在民国年间的 1924 年。画卷中的天桥没有见到桥洞，只有几根石栏杆，桥面已经和马路一样平了。天桥在 1906 年整修正阳门至永定门之间的马路时已改建成矮矮的石桥，1929 年因有轨电车行驶不便，将天桥的桥身修平，两旁仍有石栏杆。1934 年展宽马路时将天桥两旁的石栏杆全部拆除。因此我们可以断定，大观的天桥画卷展现的是 1934 年以前天桥地区的风貌。

马路两旁的房屋、店铺以及一家挨着一家的支着布篷的个体商贩、茶楼书馆儿、练杂耍的场子，还有那远远就能看到的耍中幡的中幡旗、卖估衣的估衣摊儿、推着独轮小车叫卖的小贩、叫街行乞的乞丐……将人们带入了那个永远也不会再现的年代。此时，谁能不感谢王大观同志那支传神的妙笔！大观同志画中的“民间百艺”部分，将个体摊贩描绘得活灵活现：卖鞋的摊主儿拿一根长竿儿，有人买鞋就用长竿儿挑起一只鞋请买主儿观看挑选……今天我们再也看不到此种卖鞋的情形了。

王大观同志“一生心血赋京华”。他退休之后仍在奉献着余热。1986 年他的北京风俗长卷《残冬京华图》被载入《中国美术之最》一书。1987 年他作为有成就的画家被载入《中国现代美术家词典》。1988 年被载入《中国当代画家词典》。1992 年，他出访马来西亚，应邀参加“中国文化商品节”进行艺术交流。这一年完成了又一历史长卷《古城环顾图》。1994 年参加“少数民族百花展”获荣誉金奖。1996 年，在中国美术馆举办了“王大观 70 岁《旧京环顾图》回顾展”。

王大观同志 1997 年 3 月因病去世。

参考书目

曹子西. 北京历史纲要. 北京：北京燕山出版社，1990.

（明）刘侗，于奕正. 帝京景物略. 北京：北京古籍出版社，1982.

（清）震钧. 天咫偶闻. 北京：北京古籍出版社，1982.

（清）于敏中等. 日下旧闻考（1—8 册）. 北京：北京古籍出版社，1981.

侯仁之，金涛. 北京史话. 上海：上海人民出版社，1980.

成善卿. 天桥史话. 生活·读书·新知三联书店，1990.

宣武区地名志编辑委员会. 北京市宣武区地名志. 北京：北京出版社，1993.

宣武区地名志编辑委员会. 北京市崇文区地名志. 北京：北京出版社，1992.

（清）孙承泽 . 天府广记（上下册）. 北京：北京古籍出版社，1982.

张宗平，李永和 . 清末北京志资料 . 北京：北京燕山出版社，1994.

（日本）冈田玉山等 . 唐土名胜图会（上下册）. 北京：北京古籍出版社，1985.

周沙尘 . 古今北京 . 北京：中国展望出版社，1982.

（清）吴长元 . 宸垣识略 . 北京：北京古籍出版社，1982.

胡玉远 . 燕都说故 . 北京：北京燕山出版社，1996.

胡玉远 . 日下回眸 . 北京：学苑出版社，2001.

胡玉远 . 京都胜迹 . 北京：北京燕山出版社，1995.

胡玉远 . 春明叙旧 . 北京：北京燕山出版社，1999.

张恨水 . 啼笑因缘 . 北京：北京出版社，1981.

赵其昌 . 梦断天桥 . 北京：东方出版社，1996.

蒋寒中 . 天桥演义 . 北京：紫禁城出版社，1987.

李国祥，杨昶 . 明实录类纂（北京史料卷）. 武汉：武汉出版社，1992.

北京文史资料委员会 . 杏坛忆旧 . 北京：北京出版社，2000.

（清）孙承泽 . 春明梦余录（上下册）. 北京:北京古籍出版社，1992.

北京文史资料委员会 . 商海沉浮 . 北京：北京出版社，2000.

赵庚奇 . 北京解放三十五年大事记 . 北京：北京日报出版社，1986.

北京文史资料委员会．文苑撷英．北京：北京出版社，2000.

北京文史资料委员会．艺林沧桑．北京：北京出版社，2000.

王大观．旧京环顾图．昆明：云南人民出版社，1995.

孟皋卿．艺坛名流风云录．北京：农村读物出版社，1990.

王灿炽．北京纵横游．北京：文化艺术出版社，1984.

北京对外文化交流协会，北京市宣武区《北京老天桥》画册编委会．北京老天桥．北京：文津出版社，台北：大圣文化事业有限公司出版，1993.

后　记

自天桥出现以后，元、明、清各朝没有专门记载天桥的书籍，只是将天桥的事迹散见于《帝京景物略》《天府广记》《日下旧闻考》《天咫偶闻》《藤荫杂记》等各种北京的史地书籍中。民国年间，与白石老人有过密切交往的张次溪先生曾对北京天桥做过历史调查研究，积多年之资料，写成了《天桥志》一书，1951年由北京修绠堂书店出版，书名定为《人民首都的天桥》。张次溪先生几历寒暑，矢志精心搜集史料，勤奋写作，他谙熟天桥情况，史料翔实可靠，确实为后人研究天桥留下了宝贵的参阅资料。

1990年成善卿先生撰写的《天桥史话》一书出版发行。成善卿先生是研究北京史地民俗的文学前辈，世居北京，热爱北京天桥文化。这本书乃是以他的心血写成的，书之内容丰富，材料翔实可靠，基本上反映出几百年来天桥的历史状况，洋洋数十万字，可谓鸿篇巨制，是迄今为止仅有的一部专门写天桥的书。成善卿先生研究广泛，涉猎范围宽，加之勤于笔耕，其文章散见于报纸、杂志和各种文史资料中。我们中国有“盛世修志”的优良传统，将一城一地的历史沿革等状况修成志书，留与后人得以文化传承。古人云：“志也者述古昔昭来兹也。”“志者，记也。所以昭法戒于来兹，史之属也。”因此“志”就是文字记述、记载。这“记述”就是要我们忠实于历史，老老实实地记，原原本本地记，来不得半点儿虚假，也不能润色与夸张，记就是记，不偏不倚，不忌人之所讳，不加评论，不加观点，这是修史修志的原则。

《天桥图志》所遵循的正是这一原则。《天桥图志》一书在前人研究搜集有关数百年来天桥的人文历史资料的基础上，我撰写时力求做到广征博采众家之长，注重吸取前人的科研成果，以达到图文并茂的效果。图是为配合文字而设置的，图包括照片、地图或插图，文中能用照片的尽量用照片（当然是老照片），建筑文物古迹还有的就用新拍摄的。对于中华人民共和国成立后天桥地区的交通、人文景观、街道等发展变化，要力求反映最新的成就，尤其是改革开放中深化体制改革中的成就是不可少的，所以我将北京中轴线工程的永定门复建工程、天坛和先农坛的坛墙“亮”出工程、天桥大街的改造、天桥市民广场的建设等最新的情况写入书中，也算是把握住前沿了。

我在《天桥图志》中立了个“作家、画家笔下的天桥”这个栏目，意图给这些为宣传天桥青史留名的人立个传，介绍一下他们的作品，使更多的人知道他们的作品，知道天桥，这也是不埋没他们对天桥所做出的贡献吧。我认为天桥不应该忘记他们，历史会给他们应有的位置。

修写志书，有如体育运动中的接力赛中的传递接力棒，一棒一棒传下来，相信我们的后人会写出更好的新的天桥志书来。

俗话说，书到用时方恨少。我在撰写《天桥图志》一书中，才有了切身的体会。

我自20世纪70年代初参加工作后，就有了业余研究北京史地民俗的爱好，为了手头方便，陆陆续续买了不少必备的工具书。先是买的《帝京景物略》《日下旧闻考》，以后又买了《天府广记》《春明梦余录》等书，当然全是中华人民共和国成立后重新出版印刷的，原版本书不是我这刚参加工作的挣几十元工资的中学教师敢奢望的，就是有我也买不起。我记得年代最早的也就是20世纪60年代重新出版的《长安客话》，我买时才几角钱一本。后来买了较大部头的《明史》《清史稿》《史记》《翁同龢日记》《郑孝胥日记》等。20世纪90年代初，我撰写《历代名人咏卢沟桥诗词选注》时，手头缺工具书，看到中国书店有一套清雍正年间编纂的《骈字类编》，精装本，14册，此时书价已贵了好多，为了需要，我还是咬牙买下了。后来我又陆续凑齐了北京十八个区县的地名志，这套书若是花钱买是需要一大笔钱的，还是北京市地名办公室的文友看我爱书心切，送了我一部分，有几本是各区县地名办公室的文友送给我的，所以这套书我没花一分钱。多年来，我还利用到外地出差的机会，搞到了一部分外省市出版的地方志、地名志、市志、县志、文史资料。积米成箩，积水成河。到目前为止，我搜集的书籍，已摆满了大小四个书橱，尚有一部分堆在一旁无处码放。我看到小小的书斋中四处都是书，自以为汗牛充栋了。

写作中我才发现：我没有关于老北京照片的书籍。现买已经来不及了，就是买也不见得有。

这时候，我的文友们帮了我的忙，解了燃眉之急。

家住丰台的王宝升同志得知我在写《天桥图志》，他听说他认识的一位同志有关于赛金花的资料和照片，就立即找到那位同志，要到了资料和照片，复印了一份，赶忙送到了我的家中。刘建斌同志是《中国交通报》的记者，和我是同行，也都是北京史地民俗学会的会员，他借给我一本《北京老天桥》的画册作为写作的参考，当画册到我手中时，我的心里热乎乎的。还有国家图书馆退休的王铭珍同志，是一位热爱研究北京史地民俗的老前辈，他借给我的北京老照片画册我装了满满两大书包。我手头没有《天桥演义》一书，买又买不到。作家崔金生同志将他保存的一本慨然借给了我。崔金生同志从小在天桥地区长大，写了许多有关天桥的文章和以天桥为题材的小说，他还向我讲了一些我不掌握的有关天桥的遗闻轶事，要知道当时他正在生病呀！在《天桥图志》一书制作封面时，《北京铁道报》报社的周系皋主任得知我写此书后，将他珍藏的一本王大观同志的关于老北京的画册借与我参考。王大观同志是专门画老北京民俗风情的画家，一生致力于绘画创作，和周系皋是老朋友。王大观所绘的画册专有一部分是关于老北京天桥的民俗风情的长卷，是大观同志倾一生心血的经典力作，我看后深受感动，专门为老天桥做出贡献的王大观同志写了一篇小传放在书中。遗憾的是大观同志在他的画册出版后的第二年即辞世了。

2017 年，北京出版社启动了《京华通览》丛书的编纂出版工程，将拙作《天桥》纳入这一系列，出版社对书稿再次进行了认真的编辑修订。由于原书出版已有十几年的时间，其间，天桥地区发生了巨大的变化。为此，编辑周亮多方收集资料，补充记述了一些新的变化，在“古地新貌”一章增加了“天桥演艺区”和“南中轴线历史文化区”等重要内容；编辑李更鑫专程到天桥一带进行拍摄，提供了一些与这部分文字相配的照片，使本书的记述更为完整。

因此，可以这样说，我写的这部《天桥》一书是在众多的文友们的帮助下完成的。

我将撰写书时参阅的北京古今史地书籍专列出一个“参考书目”栏，附于书后，以便读者印证查阅。

最后，我还要向北京史志办公室的罗保平同志、谭烈飞同志和尹树国同志表示谢意，他们在工作中对《天桥》的出版多次予以关注支持，在此一并感谢。

刘仲孝

2017 年 8 月写于芸香斋